김윤규평론집

한국소설의 풍경

| 김윤규

새미

머리말

　나는 소설가가 아니다. 소설가가 참 되고 싶었는데, 되지 못했다. 아직도 나는 소설가가 되고 싶지만, 될 수 있을지는 알 수 없다. 하여튼 지금소설가는 아니고, 그냥 소설 읽는 것을 업으로 하는 사람이 되었다.

　소설은 참 재미있다. 긴 소설이나 짧은 소설이나 모든 소설이 재미있다. 아마 글쓴이들도 재미있자고 썼을 것이다. 그러니까 재미있지 않을수 없다. 게다가 소설은 여러 작품이 서로 닮아서 재미있다. 일부러 그런것은 아닐 텐데도, 소설들은 서로 비슷한 일로 화를 내고 비슷한 표정으로심각한 척 한다. 소설 쓴 이가 다르고 쓴 시기가 다른데도 이런 표정을짓는 것은 참 재미있다.

　도대체 소설가들은 무슨 생각으로 그렇게 썼을까. 소설에는 소설가들의 어떤 깊은 생각이 담겨 있는 것일까.
　쓰인 지 좀 지난 소설들을 읽는 것은 그래서 재미있는 일이었다. 아하,그때는 이렇게 생각했구나. 그때는 세상이 이랬구나. 그런 세상을 소설은이렇게 표현했구나. 소설이 표현하는 매너는 이렇게 변해 왔구나. 이렇게지난 시대를 읽는 재미가 쏠쏠했다. 그렇게 읽다가 가끔 감동이 있으면감동이 있다고 말하고, 마음에 안맞는 대목이 있으면 그렇다고 투덜거리는 재미가 다 그 속에 있었다. 사실, 지난 시기의 소설을 좀 느긋한 표정으로 읽는 일은 대단히 어려운 일도 아니었고, 아주 긴장되는 일도 아니었다. 이렇게 쓴 이 책의 1부와 2부는 별로 재미가 없다.

그러다가 우연한 기회에 요사이 쓰이는 소설을 꼼꼼히 읽어야 할 일이 생겼다. 그러지 않아도, 그간 지고 있던 숙제를 내려놓은 소설들이 지금은 무슨 숙제를 만들어 풀고 있는지가 궁금한 판이었다. 그런데 사람마다 사랑하는 것이 달라서인지, 그간 내가 심각하게 여겼던 것들이 이제는 심드렁한 것으로 바뀌어 있기도 했다. 그러자 내 궁금증의 내용이 바뀌었다. 그래, 가난도 사랑도 심드렁하다면, 이제는 무엇이 심각한 것인가. 혹은, 도대체 소설이 심각한 걸 다루어야 한다는게 옳기나 한가. 이 책 3부는 이런 생뚱맞은 궁금증을 드러낸 것이다.

그래도 집에서 가족과 함께 나누는 이야기는 행복한 편이었다. 그러나, 어쩌다 팔자가 활발하여 남의 나라를 떠돌게 된 이들은 좀 달랐다. 그들의 이야기들에는 아직도 맺힌 것이 많았다. 고국을 떠나는 순간 고향은 변화를 멈추어 버렸지만, 그들의 소설은 아직도 고향을 그리워하고 타향의 서러움을 하소연했다. 우리 각 가문이 가장 자랑스러워하던 아들들, 그들을 보내고 우리도 그들을 그리워했다. 마침내 남남이 되지 못할 형제들의 이야기가, 전혀 다른 배경을 깔고 펼쳐지고 있었다. 혹시 우리 소설이

할 일을 이들 소설이 보여주는 것은 아닐까.

이 책 4부는 그런 가능성이 있을까 하여 찾아본 것이다.

엄숙한 논문도 아닌, 이런 대단찮은 글을 쓰고 묶는다는 것이 잘 하는 일은 아닌 것 같다. 그렇잖아도 넘치는 책들 속에 하나 더 보태서 좋은 소리 들을 것 같지도 않다. 그래도 몇 가지 궁금했던 것에 대해 다른 분들과 의견을 나누고 싶었다.

오랫동안 못난 글 청해주고 실어준 사람의 문학에 감사드린다. 이걸 묶으라고 권하신 정찬용사장님과, 귀찮은 일을 깔끔하게 해내시는 새미 편집부에도 감사드린다. 가난하고 성격 고약한 남편을 20년이나 용서해주고 있는 아내에게는, 고맙다고 말하기도 어색하다.

2005년 여름 더운 날

김윤규

목차

1부

역사를 상상하며

일어난 일과 쓰고 싶은 일들
-동학혁명과 『갑오농민전쟁』-

1. 도입

기본적으로 역사는 사실의 상태로 존재하고 문학은 의도의 상태로 존재한다. 문학의 오랜 역사를 통해 그 주된 대상은 인간의 삶이 가진 모습이었고 그 중에서 서사체의 중요한 소재는 필연 지나간 역사가 될 수밖에 없었다. 그것은 인간의 삶이 가진 모습과 그 의미를 추구하고 형상화한다는 문학의 기본적인 임무에 적합한 소재로서 가장 손쉬운 것이 지나간 일이었기 때문이다. 과거의 일은 그것이 존재했던 모습으로서의 의미만이 아니라 현재의 삶을 비추어보거나 현재의 삶에 필요한 당위를 추출하는 근거로서의 의미도 가질 수 있다. 이로 인해 문학작품은 과거의 일, 더욱이 역사적으로 현저한 사건을 서사적 창작의 소재로 삼는 일이 많을 수밖에 없게 되었다.

한편, 과거의 풍부하고 다양한 역사 중에서 어떤 것을 문학적 형상화의 대상으로 하느냐는 것은 창작자의 필요와 가치관에 관계된 문제이다. 과거의 일을 재현하고 해석하는 것은 현재의 필요에 의한 것이며 그 해석의 태도는 사실상 현재를 해석하는 태도와 관련된다고 볼 수도 있는 것이다. 역사를 단순히 충실하게 복원하는 것이라면 창작의 영역인 문학이 할 일이 아닐 것이며 그 결과물 또한 유물 또는 유적의 차원을 벗어날 수 없을 것이다. 역사를 문학의 대상으로 삼아 그를 소재로 창작행위를 하는 경우 그것은 유물복원에서 보일 수 없었던 내부적 진실 곧, 과거가 현재를 향해 드러내는 문학적 진실을 찾아내는 행위일 수밖에 없는 것이다.

사실 역사의 소설화는 다른 창작허구에 비해 무거운 부담을 가지고 있다. 그것은 역사와 소설이 상호에게 지우는 짐이며 서로가 서로를 손상시키려는 작용력이다. 역사는 상상이나 가정을 불허하는 사실의 영역인 데 비해 소설은 기본적으로 그것을 중시하는 특성을 가지고 있기 때문이다. 이러한 모순의 관계를 의식하여 역사소설가는 최대한 자신을 대상과 같은 시대 같은 생각으로 이끌어 가고 대상 시대와 삶에 대한 생동감을 획득하기 위해 노력해야 하는 것이다.

이전 시대의 삶을 이해하고 그 중의 일을 해석하는 문제에 있어 전 시대의 두드러진 사건은 일단 포착되기가 용이하다는 점으로 인해 자주 대상으로 선택된다. 동학혁명이 바로 그러한 예가 될 것이다. 그것은 두드러진 사건이기도 하지만 현재의 역사에 주는 의미에 있어서도 유난한 바가 있다. 그 사건의 발생과 진행과 귀결이 현대사의 중요한 전기가 되었으며 꼭 한 세기가 지난 지금까지도 민족이 전체적으로 자주적이고 행복한 상태에 이르렀는가가 의문시되고 있는 만큼 기회있을 때마다 반추저작되고 있는 사건이기도 하다. 더욱이 현재 국토가 양분된 상황에서 각각 다른 정치체제를 유지하고 있으므로 딴 여러 동일한 사건에 대한 해석에도 차이를 보이고 있는 만큼 갑오년의 농민봉기에 대한 해석에도 그러한 차이는 있다.

동학혁명에 대한 문학적 해석으로서의 형상화는 다양한 방법으로 다수 행해진 바 있다. 그것은 현재 독자들이 쉽게 접근할 수 있는 남한의 문학에서도 활발한 바 있고 근간에 접근이 시작된 북한의 문학에서도 역시 그러한 것으로 보인다. 박태원의 『갑오농민전쟁』이 그 좋은 예가 될 것이다. 남북한이 공유하고 있는 문학사에서 이미 1930년대에 중요한 업적을 남긴 바 있는 작가가, 서로 대면하지 못한 시기에 이룬 문학작품이라는 점에서 이 작품은 특별한 관심을 갖게 한다. 더욱이 이 작품에 대하여 작가가 속한 체제에서 남다른 호평을 받았다는 점에서도 그 관심은 증대되는 바 있다.

2. 역사를 보는 시선

동학혁명(사실 이 용어에서부터 논란은 시작된다. 그것은 동학란, 동학혁명, 동학농민운동, 갑오농민운동, 갑오농민전쟁 등 해석자의 지향에 따라 다양한 이름으로 불리고 있기 때문이다. 어쨌든 현재 남한에서 통용되는 이름인)에 대해 이 작품이 가진 태도에 의하면 그것은 동학혁명이 아닌 명백한 농민전쟁이었다. 이 작품은 도처에 동학의 종교적 성격에 대한 부정적인 견해를 드러내고 있으며, 작중에 형상화된 사건의 성격 역시 동학이라는 종교적 열정의 지배를 애써 배제한 상태에 있기 때문이다.

먼저, 동학에 대한 작중의 표현은 그것의 종교적 성격을 부인하거나 경시하는 태도를 드러내고 있다. 동학이 '광제창생 포덕천하'한다는 점에서는 긍정하고 있으나 그것이 가진 신비적 체험이나 종교적 치유의 성격에 대해서는 '허무맹랑'한 소리라고 몰아붙이고 있다. (「갑오농민전쟁」,깊은 샘,1권 60쪽,이하 1-60처럼 씀) 지은이는 도처에서 동학의 종교적 성격을 허무맹랑한 것이라고 말하고 있는 바, 그것은 동학에 대한 태도이기만 한 것이 아니라 작자 자신이 모든 종교에 대해 가지게 된 태도의 표현이라고 보아야 할 것이다. 그러나 그것은 동학에 대한 전반적 이해라기보다는 그것의 사회적 기능을 중시하여 단편적으로 이해한 결과일 것이다. 주지하다시피 동학은 사회개혁을 위한 혁명의 이념이기보다 교리와 신앙체계를 갖추고 있는 종교인 것은 명백하다. 지은이가 동학을 사회적 성격에서만 이해하고 있는 것은 이 작품의 다른 부분에서도 볼 수 있다.

> "동학에 대한 내 소견은 그렇다. 동학에서 '제세창생'(세상과 백성을 구원한다는 뜻-원주임) '보국안민'하자는 건 나도 좋다고 생각한다. 그런데 정안수 떠놓고 주문 외는 것은 싫다. 주문이나 외워가지고서야 '보국안민'이 되겠냐. 힘을 가지고 싸워야 하지. 내가 전생원을 좋아하는 건 싸워서 일을 성취시키자는 게 내 뜻과 같기 때문이다."(7-90)

작중 인물 오수동이 그의 아들 오상민을 향하여 하는 이 말은 오수동의 작중 역할을 볼 때 지은이의 생각을 대변하는 것으로 읽힐 수 있다. 물론 동학에 대한 이러한 피상적인 이해를 표현하기 위해서라면 동학의 종교적 성격에 대한 심각한 의문이나 통찰은 필요하지 않았을 것이므로 그것의 주술적 행위만을 과장되게 그려놓고 있는 것도 함께 볼 수 있다. '동학이 주장하는 바는 간단해서 하늘을 우러르고 하늘에 순종하며 주문을 외우면서 부적을 쓰면 무슨 병이고 다 고칠 수 있다는 것이다.(5-16)'라는 말은 이 작품이 표현한 동학에 대한 이해의 정도를 단적으로 보이고 있다.

이처럼 동학을 종교라기보다 사회개혁의 이념 또는 행동 원칙,

심지어는 미신 정도로 이해하였으므로, 농민전쟁의 가장 격렬한 부분에서도 다른 작품이 표현한 종교적 열정이 이 작품에는 나타나지 않는다. 이 일을 다룬 다른 작품에서 본 바 궁궁을을의 부적을 붙인 농민군이나 십삼자주문을 외는 요란한 소리의 묘사는 전혀 보이지 않고 작중인물 상무가 지은 척왜척양의 농민가만이 불린 것으로 나타나 있다.

그러므로 이 작품에 표현된 바에 의하면 갑오년의 농민봉기는 반드시 동학에 의한 것일 필요가 없도록 되어 있다. 그것은 억눌린 농민대중의 생존지향적 투쟁이며 그 투쟁의 의지로 집결된 민중이 수행한 미완의 혁명이다. 결국 그것은 동학혁명일 수 없으며 그 지도자도 종교적 열정으로 표현되는 전봉준이 아니라 익산난민 처형 장면에서부터 반봉건의 의지를 길러온 혁명가 전봉준이어야 했다. 지은이는 전봉준이 이미 가지고 있는 이름의 무거움을 의식하여 작중에서 지도자의 역할을 전봉준에게만 지우지 않고 정한순이나 오수동 등에게 분담시키고 있는 바, 이 점도 이 봉기를 동학주도의 종교운동으로 보지 않으려는 지은이의 태도와 관련이 있다.

동학에 대한 이러한 이해는 동학혁명의 발단과 진행과정에서 있은 남북접의 대립 또는 불일치를 인식하는 방법에도 영향을 미치고 있다. 그것은 동학의 교리를 해석하고 행동화하는 방법의 차이일 수도 있는 문제이나, 이 작품에서는 그것에 대한 진지한 접근이 이루어지지 않은 상태에서 일방적으로 남접의 태도만이 긍정되고 최시형으로 대변되는 북접의 태도는 부정되어 있다. 보은취회에서부터 최시형의 태도는 교조신원을 향해 있고 그런 종교적 목적을 위해 동학을 지도해 나가고 있었는데 작품은 폭력행동에 대한 그의 반대

만을 중점적으로 묘사함으로써 오해될 여지조차 있는 표현을 쓰고 있다. (5-25)

위에서 보았듯이 이 작품은 동학혁명을 갑오년에 동학의 교도들이 교조의 신원을 요청하면서 일으킨 봉기라고 보고 있지는 않다. 그러므로 이 작품은 역사적 사실의 충실한 복원이나 재구성보다는 독창적인 해석에 중점을 둔 것으로 보인다. 그렇다면 이 작품은 어떻게 그것을 보여주려는 것인가.

3. 『갑오농민전쟁』의 내용체계

모두 3부작으로 이루어진 이 작품은 '계명산천은 밝아오느냐'로 이름지은 1부가 씌어지기 시작한 1963년부터, 앞이 보이지 않는 고통 속에서 '새야 새야 파랑새야'의 3부까지 모두 여덟권이 완료되는 1984년에 이르는 긴 시간 동안 창작된 대하소설이다. 이 소설은 역사적으로 알려진 사건을 기본 틀로 하되 공식적인 기록의 범위를 넘어서는 문학적 진실을 드러내기 위하여 가족사의 성격을 가미하였다.

제 1부 곧, 1권에서 3권까지인 '계명산천은 밝아오느냐' 부분은 당시 농민들의 삶에 대한 사실적 묘사와 익산민란으로 대변되는 농민의 저항, 그 저항에 대한 탄압과 처형 등이 외부적인 사건의 줄기를 이루고 오덕순의 아들 오수동이 장성하는 과정이 가족사의 내용이 되어 있다.

제 2부 곧, 4권과 5권은 '칼노래'라는 제목으로 보은집회에서 고부 1차 봉기에 이르기까지의 사건과 오수동의 아들 오상민이 성장하여

투쟁의 대열에 나서는 과정까지가 그려져 있다.

제 3부는 6권에서 8권까지 '새야 새야 파랑새야' 부분으로 갑오년 고부봉기로부터 황토현 싸움, 집강소 설치, 재거, 공주성 혈전과 패배에 이르는 과정을 그리고 있고,오수동과 오상민의 상봉 및 패배 이산이 나타나 있다.

이처럼 두개의 줄을 따라 진행되는 이야기에서 하나는 역사적 객관에 충실하게 되어 있고 다른 하나는 문학적 진실을 드러내기에 적합하게 되어 있다. 그것은 역사의 소설화가 갖는 부담을 의식한 지은이의 창안이 될 것이며, 그 결합은 역사적 감동을 문학적 감동으로 전환시키는 데 효과를 드러낼 수 있을 것이다. 다만, 완전히 사실인 역사와 또 반드시 그렇지는 않은 허구를 결합하는 데 따를 수 있는 무리가 이 작품에서도 보이지 않는 것은 아니다. 특히 1부에서 보이는 수많은 우연도 그런 결과라고 할 수 있다. 무장 선운사에서 오수동이 박참봉(정한순)을 만나는 장면이나 정한순과 전봉준이 익산난민 처형장에서 만나는 장면, 강주부가 수동을 구해주는 장면 등이 그런 것이다. 다른 부분에서도 이처럼 우연에 의한 사건전개는 산견되고 있는 바, 이들은 대체로 작중에서 중요한 전기를 이루거나 결정적인 위기를 모면하게 하는데 이것은 사실을 따라가는 이야기의 숨가쁨을 드러내는 것이라 할 수 있다.

제1부와 뒷부분 사이에는 내용의 연결에 얼마간의 무리가 발견된다. 우선 작중에서 주인공 오수동을 오상민으로 교체하여 역사의 시간을 따라잡는 일을 해야 하는데 거기에서 많은 비약과 인물의 희생이 따르게 되었다. 1부에서 중요한 인물들로 형상화해 놓은 음전이와 오수동의 결혼장면이나 오수동의 상경장면 등이 생략되고

1부에서 설정한 박첨지, 이필제, 백낙서 등이 역할을 하지 못하고 말았다.

더욱이 오수동이 서울에서 활동한 갑신정변에서의 역할이 회상으로 일부 나타나고 있을 뿐,생동성을 확보하고 있지 못하다. 그것은 갑신정변에 대한 지은이의 혼란을 드러내고 있는 것으로 보인다. 지은이가 현재 처한 체제가 주장하는 바 프롤레타리아 혁명의 역사적 필연성을 위해서는 부르조아 혁명의 전제가 필요한데 그 가장 근사한 형태로서 갑신정변은 긍정되어야 할 필요가 있었다. 그러나 동학혁명의 과정과 결과는 갑신정변의 배경세력이었던 일본에 대한 배척으로 보지 않을 수 없다는 고민이 있었을 것이다. 갑신정변의 주역들을 긍정하고(6-194, 7-81) 작중 주동인물 오수동을 또한 긍정하는 것은 논리의 모순을 낳을 가능성이 있다. 더욱이 오수동을 갑오년에 농민봉기의 지도자로 등장시키기에는 작품의 필연성에 있어 고민이 컸을 것으로 보인다. 어쨌든 한 때 국가의 안위를 좌우할만한 무력을 빌려쓰는 데 참여한 사람이 다음에는 그들을 절대 화해불가한 적으로 대하도록 표현한다는 것이 만만치 않은 장애가 된 것이다. 결국은 갑신정변의 주역들이 범한 오류는 언급하지 않고 일본의 표리부동함만을 강조하는 선에서 이야기의 필연성을 끌고 갈 수밖에 없게 되었다.(4-52이하)

이런 부담 속에서도 이 작품은 지은이가 의도한 바의 주제를 향해 집중된 체계를 갖추기 위해 주목할 만한 노력을 보이고 있다. 그것은 농민의 저항이 불가피하고 생존지향적임을 드러내기 위해 많은 지면을 들여 형상화한 당대 삶의 생동성에서 볼 수 있다. 이 작품의 모든 인물은 각자 자신의 삶에 충실하고 지은이가 요구한 당대 삶의 고통스러움을 실감있는 표현으로 드러내고 있다.

　작중에서 역사적 사건이 아닌 허구적 사건의 중심에 있는 오덕순-오수동-오상민의 삼대는 자신들이 왜 각 세대마다 저항적 농민봉기의 주동인물이 될 수밖에 없는지를 정직하게 보이고 있다. 익산난민의 주동인물 중 하나로 효수당하는 오덕순은 이 작품의 사건들 중에는 前史에 속하는 인물이지만 효수장면에서 수동을 향해 남기는 절규를 통해 작품의 전반적 진행을 통해 중요한 역할을 하는 인물로 남게 된다. 그는 형장에서, 달아나고 잡히지 않은 아들 수동을 향해 원수갚기를 명하고 이를 전해 들은 수동은 그 원수갚기에 평생을 보낸다. 이런 설정은 결국 이 작품의 가족사적 성격에 결함이 없게 함으로써 갑오년의 농민봉기를 동학교도들의 종교적 열정에 의한 봉기라는 성격으로부터 일정하게 분리하는 효과를 낳는다. 오덕순은 동학교도가 아니며, 그들 세대의 봉기는 종교적 성격이 전혀 없는 순수 프롤레타리아 봉기인 것이다.

　오수동은 자신의 삶이, 생존만을 향해서도 벅차게 느껴지는 당대 일반 농민들의 질곡과는 구별되어 있는 것을 인식하고 있다. 그는 일찍이 열일곱 살 총각의 몸으로 아버지와 함께 익산민란을 주동하고 도망하여 갑신년 개화당의 거사에 참여했다가 다시 죽을 고비를 넘어 금점에 피신하여 있었다. 그 동안 그의 아내인 음전이와 그의 아들인 상민이는 일반적인 농민의 고통을 경험하고 있었으나, 그는 다음에 있을 혁명의 날을 위해 서울에 숨어들어 일심계를 모으고 힘을 기르고 있었던 것이다. 그는 당시의 일상적인 농민의 고통과는 다른 처지에서 당대를 겪어나가고 있었으며, 그것이 그의 작중 성격을, 각성한 지도자이며 역사에 대한 문제의식을 가진 선각자의 모습으로 나타나게 하는 것이다.

오상민의 성격을 형상화하는 데는 더 세심한 준비가 필요할 수밖에 없다. 그는 그의 할아버지처럼 고난의 세월을 오래 보내며 장성한 사람이 아니며, 그의 아버지처럼 투쟁의 대열에 일찌감치 몸을 던진 사람도 아니다. 그런 그가, 이어지는 투쟁의 대열에 강고한 의지와 실천력을 가지고 뛰어들기 위해서는 그의 인식을 형성하고 유지하는 힘이 필요했다. 지은이는 이 역할을 오덕순의 아내인 할머니, 오수동의 아내인 어머니에게 맡김으로써 효과적으로 수행하게 하였다. 이 여인들은 대부분의 농민이 겪어야 했던 당대의 고통에다 투쟁의 대열에 몸을 던진 사람의 가족으로서 겪어야 하는 남다른 고생을 겹쳐서 겪으면서도 다음 세대 역사의 주인이 될 상민을 투쟁적 의지의 화신으로 길러내는 것이다. 그것은 조선의 사회적 상황으로 보면 수월치 않은 일이었다. 지은이는 당시의 여성이 대체로 보이고 있던 소극적이고 숙명론적인 태도를 극복하는 여성으로 이들을 그려내기 위해 세심한 주의를 기울이고 있다. 그것은 어쩔 수 없는 무리를 범하기도 했지만 마침내는 한 특이한 성격을 형상화하는 데 이를 수 있었다. 바로 고부 옥중에서 영아의 할머니가 죽었을 때, "그래 이 꼴을 하고 죽어? 원수놈들을 그대로 두고 죽다니 원! 나는 저렇게 죽을 수는 없어!"라고 하는 장면에서는 서사적 설득력과 함께 실감을 주는 인물의 모습으로 드러나게 되는 것이다. 이런 인물들 속에서 성장한 상민은 자신과 남의 고통을 짊어지고 투쟁해 나가는 젊은 투사로 성격지어지고 그의 투쟁을 통해 조부로부터 이어지는 고난에 찬 투쟁의 역사가 꽃을 피우게 된다.

이들 가족사의 진행 뒤에는 역사적 사실의 엄중한 감시가 늘 따라

붙어 있다. 아무리 허구라 하여도 이미 역사적 사건을 소재로 하고 있으며, 그것에 대한 재해석의 성격을 벗어날 수는 없기 때문에 허구와 사실과의 결합은 불가피한 일이다. 지은이의 의도를 가장 잘 구현하려면 동학혁명의 실제 지도자인 전봉준이 오수동의 역할을 하는 것이 가장 좋을 것이다. 그러나 이미 전봉준은 역사의 영역에 갇혀 있으며, 허구가 재조립하기에는 너무 견고한 틀을 갖추고 있다. 이 점을 의식한 지은이는 전봉준과 허구적 인물의 동일화를 시도했을 것이다. 그것이 이 작품 내용의 한 줄거리를 이루는 전봉준과 오수동의 동일화를 위한 노력이다.

> 녹두는, 아버지가 형장에서 마지막으로 저에게다 남기고 갔다는 그 '간곡한 부탁의 말'을 남에게서 전해 듣고 비분의 눈물을 뿌리며 주먹을 부르쥐고서 몇 번이나 굳게 복수를 맹세하는 그 '오수동'이란 총각의 비장하기 짝없는 표정을 눈앞에 그려보고 있는 중에 어느 틈엔가 제가 바로 다른 사람 아닌 '오수동'이가 되어버려,
> '아아, 아버지 - 아버지 원수를 제가 꼭 갚아 드리겠어요. 그리고 갑돌이네 아저씨를 위시해서 모든 아저씨들의 원한을, 모든 농군들, 모든 '상놈' 들의 그 하늘에 사무친 원한을 제가 반드시 풀어 드리고야 말겠어요.'
> 그는 혼자 입속으로 그러한 말을 중얼거리며, 그 조그만 주먹을 부르쥐고서, 제 자신 다시없이 비통한 표정까지 지었었다……(2-19,20)

이 부분은 아홉 살인 전봉준이 익산난민 처형장에서, 오덕순이 그 자리에 없는 오수동을 향해 유언을 남기는 것을 보고 감동을 받고 자신이 역사의 소임을 떠맡는 장면이다. 이 장면은 다른 곳에서도 거의 같은 묘사로 반복되면서 강조된다.(5-119) 여기에서 시작된 오수동과 전봉준의 동일화는 전봉준에게 가해지는 역사적 사실

의 엄격함을 효과적으로 피하면서 전봉준 자신을 동학의 지도자이기보다 학대받는 농민의 대변자로 형상화하려는 지은이의 의도를 잘 수행하게 한다.전봉준의 가계 자체가 세력은 없으나마 양반의 계열에 속하기 때문에, 피압박 하층민의 지도자로 적당하지 못할 가능성에 대해서는 오수동 가족사와의 일대일 대응을 통해 해명할 수 있었다. 곧, 전창혁의 행동이 오덕순의 그것과 대응될 수 있고, 전봉준은 오수동과 동지의 관계로 갑오년 농민봉기를 주도하게 되며, 아직 어리지만 굳건한 아들인 전해산이는 오상민의 세대를 담당한다고 할 수 있기 때문이다.

작중에는 진행의 편의를 위해 특이한 인물들의 모습을 몇 등장시켜 두고 있다. 1권에서 본 범가사건의 이생원, 비선골 의원 강주부와 그의 양자 강주부 등이 그런 인물이다. 특히 강주부에 대해서는 이런 종류의 글에서는 부담스러울 정도의 전설적 역할을 부여하고 있다. 이 작품의 진행을 위해서는 중요한 인물의 고난과 극복을 그릴 수밖에 없는데 그를 사실적 설득력에 의해서는 고난에서 구제할 수 없을 때 등장시키기 위해 이들을 설정한 것으로 보인다. 그러므로 그는 작중의 사건이 진행되고 있는 동안 독자의 불안한 긴장을 안도시키는 중요한 역할을 하면서도 작품의 말미 가장 중요한 장면에서는 역할을 부여받지 못하는 것이다.

이들 외의 다른 인물들은 아무래도 글의 성격상 작중에서 극히 한정된 역할만을 수행할 수밖에 없다. 핍박받는 삶을 드러내야 할 농민들은 그들대로의 삶에 충실하다가 시기가 오면 봉기의 창날을 곧추세우고 있고, 압제자의 형상을 가지고 있는 지배층의 사람들은 조금도 긍정적 평가의 여지가 없는 채로 비열하고 추악한 악인의 역할에 충실한 것이다. 다만, 이 작품은 이들이 보여주는 삶의 내용이 한정적인 데 비해 그 세부의 형상화에는 탁월한 바 있다. 음전이와 고두쇠 남매의 삶과 양교리 풍경, 조병갑의 학정에 신음하는 농민의 모습 등은 고유어의 탁월한 사용과 함께 사실적 효과를 보이고 있으며, 냉소적으로 묘사된 궁중의 탐락과 이진사, 조병갑, 이용태 등으로 대표되는 지배층의 모습은 작중 악역에 충실하면서도 그것대로 사실적 설득력을 확보하고 있다. 이들 두 인물군이 보이는 명확한 대비는 작품의 진행이 사생결단의 대결로 가고 있을 때 필연성을 담보할 수 있으며, 피압제자의 강고한 투쟁의지가 설득력을 가지게 하는 효과도 있다.

이들 모든 인물들의 형상화에 있어 그 성격이 지나치게 평면적이라는 한계를 벗어나기 위해서는 세부묘사의 지지를 받을 수밖에 없다. 압박받는 농민의 궁핍함을 묘사하기 위해서는 그들의 일년농사와 그 결과를 일일이 열거하고 있으며(4-31), 다시 그들에게 가해지는 가렴착취의 악랄함에 대한 묘사는 치밀하다.(5-249) 이처럼 수확은 적은데 빼앗기는 것은 많은 농민의 생활은 더이상 악화될 수 없을 정도가 되어 그 고통의 자연적인 분출이 분노와 저항으로 나타나게 되는 것이다.

또한 지방관리로 대표되는 압제자의 악행에 대한 자료수집과 묘사도 탁월한 바 있다. 열거된 바에 의하면, 전세미, 창작지미, 호조작지미, 공인역가미, 가승미, 곡상미, 경창역가미, 하선입창가미, 규장각책가미, 선가미, 부가미, 가급미, 인정미, 치계시탄가미, 치계부족미, 치계색락미, 간색미, 낙정미, 타석미, 대동축미, 대동부가미, 대동부가가급미, 대동간색미, 대동낙정미, 대동타석미, 전세기선감리

양미, 대동기선감리양미, 경주인역가미, 영주인역가미, 진상첨가미, 진상우첨가미, 병영주인역가미, 호방청전관미, 성원고급조, 방주인 근수조, 고마조, 고마전, 환곡, 신관태가전, 구관태가전, 관아수리비 (7-225) 등으로 일일이 설명하지 않으면 이해도 되지 않을 만큼의 다양하고 치밀한 징세 착취의 조항들을 볼 수 있다. 이들은 지은이 가 설정한 인물들의 사실성을 높이기 위해 쏟은 노력의 증거가 되는 것들이며, 이를 통하여 단면적이고 유형화될 가능성이 있는 등장인 물들이 생동성을 획득할 수 있게 된다.

이제 이 글은 압제하는 자와 압제 받는 자의 두 가지 확연히 구분 된 색깔의 배경 위에 그려진, 중심인물의 움직이는 그림으로 되어 있음을 보았다. 그 배경은 단순히 의도적으로 구별하여 그린 색깔이 아니라 지은이의 치밀한 묘사에 의해 사실적이고 현장감 있는 색채 로 살아난 그림이다. 그 위에 그려진 생동하는 두 개의 선은 오수동 일가와 전봉준의 활동이다. 이 두 선은 분리된 두 개의 인생이 아니 라 하나의 지향점을 가진 동일시된 삶의 궤적이 된다. 그러면 그들 이 지향하는 점은 무엇이며, 그것은 어떻게 결말지어지는가.

4. 역사적 진실과 문학적 진실

부인할 수 없는 역사의 기록에 의하면 갑오년에 동학의 교도들이 종교적 열정에 의해 봉기하여 주장한 바 그들의 교조를 신원하고 탄압을 중지하여 달라는 요구는 많은 희생을 남기고 실패하였다. 적어도 당시에 그들은 자신들의 요구에 대한 확고한 보장을 받아내 지 못하였으며, 지도자와 참여자 다수가 처형되거나 전사하였다.

이를 문학은 어떻게 받아들여 해석하고 형상화할 것이냐가 후대 문학에 지워진 짐이 되었다.

어떤 사태의 결말에 대해 그것을 실패한 것으로 받아들이든지 실패하지 않은 것으로 받아들이든지의 어느 한쪽 태도만을 택한다면 문제는 비교적 간단할 수 있다. 그러나, 이미 역사적으로 완결된 사태 자체는 실패해 있지만 그것을 단순히 실패한 것으로만 말할 수 없다는 점에 문학의 고민이 있으며, 이 작품은 그런 고민을 드러내고 있다. 동학혁명을 갑오농민전쟁으로 형상화하는 것이 그런 고민의 산물이라 할 만하다. 농민이 결집된 항거의 의지로 봉기하여 압제자에 맞서 싸운 투쟁의 기록이라면 그것이 비록 당대에는 실패했을 수 있지만 승리의 전망으로 결말지어질 수 있기 때문이다.

이 작품은 우선 갑오년의 패전원인을 농민 내부에서 찾고 있지 않다. 농민의 내부적 단결은 공고했으며 승리와 그 뒤의 행복에 대한 그들의 전망도 확고한 바 있었다. 다만 그들이 패전한 것은 일본이라는 외세를 등에 업은 압제자의 폭력과, 내부에 침투한 봉건 부르조아 잔재자의 배신 때문이었다. 일본에 대한 반감은 이 작품이 가진 자기 모순의 내용에 해당하는 것으로, 앞에서도 논의한 바와 같이 이 작품은 그것을 일본의 신의없음과 야욕에 짐지우고 있다. 이처럼 논리를 정리한 후에는 일본에 대한 명백한 적대감을 드러내는 데에 많은 부분을 할애하고 있다. 갑오년 봉기의 결말 부분에 이르렀을 때에는 일본군에 대한 적개심이 봉건통치배에 대한 그것과 구별되지 않을 만큼 격렬하다. 이 점이 바로 이 싸움을 패전으로 정리하지 않으려는 지은이의 태도를 드러낸 것이다. 곧, 역사적 상황이나 내부적 혁명역량에 있어서 조선은 프롤레타리아 혁명의 승리단계에 있었으나 제국주의적 침략야욕으로 무장한 일본의 부당한 개입에 의해 그 승리가 유보되었다는 주장을 보이고 있는 것이다.

이런 종류의 의로운 봉기를 다룬 작품들에서 자주 설정되는 지식인 배신자의 유형은 이 작품에도 예외없이 나타난다. 이 작품에서는 김경천이라는 이름을 가진 이 인물은 전봉준의 서사를 맡을 만큼의 지식과 처세술을 가진 사람으로 시종 오상민의 의심을 받고 마침내 전봉준을 잡아바치는 역할을 맡는다. 물론 그는 자신이 바라던 고을원을 하기 전에 오상민에 의해 살해되지만 그것은 지은이가 배신자의 끝이 그가 소망하던대로 되어서는 안되겠다는 당위의 지배를 받은 부분으로 보이고, 결국 이 인물은 갑오년 농민봉기를 주도한 계층의 순수성을 보임과 동시에 지배계층에 속한 사람의 표리부동함을 강조하는 기능을 함으로써 당시의 사태를 계급적으로 인식하게 하는 데 기여하게 된다.

이제 갑오년 농민봉기는 이 작품에 의하면 농민전쟁으로 형상화되었다. 그렇다면 농민전쟁은 실패한 것인가에 대해 지은이는 대답해야 하게 되었다. 그 대답으로 지은이는 혁명적 의지의 계속성을 제시하였다. 구체적인 역사 속에서의 사건 자체를 통해 승리의 전망을 제시하는 것은 그 재편성의 정도가 지나치므로, 아직 실현되지 않은 역사를 통해 그 전망을 제시하는 방법을 택한 것이다. 이 작품의 마지막은 공주패전 과정과 그 이후에 작중인물들을 정리하는 것으로 되어 있다. 상민의 할머니는 전주입성 장면에서, 어머니는 전장의 후방에서, 영아와 오수동은 전장에서, 각자 의롭게 죽거나 장렬히 산화하고 전봉준은 배신자의 밀고에 의해 잡혀 처형되며

손화중, 김덕명, 최경선도 처형되고 농민군은 패산한다. 그 각각의 정리과정에는 영웅적인 최후를 위한 작위의 흔적이 도처에 발견되어 작품의 사실성과 감동을 감쇄하는 바 있으나, 중요한 인물들은 지은이의 의도를 충실히 수행하고 죽어간다. 그러나, 다음 세대의 담당자들은 거의 죽지 않은 상태에 있다. 작중에서 가장 중요한 역할을 맡은 오상민이 죽지 않았으며, 김봉득과 최공우가 함께 있고, 전봉준의 아들 전해산이 신비한 여인의 도움으로 성장하고 있다. 이들은 "너희놈들을 쳐없애고 나라를 바로 하여 백성들을 편안케 할 그날을 위해 성벽을 쌓는 하나의 주춧돌로는 될 것이다!"라는 전봉준의 마지막 말을 실현하겠다는 의지로 뭉쳐 있다. 그렇다면 싸움은 아직 끝난 것이 아니며 그러므로 패전한 것일 수도 없는 것이다. 지은이는 이로써 갑오농민전쟁을 통해 집결된 혁명의 의지가 결코 패산하지 않고 있으며 그것은 언젠가 실제적인 힘을 가지고 구체적인 혁명으로 실현될 것임을 보여주고 있다.

　역사적 사실에 있어서도 전봉준을 중심으로 한 농민군이 반드시 종교적 열정으로만 행동한 것이었던가에는 이론의 여지가 있다. 전봉준은 그를 공초한 기록에 동학의 성격을 보국안민, 광제창생의 도리라고 믿는다는 말을 남긴 바 있고, 삼례나 보은 취회때와는 달리 고부봉기 이후에는 진멸권귀, 직향경사 등의 행동방향을 밝힘으로써 정치적 투쟁의 성격을 크게 가미한 바 있다. 그러나 그가 실제로 당대 사회를 계급적으로 인식하고 자신의 투쟁을 농민해방의 방향으로 전개했던가는 의문의 여지가 있다. 이 작품에 나타난 승리의 전망은 학대받는 농민의 경제적 해방에 초점이 맞추어져 있으나, 당시의 기록들은 전봉준이 관념적으로 구상한 이상적 왕조사회의 구현을 지향했던 것으로 되어 있기도 하다.

갑오년 농민봉기가 가진 이런 여러가지 성격들을 지은이는 선택하고 편성하였다. 그것은 그의 세계관을 지지하는 방향이 될 수밖에 없었으며, 또 그것은 자신이 속한 체제의 세계관과도 관련되어 있었다. 그것이 바로 역사적 진실 속에서 문학적 진실을 드러내는 지은이의 태도이며, 이에 의해 역사는 과거의 화석화된 정적을 벗어나 현재에 살아서 들려주는 삶으로서의 기능을 하게 된 것이다.

5. 결합을 위해

이미 부인할 수 없는 모양으로 존재하는 역사적 사건을 문학의 형태로 재현하면서 지은이는 자신의 감각을 작중 시간과 일치시켜야 한다는 부담을 느끼고 있다. 이 작품에서 그런 노력은 앞에서 말한 바와 같이 풍부한 고유어의 생산적 사용과 당시의 삶에 대한 치밀하고 다양한 조사 및 묘사 등으로 나타난다. 이런 노력을 통해 작중의 개인은 당시에 살아 있던 구체적인 인물로 생동성을 획득하게 되고 이를 통해 작품은 작중의 삶이 드러내는 총체성에 눈을 돌릴 수 있게 되었다.

그러나 어떤 명분을 동원한다 하여도 역사소설은 역사적 사실의 무거움을 벗어날 수는 없다. 이 작품도 예외는 아니며, 그 점에서 지은이의 고민은 작품의 도처에서 읽히고 있다. 강렬한 투쟁의 의지와 그것의 지속적 강인함을 위해서는 허구화된 가족사의 지지를 받아야 했으며, 학대받는 계층의 해방을 위한 투쟁으로 그려지기 위해서는 그 지도자가 학대받는 계층에 속하는 이른바 순혈의 프롤레타리아여야 했던 것이다. 그러면서 그는 역사적 안목으로 투쟁의 당위를 인식하고 승리의 전망을 제공할 수 있어야 했으며, 더욱이 그 투쟁을 승리로 이끌 수 있는 현실적인 능력과 의지의 소유자여야 했다. 이 작품은 이들 요구의 조화를 위해 두개의 선으로 된 인물설정을 보이고 있으며, 그것은 서로 동일화의 인력을 가지고 있으므로 이 설정은 성공적이다.

작품을 읽고 거기에 감동할 것인가의 여부는 독자가 결정할 문제이다. 이 작품의 말미가 가지고 있는 감상적인 어조와 비현실적 인물설정은 작품이 오래 이끌어 온 사실성의 효과를 도리어 덜어버리는 감이 있다. 그러나 그것도 이 작품을 짓는 동안에 지은이가 안맹에 이르렀다든지 그러므로 그것이 구술된 것이라는 전문을 참고하면 납득할 수 있기도 하다. 다만, 이런 인물설정과 감동적인 어조가 지금 그쪽 체제의 문학에서 일상화한 것이라면 주목할 필요가 있다. 우리가 오래 길들여진 냉혹하고 논리적인 문장 이외에도 우리를 감동시킬 수 있는 더 순수하고 진정한 어조를 우리가 잊고 있을 가능성이 있기 때문이다. 이런 문제 때문에라도 문학사의 공유와 상호 호감을 전제한 독서의 필요는 증대되는 바 있다.

그의 역사와 그들의 역사

－『革命』과 『들불』의 경우－

1.

역사쪽에서 그것을 어떻게 정리하고 있는지 그 사정은 세밀히 알지 못하지만 문학쪽에서는 갑오년 농민봉기로 하나의 거대한 이야기 꾸러미가 만들어지고 있는 감이 있다. 그것은 지난 시대의 창작이든 지금 이 시대의 창작이든, 국토의 남쪽이든 북쪽이든을 가리지 않고 다양한 모습으로 진행되고 있다. 이런 과정은 갑오년 농민봉기가 문학적으로 재구성되고 있는 현상이라 할 것이며, 한 사건 이후 100년이 지난 시점까지 재구성이 이루어지고 있는 일이라면 그 사건이 문학의 입장에서 크게 관심을 가질만한 것이라는 사실의 반증이 될 수 있다. 주지하다시피 우리 문학사에서 한 사건이 이처럼 다양하고 지속적인 재구성의 대상이 된 예를 볼 수 없었던 것이다.

한편, 이처럼 재구성이 지속적이고 다양하다는 것은 필연 그것에 대한 해석이 고정되어 있지 않다는 것을 말한다. 연구자나 작가가 개별적으로 또는 연구집단 내부적으로 사건의 그림을 확정하여 복원했다 할지라도 그것이 곧 그 사건의 전모는 아닐 수 있으며, 다른 그림은 언제나 가능할 것이기 때문이다. 그러므로 갑오년 농민봉기에 대한 문학적 형상화는 아직도 계속되고 있는 것이며 앞으로도 계속될 수 있을 것으로 보이는 것이다.

그렇다면 이 사건이 이처럼 지속적인 관심의 대상이 되는 이유는 무엇인가. 다른 시대에는 그보다 더 큰 사건도 있었을 수 있고 같은 시대에도 다른 충격적인 사건이 있었을 수 있는데 왜 이 사건만이 자꾸 입에 올려지는 것인가. 창작당시와의 시기적 근접성이 무시될 수 없는 것은 일단 당연하거니와, 무엇보다 그것은 그 사건 이후 이땅에서 전개되었던 역사 및 이데올로기와 무관하지 않을 것이다. 일제 강점기의 거의 대부분과 해방이후 현재에까지 우리는 상향혁명 이데올로기의 영향을 직간접적으로 받고 있으며, 억압된 하층민의 집결된 분노와 투쟁이라는 그 이데올로기의 성격에 의하면 갑오년의 농민봉기는 좋은 소재가 될 수밖에 없었다. 그것은 거의 명확하게 착취 피착취로 이분된 인적 구성을 상정할 수 있게 하였고, 분노로 집결된 피착취자들의 의지가 고통스런 현상의 혁명적 타개를 위해 봉기하는 모습을 그릴 수 있게 하였다. 다만 이것은 사실 그 자체가 아니라는 특징이 있기 때문에 재구성하는 사람에 따라 그 성격이 다르게 나타날 수도 있게 되었다.

이미 역사의 대상이 된 사건에 문학이 관심을 가지고 그것을 되끄집어 내는 것은 일단 의도를 가진 행위라고 보아야 한다. 그것은 그 사건을 재구성함으로써 독자에게 하고 싶은 말을 작자가 가졌기 때문인 것이다. 그러므로 같은 사건에 대한 다양한 재구성은 다양한 목소리를 전제한 것이 되어야 한다. 그 점에서 갑오년 농민봉기에 대한 인식과 해석은 다양한 상태에 있는 것이며, 그것이 개인이나 집단의 의견과 일치하지 않는다고 하여도 존재 자체를 부정할 수는 없을 것이다.

연전(1992년)에 우리는 『지리산』이라는 제목의 책을 대한 적이 있다. 지리산지구 빨치산을 토벌하는 임무로 편성된 야전사령부의 사령관으로서 그 일대의 무장빨치산을 섬멸한 혁혁한 전공의 장군이 쓴 이른바 육필 증언록이라는 책이었다. 그 책을 읽으면서 우리는 똑같은 제목으로 똑같은 사건을 다룬 두 책의 거리를 생각하고 아득한 느낌에 잡힌 바 있다. 그러면서도 우리가 본 그 책은 그 전에 본 다른 책이 보여줄 수 없는 시선과 자료를 제공할 수도 있겠구나 하는 생각을 했었다. 그것은 같은 사건에 대해 대척적인 가치관을 가진 사람들의 거리를 보여주는 것이었다. 그러면서 그것은 각각이 가진 세계관을 보이는 데 정직하였으므로 그 대비는 명확한 바 있었다. 마찬가지 일이 갑오년의 농민봉기를 다룬 글들 사이에 일어날 수 있다. 해방 이후 지리산에서 일어난 일에 비하면 갑오년의 일은 명료하고 단일한 성격을 가졌을 것이라고 생각하여 그 일을 다룬 모든 글들을 하나의 계열에서 기억하는 경향이 있을 수 있다. 그러나 반드시 그렇지는 않은 것이, 그 사건의 성격규정이 완전하지 않은 것처럼 다양한 인식과 형상화의 가능성도 배제할 수는 없는 것이다. 이번에는 서기원의 『革命』과 유현종의 『들불』을 통해 그 같고 다른 점을 읽어보고자 한다. 지은이들은 지금 남한문학사에서 무거운 이름을 가지고 있으며, 이들 두 작품의 성격이 대비되는 바 있어 역사해석의 태도를 살피기에 적당할 것으로 생각되기 때문이다. 『들불』은 5부작으로 계획되어 있고 그 다음 부분이 『장군 김계남』 등으로 나온 바 있으나, 성격상 『들불』은 그것 자체 한 완결된 작품인 것으로 보인다.

2.

『革命』은 김헌주라는 인물의 삶과 생각을 따라 이야기가 전개되고 있다. 예주김씨 도성위 종손인 정읍의 진사 김용하의 맏아들인 헌주는 양반의 신분이면서 동학에 대해 호감을 가지고 있다가 마침 내 봉기의 와중에 동학에 가담하여 투쟁하고 실패하자 전봉준을 암살하려다 붙잡혀 처형되는 인물이다. 일견 혼란된 행위의 선을 가지고 있는 이 인물은 가족구성을 통해 이런 혼란의 단초를 이해할 수 있도록 설정되었다. 김진사 용하는 헌주와 봉주라는 아들을 두었 고 두드러진 양반의 심약한 후예라는 특징 외에는 없는 인물이다. 김진사의 동생 김생원 용춘은 항주라는 아들과 서녀 선주를 두었는 데, 적극적이고 이재에 밝으며 탐욕이 있는 인물이지만 시대를 읽는 눈은 현명하지 못한 편이다. 그의 아들 항주는 간질환자로 발작상태 에서 행방불명이 되고 선주는 난리 중에 종의 아들 판석에게 겁탈당 해 부부가 된다.

헌주는 작은아버지 김생원의 적극적인 토색질을 보면서 반감을 품게 된다. 그는 직접적으로 아버지 김진사 형제에게 반항하지는 못하고 동학에 대해 관심을 가지는 것으로 이를 대신한다. 이 부분 에서 소설적 설득력이 부족하여 이후 헌주의 행위 전체가 불안정한 기반 위에 얹혀 있게 된다. 이 점은 지은이가 직접적인 체험이나 역사적 사실의 도움을 받지 못한다면 소설적 형상력의 부족이라는 불만을 메꿀 수가 없을 것이다. 그는 종의 아들 판석이 동학에 가담 하기 위해 백산으로 간다고 했을 때 금하지 않았을 뿐 아니라 그를 속량해 주겠다고까지 말하게 되는데 이 부분에서도 역시 설득력이 없다.

동학군이 밀려올지도 모른다는 두려움으로 전주에 있는 친구의 집에 피신해 있던 헌주는 전주를 먼저 점령한 동학군을 만나게 된다. 동학군에게 체포된 그는 동학에 들겠다고 하여 동학군이 된다. 이 과정에서 양반의 신분을 가진 그가 동학에 가담하는 명분에 대한 설명은 없다. 결국, 헌주는 동학봉기를 긍정하고 이에 가담하는 양반출신의 청년이 되라는 지은이의 부름을 받았으나, 지은이로부터 혁명의 필연성과 정당성에 대한 인식은 전달받지 못해서 이처럼 혼란된 삶을 살아가게 된 것이다. 동학군으로 우금치전투에 참전하여 부상한 그는 논산아문에서 전봉준을 발견하고, 군사가 죽어갔는데 그가 살아 있어서는 안된다고 하여 저격하려다 실패하고 동학군에 의해 처형된다.

이런 과정 전체를 통해서도 동학군의 이념과 봉기이유에 대한 충분한 묘사는 되어 있지 않다. 작중에서 보복이나 반항의 경우에는 그 행위의 원인이 설득력있게 제시되어야 하는데 그렇지 못하기 때문에, 이 글은 단순히 지방관리의 학정에 대한 농민의 항거를 그린 것이 되었는데, 작중에 조병갑의 가렴주구가 정밀하게 묘사되지 못한 채 관념적으로 요약되기만 했으므로 농민의 저항은 폭발적이고도 과잉반응의 성격을 가진 것으로 되고 말았다. 그러므로 작중에서 농민군의 행동은 내부적으로나 대외적으로 부정적인 모습을 가질 수밖에 없다.

그 결과 고부 1차 봉기에서 전봉준이 연설하는 동안에, 두려움을 느끼고 이탈하는 농민을 향해 전봉준의 중요한 막료인 조갑호가 칼을 빼들고 위협하고 있는 장면이 나타났다. 또 고부관아를 들이친 농민들이, "한결 광기를 돋우어 닥치는대로 허물고 짓밟았다."거나, "전봉준은 차츰 농민의 떼가 한 마리의 사나운 짐승으로 변하고 있음을 깨닫고" "농민들을 신뢰할 수 없는 불안이 가시지" 않게 되기도 할 수밖에 없다. 이 글의 지은이는 이 때문에 1차봉기의 결말이 빨리 났다고 서술하고 있다. 곧, 전봉준은 농민이 자신을 배신할 것이라는 불안때문에 "승장도 패장도 아닌 어중간한" 상태로 봉기를 끝내게 되는 것이다.

고부재거 이후에도 변하지 않는 이런 모습을 통해 지은이는 무엇을 보이려는 것인가. 가장 긍정적인 태도로 이 작품을 읽는다면 그것은 아마 억압을 당하고 사는 것이나 억압에 항거하는 것이나 모두 사람사는 모습의 하나일 뿐, 어느것도 특별한 의미를 가진 것은 없다는 생각을 드러내려는 것으로 볼 수 있다. 동학군에서 숫자를 차지하는 것이 모두 동학의 정예 전투원이 아니라 대부분은 밥을 굶지 않으려고 따라나선 부랑민과 연소자 또는 노약자들이었다는 묘사가 그것을 보여준다. 게다가 김개남은 전봉준에게 반항하는 태도를 가지고 있고 농민군의 지도자는 권세를, 농민군은 밥을 얻기 위해 새로운 방법을 찾은 집단이라는 것으로 그려져 있다. 결국, 농민군이 새 세상의 전망에 투철한 적극적 저항집단의 성격은 갖지 않았다는 것이다.

이 글은 동학의 종교적 성격도 부인하고 있다. 작중에 수없이 묘사된 궁궁을을부적 또는 십삼자주문외기에 대해서 지은이가 "뜻도 모르는", "따라 외"기만 하는 것으로 아무 실효가 없었다는 태도를 가진 것까지는 정당하다 하더라도, 정면으로 "전봉준은 백성들을 속인 것이다. 속여서 죽음으로 내몬 것이다. 몇마디의 성주가 탄환을 빗나가게 해준다는 황당한 술책은 전봉준이 창안한 것은 아니었으나, 지금에 이르러 수천의 생령들 앞에서 무슨 면목으로 낯을 들 수 있을 것인가."에까지 나아간 것은 지은이가 자신의 생각만으로 사태를 해석한 것으로 보인다.

결국 위에서 본 바와 같이 이 글은 중심을 이루는 갈등의 축이 불분명하다. 농민군은 이념적 뒷받침이 없이 보복적이고 포악한데다 쉽사리 와해되고 배신하는 집단이어서 의지의 결집을 이루고 있지 못하고, 관군과 그 동일선상 인물군은 성격화가 되어 있지 않아 갈등의 당사자가 되기에 부족하다.

그러다 보니 이 소설은 왜 그런 봉기가 있었고 그 엄청난 희생이 있었는지에 대해 대답할 말이 궁해지게 되었다. 그 고민의 결과로 내놓은 것이 전봉준에 대한 저격이다. 그러면서 이것으로 이 소설의 결말을 삼기로 한 것이다. 헌주는 수많은 사상자를 내고 패전한 후 전봉준을 향해 소리나지 않게 외친다.

    전장군, 우금치 골짜기의 송장들을 보셨습니까? 이곳까지 도망쳐 오시
    다니 그들의 원한을 갚아줄 가망이라도 남아 있다는 것입니까? 그들 덕분
    에 영웅이 되셨으면 그들과 같이 영웅답게 죽어야지요. 목숨을 구차하게
    부지하다 생포되시렵니까?(략)

이처럼 이 글은 사태의 진상을 정확하게 읽지 못하고 있었기 때문에 작품 전개 전체의 일관된 틀을 보여 줄 수 없게 되었고, 작중 인물의 구체적 형상화와 사건의 설득력있는 전개에 이를 수 없게 되었다. 이처럼 작품이 총체적인 허술함에 이른 것은, 이미 역사적으로 확정된 사건을 다루면서 그 진상이 요구하는 세계관에 접근하지 못한 결과 작중인물로 구성된 작품내부와 작자 자신인 작품외부와의 괴리가 나타났기 때문이다. 그러다보니 『革命』은 그 제목이 나타내고 있듯이 일단 한 사태를 긍정적으로 바라보려는 연역된

의도와 실제로 그것을 긍정하고 있지는 않다는 지은이의 세계관이 충돌하여 어쩔 수 없이 일어나는 붕괴과정을 작품으로 보여주게 되었다. 결국 이 작품은 의도했든 아니든 혁명의 와중에서 다양하게 나타나는 삶의 모습을 포착하는 데 일정한 성과를 이루었다. 혁명의 진중에도 혁명적 열정으로 무장하지 않은 농민군들과, 혁명지도자의 순결한 덕성으로 분식되지 않은 농민군 장수들이 등장하며, 그들 모두의 공통된 태도는 새로운 시대질서로서의 혁명참여를 자신의 적응방향으로 삼았다는 점이다. 그렇다면 서기원에게 있어서 혁명은 한 사회를 변혁하여 새 세계관으로 질서화된 새로운 사회를 건설한다는 의미라기보다, 시대의 한 조류요 삶의 한 방법이라고 인식되어 있는 것으로 볼 수 있다. 그것은 혁명군의 대척적인 진영에 있는 이들에게도 마찬가지로 적용될 수 있다.

3.

　앞에서 『革命』은 양반 신분의 한 인물을 추적하고 있었는데,『들불』은 관노 신분인 주인공 임여삼의 생애를 따라가고 있다. 그는 원래부터 관노가 아닌 농민이었으나 그의 아버지 씨름 장사 임호한이 여진민란의 주동자로 민란 이후 도망하였으므로 관노로 박힌 인물이다. 그의 어머니는 역시 관비로 되어 돌림병 시체 방치장을 지키는 임무를 가졌다가 돌림병에 걸려 죽고 누이 상녀는 관비로서 현감의 성적 노예가 되었다가 왜상에게 팔려 색주가의 하급 창녀가 되고 자살한다. 갑오년 농민봉기가 하층으로부터 분출한 혁명적 의지의 결집이라면 임여삼은 주동인물로서의 배경적, 외형적 조건을 완벽하게 갖추고 있는 것이다.

임여삼은 익산관아의 관노로 있다가 임피 왜상의 하수인에게 심부름을 갔다 오고 어릴 때 친구였던 곽무출이 상녀를 구하려고 현감을 습격했다가 잡혀 갇히자 그를 빼내준다. 익산에 민란이 일어나자 임피로 갔다가 전 익산현감을 만나 도망치면서부터 신분상의 고리가 다 끊어진다. 그는 길을 가다가 산적의 습격을 받고 격퇴하면서 산적굴에 있게 되었고 무장군을 습격하러 갔다가 동학군을 만나 동학군이 된다. 전투에서 공을 세워 기총이 되었고 이어서 동학군의 모든 전투에 참여하고 난중에 관비 옥이를 사랑하고 우금치 전투에서 패전한다. 그러나 그는 죽지 않았으며 그의 아기를 가진 옥이도 죽지 않았다.

지은이는 봉기의 진상에 투철하려는 노력을 도처에서 보이고 있다. 무엇보다 작중인물의 사실성을 획득하기 위한 노력으로 언어의 생동성에 세심한 주의를 기울이고 있다. 작중에는 풍부한 사투리가 자연스럽게 사용되고 있으며, 이로 인해 이들 인물이 당하는 고난과 그들 삶의 애환이 적절하게 전달되기가 쉽다. 또 착취하는 자로 설정된 지배층의 부도덕과 잔인함을 드러내는 방법으로 작품의 서두 부분에 관노 매매장면을 설정함으로써 이어지는 뒷 부분에는 잔인하고 포학한 장면이 많지 않은데도 인물의 대립적인 인식이 유지되도록 하고 있다. 관노를 소처럼 매매하면서 짐승과 똑같이 검사하고 흥정함으로써 인간성에 대한 극도의 모멸을 보인 것이 그런 효과를 거둔 것이다.

이 소설은 역사적으로 실재했던 사실에 허구가 따라가는 형태를 취했으므로 지은이의 의도는 허구부분이 담당하도록 하는 기법을 사용하고 있다. 주지하다시피 갑오년의 농민봉기는 그것 자체로서 개인의 의도를 담을 수 있는 그릇이 될 수는 없게 되었다. 이미 그것은 역사 속에 고체의 형태로 담겨 있으므로 누구든 말을 하고 싶으면 그 실재와 평행으로 달리는 허구를 설정하지 않을 수 없다. 지은이는 이 필요에 의해 임여삼을 설정하고 그의 생애를 따라 가는 것이다.

지은이는 경직된 역사 속에서 지나치게 사실에 충실할 경우 작품의 생동성이 부족하고 긴장이 풀어질 것에 대비하여 의지의 갈등을 보이도록 해 놓았다. 그것이 여삼의 고향친구인 곽무출의 인생이다. 무출은 여삼의 누이 상녀를 사랑했으나 상녀가 현감의 노리개가 된 뒤 현감을 죽이려다 실패하고 귀 한쪽이 잘린 채 도망하여 부산에서 기독교 전도사가 된다. 그는 기독교 매서관의 전도사이면서 일본인 무기상의 조선인 수하이고 농민봉기를 진압하는 일본군에 통역관의 일원으로 나타난다. 그는 색주가의 저급 창녀로 전락한 상녀의 집에서 여삼을 만나 논쟁을 벌이다가 싸움을 하게 된다. 잘려서 말라빠진 자신의 귀 한쪽을 간직하면서 원수갚을 길만을 찾고 있었노라는 여삼의 우정과 정의감에 대해 그는, 대세를 모르는 촌놈이라고 몰아붙인다. 그것은 곽무출의 생각이면서 이 소설의 긴장된 갈등상태를 이끌어가는 한쪽의 세계관이다. 지은이는 소설의 전반을 통해 여삼의 생애와 함께 무출의 그것도 추적하여 보여줌으로써 이 긴장이 유지되도록 하고 있다.

갑오년 농민봉기의 전 과정을 통해 욕심을 낸다면, 당시에 역사의식을 가진 지배층과 농민의 결합이 이루어졌더라면 하는 점일 것이다. 당시에 그런 지식인으로는 아무래도 대원군 일파를 상정하지 않을 수 없고, 그들은 비교적 명료한 역사의식과 함께 잠재적인 힘을 가졌다는 점 때문에라도 작품마다 탐을 내는 인물군으로 등장하고 있다. 이 소설도 예외는 아니며 다른 작품들보다 적극적이고 구체적으로 대원군과의 결합을 그려놓고 있다. 이진악으로 나타나는 대원군의 밀사는 직접 전봉준을 만나기도 하고 무력을 기르기도 하지만 역시 허구의 힘이 역사적 사실을 어쩔 수는 없는 것이다. 다만 이 부분은 당시의 지배층과 피지배층으로 이루어진 대립을 민족적 일체감에 의해 해소하려고 노력한 증거로 볼 수 있을 것이다.

이 봉기가 일어난 원인은 민족 내부에 있었다. 더 구체적으로는 지방관리들의 탐학에 있었던 것이다. 중앙의 관리들이 매관매직을 한다고 하여 지방의 백성이 반란을 일으킨 경우가 없고, 외교정책이 혼란하다고 하여 지방민중이 무장봉기한 경우도 없다. 그러므로 대부분의 무장내란은 내부적으로 성공 또는 실패하고 그 상처도 내부적으로 치유되곤 했다. 그러나 갑오년의 일은 그렇지가 않아서, 봉기의 원인이야 내부에 있지만 그것이 진압되고 흥분된 먼지가 가라앉은 원인은 내부적이지 않으며 그 뒤에 상처가 삭아가는 과정에서 더욱 큰 외부의 영향을 받게 되었다. 이 때문에 그 일을 다룬 대부분의 문학작품이 결말부분에서 혼란에 빠지게 되곤 했다. 시작부분과 결말부분 사이에 투쟁대상의 혼란이 일어나는 것이다. 이 글은 그 모순을 해소하는 방법으로 투쟁의 주체를 점차 확대하여 순수 피착취자 집단에서 일부 의식있는 착취자를 포함하는 방향으로 전개함으로써 최종적인 투쟁의 대상이 민족의 외부를 향해도 무리가 생기지 않도록 하는 배려를 보이고 있다.

또한 투쟁의 강도를 떨어뜨린 주된 원인으로 지적되곤 하는 남북접의 불일치 부분에 대해서는 글의 결말 부분에서 남북접 십삼만 인원이 최시형의 집전으로 장엄한 제사의식을 가지는 것으로 그려져 완전한 일치에 이르도록 되어 있다. 투쟁의 내용을 가진 글에서 갈등의 복합성은 글의 집중력을 떨어뜨릴 수 있을 것이므로 지은이는 갈등의 단선화를 끈질기게 추구하고 있다. 위에서 본 바와 같은 남북접의 일체화와 함께 남접 내부에서 자주 불화한 것으로 비치고 있던 전봉준과 김계남의 관계를 완전한 동지의 관계로 설정함으로써 작중 주동세력의 강력한 결집과 이로 인한 갈등단선화에 기여하고 있다.

어차피 문학이 사실만을 대상으로 하는 것은 아니다. 문학이 역사를 소재로 했을 경우라 해도 지은이의 의도를 표현하는 부분만은 반드시 사실이 아닐 수 있는 것이다. 다만 그렇다고 해서 사실의 왜곡에 이르기까지 지은이의 의도가 드러날 수는 없는 것이 역사소설의 특징이며 난점인 것이다. 역사적 사실은 문학적 감동을 전제하거나 용인하는 것이 아니며 문학적 감동은 또한 역사적 사실의 제약을 불편해하므로 이들은 상호 훼손하려는 힘으로 작용하고 있다. 이 작품에서도 그러한 훼손력은 나타나고 있으며 그 점 때문에 이 소설은 작위의 냄새를 풍기고 있는 것이다. 작중에 긍정적으로 설정된 인물들은 지나치게 완전한 인간이며 사건의 전개는 우연에 의존하는 경우가 너무 많다. 또 이미 완결된 역사적 사건에 대해 소망을 이야기하는 것은 가능하지만 그것도 허구의 선을 넘을 수는 없는 것이므로 그것이 주제에 따라오지 않는다면 다른 길을 찾아 보았어야 한다.

4.

『革命』은 산만하고 혼란스러운 그림이다. 그 속에는 한 인물의 얼굴이 다른 색깔로 그려져 있기도 하고 이어져 있는 것같은 선의 연결부분이 보이지 않기도 한다. 이에 비하면 『들불』은 선명하게 내용을 알 수 있는 그림이다. 배경의 색깔도 선명하고 인물의 표정도 불변이다. 만약에 억눌린 민중의 분노에 찬 봉기와 그 승리의 전망을 위해 작품을 썼다면 『革命』은 점수를 얻기 어려운 작품이 된다. 그 점에서 『들불』은 소재와 사건 전개 모두에서 일단 성공한 작품이 된다.

『革命』은 제목의 지나친 선명성이 작품에 부담이 되고 있다. 만약 냉소적인 의도가 아니라면 이 작품의 제목은 혁명일 수가 없다. 이 글은 혁명의 와중에서 찾아질 수 있는 다양한 인생의 개연성에 대해 보여주고 있을 뿐이다. 혁명의 소용돌이 속이라고 하여 모두 그 열정과 전망을 공유하고 있는 것은 아니며, 오히려 그 속에서 삶의 사소함과 위기에 처한 인간의 교활함이 극명하게 나타날 수도 있음을 이 작품은 보이고 있는 것이다. 그에 비하면 『들불』은 한 의도의 철저한 구현을 위해서 삶의 사소한 개연은 가지치기라도 해버릴 수 있음을 보여준다. 거대한 집단의 내부에 있을 수 있는 상정된 불일치는 물론, 이미 역사적 사실로 받아들여진 실체적 불일치조차도 설정된 의도를 드러내기 위해서는 생략되거나 각도를 바꾸어 나타나고 있는 것이다.

그런데 둘 다 인생의 진정한 모습을 보여주겠다는 의도를 가진 것이 사실일 바에는 이 중 어느 것이 실제 인생과 그 의미를 찾는 데 이르렀는가 하는 것이 최종적인 관심의 대상이 된다. 사실의 무게에 눌려 문학이 기본적으로 갖추어야 할 방향성도 챙기지 못해서는 안될 것이며, 의도의 견인력에 끌려 역사와 문학의 개연성을 홀대해서도 안될 것이다.

물론 작품의 형상력에 있어서 『革命』은 비교적 헛점이 많은 편이다. 다만 그것은 사실에 시선의 촛점을 맞추어 쓴 것이므로 나타날 수 있는 혼란일 수 있다. 주지하다시피 우리의 삶이 지극히 완전하고 일관된 의지의 실천형태이기만 한 것은 아니기 때문이다. 이에 비해 『들불』은 의미에 촛점을 맞추고 쓴 작품이다. 역사적 사실은 존재하기만 하는 것이 아니라 재구성되고 있는 중이라는 생각을 가지고 보면 역사는 마땅히 의미에 촛점을 맞추고 보아야 할 대상이다.

갑오년 농민봉기는 수많은 사상자를 낸 채 백년 전에 끝이 났다. 그 후 지금에 이르기까지 그 사건을 중요한 소재로 삼은 수많은 문학작품들이 나타났다. 그리고 문학사는 그들 작품 중의 다수를 사상자로 분류하여 검토의 대상에서 빼 두었다. 그러나 한 사건에 대한 민족의 인식과 그로부터 얻는 교훈은 민족의 총체적인 인식을 전제로 해야 할 것이므로 그것이 진지한 것이라면 일단 검토의 대상으로 삼을 수도 있다. 그 결론이 부정으로 내려진다고 해도, 또는 부정적으로 보이는 작품일수록 검토의 필요성은 마찬가지로 높다.

독립을 주장하는 사대주의자

- 윤치호의 경우

1. 事大主義라는 것

많은 말들이 그러하거니와 사대 또는 사대주의라는 말도 많은 의미변화를 겪었다. 어쩌면 그만큼 정반대의 방향으로 의미곡절을 겪은 말도 흔하지는 않을 것이다. 멀리는 말할 것도 없거니와 조선시대에는 사대교린이 외교의 근간이었고, 더욱 가까이는 임진왜란 이후 사대야말로 국가의 떳떳하고 자랑스러운 이념이기도 했다. 그후 청의 침입으로 명에 대한 사대의리와 청에 대한 사대실리 사이에 갈등이 있었으나 결과적으로 조선의 외교정책을 지지해온 것은 사대주의라는 기둥이었다. 그러던 것이, 요사이는 사대주의라면 무슨 나라 망칠 발상이거나 어쩌면 매국주의라는 비난도 받아 마땅할 지경에 이르렀다. 정치적이든 무엇이든 분노할만한 적에 대해서는 사대주의자라고 공격하면 대충 궁지에 몰 수 있을 만큼 그 말은 나쁜 뜻을 갖게 되었다. 여기서 제기하려는 문제는, 어쩌다가 한 단어가 이처럼 양극의 가치 사이를 이동하게 되었는가, 또 그 원인으로부터 우리 신문학의 인식태도를 유추할 수는 없을 것인가 하는 것이다.

조선 말기 사대주의자라고 지목된 사람들 중 많은 수가 지조높은 민족주의자였는데 그들을 몰아붙인 사람들 중에 많은 수가 소문높은 친일파가 된 것은 어떤 이유일 것인가.

尊中華攘夷狄으로 요약되는 화이론적 사대사상은 중국에서 명나라가 멸망한 이후 그 문화적 정통성이 우리나라에 있다는 域外春秋論적인 태도로 발전할 수도 있었다. 그리하여 질서와 가치의 중심을 지키는 것이 진정한 사대의 명분이 될 수 있었다. 이들에게 있어서 사대사상은 전통적 관념과 제도에 집착하는 것이면서 동시에 질서와 문화의 안정감을 유지하려는 보수적인 자기보전욕구였다. 그들이 두발이나 복장에 대해 보인 집착은 현대의 눈으로 괴이할 수 있겠으나, 그것은 그들이 가진 보수적 태도의 한 극단적 표현으로 이해할 수밖에 없는 일이다. 이러한 태도로부터 국가의 정통성을 완벽히 보전해야 한다는 의병투쟁과 상소활동 및 심지어 자결항의까지 나타날 수 있었던 것이다.

이 시기에 대대적으로 그리고 산발적으로 일어났던 의병투쟁의 지도자들, 유인석, 이인영, 이강년, 허위, 김도화, 이춘영, 민종식, 최익현, 민긍호, 차도선 등 이름도 다 열거하기 벅찬 사대주의자들의 국권회복투쟁은 훼손된 가치와 질서의 복원을 위한 직접무장투쟁의 모범을 보여주었다. 이 보수주의자들이 지난 시기 평화로운 조정에서 한 역할에 대한 논의는 미루고라도 이들이 일단 위기에 처한 조국을 위해 목숨을 내거는 단호함에는 그들의 사대사상을 한 시기의 잘못된 판단으로만 보아 넘길 수는 없게 하는 힘이 실려 있다.

영남의 유림 만인이 생명을 담보로 하고 연명으로 올린 상소나 송병선, 박세화, 황현, 정재규 등의 당대 지도자들이 국권유린을 죽음으로 항의하는 것은, 매천이 절명시에서 말한 바와 같이 한 시대를 책임진 지식인으로서 역사 앞에 정면으로 마주 서는 처절한 역사의식을 보여준다.

그러나 이들은 오늘날 사대주의자라는 이름으로 묶여서 불리고 있다. 그러면 이들을 그토록 우물안 개구리로 몰아붙인 사람들은 다 어디로 갔는가.

물론 개화주의자들의 연원이 그렇게 얄팍한 것은 아니었다. 대체로 조선의 후기로 잡을 수 있는 실학파, 그 중 북학파의 논자들은 민족사에 중요한 철학적 지평을 열어준 대가들이었다. 그러나 그 중 박지원의 바로 손자인 박규수를 지난 뒤부터는 철학적 검토보다 현실적 대응이 바빠지기 시작하였다. 역사는 지금까지보다 매우 빠른 속도로 진행되고 밖으로부터의 유혹과 압박은 아직 정리되지 않은 젊은 엘리트들을 생각하기보다는 행동하기로 내몰았다. 조선의 개화를 주장하면서 보수주의자들과 대립하고 있던 젊은이들은, 놀랍게도 일본군 200명의 지원을 받아 조선조정의 대신들을 일거에 살해하고 국권을 찬탈하는 정변을 일으켰다. 이 정변이 성공하자 좌의정에 취임한 홍영식은 30세, 호조참판으로 재정권을 잡은 김옥균이 34세, 경찰권과 호위권을 겸병한 서광범이 26세, 박영효가 24세, 병조참판 겸 정령관으로 군사권과 왕명출납권을 장악한 서재필은 21세, 만 19세의 홍안소년이었다.

이 정변에서 옆으로 비켜 서 있었던 윤치호는 서재필보다 한 살이 적었다. 그는 직접 손에 피를 묻히지는 않았다. 그러나 그 정변의 결과로 그도 외아문참의에 임명되었다. 정변은 사흘만에 실패로 돌아갔다. 그 주역들은 일본의 보호 아래 일본 또는 일본경유 미국 중국으로 망명했다. 꼭 그런 것은 아니지만 이들 중 대부분은 살아서 돌아오고 다시 친일 정권에서 중책을 맡으며 조선 내에 일본 또는 미국의 영향력을 증대하는 데 혼신의 힘을 쏟는다.

그들은 조선의 당시 상황에 대해 절망하였다. 그리고는 혁명적 방법으로 이를 타개하려 하였다. 실패하자 이제는 외세 밖에 대안이 없음을 인식하고 주장하였다. 한 때 그들은 국권수호론자들을 향해 사대주의자라고 비난했으며, 아마 조국의 장래에 해악 밖에 끼칠 것이 없다고 단언하기도 했을 것이다.

2. 윤치호가 생각한 민족

윤치호는 1865년에 태어나 1881년에 일본 신사유람단의 수행원으로 일본에 갔다가 거기서 바로 1883년까지 유학하고 귀국하였다. 그는 급진적 혁명론자인 개화당 인사들보다는 온건개혁론자에 가까웠던 것으로 보인다. 갑신정변에 직접 가담하지는 않았으나 현장에 있었고 그 과실을 함께 수확한 그는, 정변이 실패하자 1885년 1월부터 1888년까지 상해에서 유학하고 그때부터 1895년까지는 미국에서 유학하였다.

많은 부분을 그의 일기에서 인용하자면, 그는 조선에서 탈출하기 전에 이미 조선에 대해서는 절망한 상태에 있었다. 그가 본 조선의 고관들은 완고하고 이기적이며 아첨이나 일삼는 자들이었다. 그는 조선의 대관들을 가리켜, 팔삭동이, 까마귀떼, 老奸, 狐, 俀, 胡奴, 姦, 狸, 妖物輩 등으로 혹평하였다. 그들에 의해 이끌어지는 조선은 아첨과 음모와 이기적 암투가 횡행하는 혼란상태였다. 백성들은 관리들의 탐학에 시달려 정부를 원수처럼 생각하고 난리를 기다릴 정도로 피폐한 상황이었다. 그 결과 조선은 상하 군민이 일체가 되어 국력을 신장할 여력도 가능성도 없는 것으로 판단되었다.

윤치호는 청국과 조선의 관계에 대해서도 분노하고 있었다. 청은 오랜 조공관계의 관례에 따라 조선이 그들의 속방이며 조선이 이를 벗어나지 말 것을 강요하였다. 특히 외교에 있어서는 모든 교섭과 체결권이 청국에 있다고 주장했으며 외교적인 모든 행위는 청국에 문의하라는 공문을 보내오기도 하였다. 윤치호는 조공관계는 당시 사세부득이하여 맺어진 것이며 그때에도 외교관계는 독자적인 것으로 청국이 양해한 사항이라고 말하고 대청자주외교를 주장하였다. 그러나 조선 조정의 왕과 관리들은 자신들의 기득권을 무사히 보전하는 방법으로 청과의 관계가 지속되기를 원하고 있었으며, 그런 태도는 변화의 여지가 없는 것으로 파악되었다. 윤치호는 일찍이 일본유학시절부터 조선의 모범으로 일본을 설정한 바 있거니와, 청국의 지배보다는 일본의 지배가 낫다는 생각을 가지고 있었다. 그는 일기에서 청일전쟁이 일본의 승리로 끝나기를 기원하기도 했다.

이처럼 절망적인 조선을 혁명적으로 개혁하는 방법에 대해서는 갑신정변 그룹이 군사력을 동원한 무력적인 것을 원하고 있었던 반면 윤치호는 그것이 성급한 일이며 왕과 국민의 호응을 얻지 못할 것이라는 이유로 점진적 개화를 지향하고 있었다. 그러나 일본 공사 다케조에가 부임하자 일본 정규군 200명의 도움을 약속하며 개화파를 부추겨 정변은 결국 일어났다. 이에 대해 윤치호는 결과적으로 갑신정변이 개화 독립의 분위기를 단절시켰다고 비판했다. 이 정변의 실패로 그는 조선을 떠날 수밖에 없었으며 이후 10년이 넘는 망명유학생활이 시작되었다.

윤치호는 1895년 2월 귀국하였다. 그때 그는 미국식 대중 민주주의자이면서 기독교인이 되어 있었다. 그는 조선이 나아갈 길을 문명사회, 민주사회, 기독교사회로 설정하였다. 서구 열강과 같은 문명사회만이 조선의 갈 길이며, 포악하고 전제적인 정부를 견제하는 민주사회가 부강의 길이라는 생각을 가지고 있었다. 기독교는 약자에게 관심을 가지는 종교라 하고 기독교는 조선의 유일한 구원방법이라고 했다.

윤치호는 1896년 서재필과 함께 독립신문 발간에 참여하고 서재필, 이승만 등이 조직한 독립협회에도 참여하는 등 그의 생각을 실현할 길을 열심히 찾았다. 독립협회는 서재필에 의해 정치적 당파로 창설되었고 창설 당시 회장은 안경수, 위원장은 이완용이었다. 이들은 자신들의 생각을 널리 전파하는 도구로 독립신문을 사용하였다. 독립신문을 통해 독립사상을 고취하고 대중을 계몽하려고 하였다. 서재필 등이 말하는 독립사상이라는 것은 차라리 일종의 외교정책이라 할 것인데 청으로부터 외교적 자주권을 되찾는 것이었다. 윤치호는 여기에 기독교적 민권사상을 추가하여 계몽하였다.

독립협회도 처음에는 윤치호의 생각과 잘 맞지 않았다. 윤치호는 독립협회에 처음부터 참여한 것이 아니라 1897년에 가담하는데 그는 독립협회가 초기의 유력자단체로부터 계몽단체로 변모하도록 하였다. 윤치호는 서재필과 협의하여 독립협회에 토론회를 도입하고 만민공동회를 개최하여 대중계몽과 정치세력화를 선도해 나갔다. 1898년 2월에서 3월의 만민공동회는 사상 처음으로 일반 민중이 다수의 힘에 의해 정치적인 영향력을 보인 사건으로 제 1회 만민공동회의 과제는 러시아 교관과 고문단의 철수 문제였다. 이 요구는 관철되었다. 러시아 교관과 재정고문단은 출국하였다.

이 공동회의 요구가 정부에 의해 수용된 것이 독립협회의 지도자들에게는 대단한 승리로 받아들여졌지만 왕과 정권담당자에게는 위협으로 느껴질 수도 있었다. 정부는 3월16일 안경수를 수원유수로, 3월21일 이완용을 전라북도 관찰사로 임명하여 지방으로 내려보내고 5월 14일에는 서재필을 미국으로 추방하였다. 이 과정에서 윤치호는 이완용을 이어 독립협회 회장이 되고 서재필을 이어 독립신문 주필이 되어 자주민권운동의 실질적인 지도자가 되었다.

윤치호는 계속하여 개혁내각수립과 의회기능을 하는 중추원 설치를 위해 정치투쟁을 전개하였다. 1898년 10월 12일에는 수차에 걸친 합동상소와 시위농성으로 수구대신들을 해임하고 박정양내각이 성립하도록 하였고, 10월 29일에는 관민공동회가 열리게 되기도 했다. 그러나 수구파의 모략과 황제의 우유부단한 태도로 인해 의회설치는 이루어지지 못하였고, 12월에 박영효를 대신으로 선출하여 추천한 문제로 인해 독립협회는 해산되었다.

이 과정에서 윤치호는 조선인민이 정당한 권리를 가질 자격이 없다고 생각하고 그들의 우매함이 자신들의 불행을 자초한다고 여겼다. 그는 국왕이나 백성이나 이처럼 우매한 상태에 있어서는 개혁의 희망이 없다고 보고 교육과 선교를 통해 국민개조를 이루어야 한다고 생각했다. 이 방법은 급진적 개혁주의라기보다 상황론적 온건주의의 성격을 가지고 있었다. 그는 조선이 스스로 개혁을 하도록 기다리기보다 어쩌면 문명부강한 다른 민족이 조선의 근대화를 앞당길 수도 있을 것이라고 생각하였다. 이처럼 민족적으로 절망한 지도자가 갈 수 있는 길은 많지 않았다. 그는 일제시대, 더욱이 일제 말기에는 유명한 친일파가 되었을 수도 있다.

3. 개화류 신문학이 발견한 민족

이 시기에는 지식인 집단이 크게 둘로 나뉘어 있었다. 앞에서 살핀 바와 같이 지난 시기의 가치관과 사회체제를 고수하려는 보수적 지식인 집단이 하나요, 새로운 시대의 가치관을 새로운 외교정책에 담아 조선사회개혁에 나서려는 용감한 지식인집단이 다른 하나였다. 그 중 후자와 그 영향을 받은 집단에 의해 일단 신문학은 발아했다. 최초의 그것들은 서재필과 윤치호로 대변되는 유학생그룹에 의해 출현하였다.

발아기의 신문학을 살펴보면 우선 그것은 지난 시기의 것들과는 모양부터 달랐다. 과거의 문학작품이 대다수 비현실적 언어로 되어 있었거나 비현실적 내용으로 되어 있었던 데 비해 이 새로운 문학작품들은 일단 현실적이었다. 작중의 시간이 창작 당시의 시간과 일치하였고, 사용된 언어가 구어에 가까웠으며, 작중의 일들은 현실적이었고, 실감나는 여러 가지 장치를 갖추고 있었다.

이 시기 이전의 문학작품들은 창작 당시로부터 일정하게 분리된 시간을 작중시간으로 설정하였다. 그것은 표현하려는 내용의 성격이 현실의 제 문제를 직접적으로 토론하려는 것이 아니라 작자의 이상적인 가치관을 형상화하려는 것이었으므로 그럴 수밖에 없었다. 그러나 이 시기의 개화 지식인들은 그런 이상주의적인 관념보다 현실에 직면한 사태에 관심이 많았으므로 작품을 창작할 때도 직접적으로 창작 당시의 사실들을 내용으로 삼을 수 있었다. 과거에 이미 있던 형식을 원용한다고 해도 그 내용을 당대적인 것으로 변용하여 작자들의 생각을 대변케 할 수도 있었다. 그래서 이때쯤에는 이전 시기에 이미 있던 몽유록이나 의인문학도 당대의 내용으로 채워진 채 새로 등장하였다.

그 중에는 당시의 조선을 거의 병신의 나라라거나 동물천지만도 못하다고 표현하기에 이른 것도 있었다. 그들이 보기에 당시의 조선 사회는 아무 장점도 지속력도 갖지 못한 미개 완고의 세계여서 내부적으로 개선의 여지를 발견하는 것은 불가능하다고 인식되어 있다. 그러다가 이들은 대부분 개화라는 관념적인 해법을 제시하거나, 그리스도를 믿으면 모든 문제가 해결된다는 주장을 내세우기도 했다.

대체로 신문에 게재된 단형 작품들의 시기를 지나면 신문에 연재되는 장형소설의 시대가 오게 된다. 앞의 단형서사물들이 예리하고 극단적이었다면 장형의 소설들은 그러한 극단적인 수법으로는 이끌어 갈 수가 없었다. 작자들이 원하는 서사적 설득력을 갖추려면 서사적 필연성의 지지를 받아야 한다는 부담을 지고 있었다. 이 시기의 작품들도 지은이들은 대부분 일본에 유학하고 돌아온 이들이었는데 그 영향으로 일본에 대한 태도는 매우 긍정적인 특징을 가지고 있었다.

이들 작품들은 구 질서를 지향하고 있던 완고한 지식인들을 적극적으로 부정하였다. 구시대 지식인들은 시대의 흐름도 모르고 인간의 권리도 모르다가 망하거나 후회하는 역할을 맡았다. 다만 그들의 후회가 전 시대 작품들의 경우처럼 회귀적 후회가 아니라 새로운 가치관을 지향하는 후회라는 점이 전 시대 권선징악형 소설과 다른 점이다. 이처럼 구질서 지향자들에 대한 부정과 비난에 열중하다보니 심지어는 국권을 회복하고자 무장투쟁에 나선 의병을 가리켜 무뢰배라고 하거나 더욱이 불충한 무리라는 표현까지 나오게 되었다. 누차 지적되고 있거니와 지난 시대를 향한 부정과 새 시대를 향한 긍정이 지나치게 대조되면서 필연적으로 과장과 미화가 따를 수밖에 없는 경우가 많았다.

그러면 이들이 지난 질서를 무너뜨리고 새롭게 수립하려는 세계는 어떤 모습을 하고 있는가. 그토록 힘겹게 구질서를 부정하고, 작자나 작품의 모태임에 분명한 조선 사회와 조선인을 비난한 자리에 새롭게 건설할 사회는 어떤 것인가. 유감스럽게도 이 시기 문학 작품들은 이런 물음에 충분한 대답을 하지 못했다. 이른바 신소설 시대의 많은 작품들이 주인물의 입을 통하여 개화를 목메어 외쳤지만 그들 주인물 자신들이 작중에서 새 사회 건설의 역할을 해내지 못하고 있는 것이다. 그들은 자신들의 주장대로 개화하고 외국에 유학하고 새로운 학문을 배우지만 그들이 할 수 있는 일은 자유연애나 그로 인한 삼각관계, 또는 오해 때문에 일어난 가정분란과 그 수습일 뿐이다.

이제 문제는 그들의 세계관이 될 수밖에 없다. 개화파 지식인들은 수없이 조선사회의 취약함과 조선민족의 단점을 지적하였지만 그들 자신도 이 문제를 해결할 방책은 제시할 수 없었다. 그것은 그들이 인식한 세계의 모양 때문이었다. 그들이 보기에 조선이라는 사회는 너무나 미약하고 조선이 상대해야 할 세계는 너무나 크고 강대하였다. 절망적으로 큰 세계와 이에 맞서고 있는 절망적으로 작은 조선의 모습이 이들로 하여금 절망적인 세계인식을 가지게 한 것이다.

이러한 인식은 필연적으로 문학의 성격을 규제하였다. 처음에 신시대 작가들은 문학의 기능을 극도로 축소하여 거의 절규에 가까운 교훈으로 그들의 문학작품을 채워 놓았다. 초기 신문 단형서사물의 작자들은 참으로 열렬히 개화를 주장하였다. 개화 이외에 조선의 살 길은 없으며, 개화를 방해하는 자들은 누구든지 조선의 적으로 규정되었다. 그들의 단점은 과장되었고, 있을 수 있는 그들의 장점은 당연히 무시되었다. 그들은 개화를 통해서만 조선이 자주할 것이고 독립할 것이고 부강할 것이라고 생각했다. 물론 의심의 여지는 없었다.

그러나 잠시 뒤 바로 초기 유학생집단을 계승한 신소설 작가군에 의해 이 시대 지식인이 개화라는 방법으로 실제로 사회와 민족에게 기여할 것은 없음이 발견되었다. 그것이 고백된 것이 이른바 신소설이다. 아직도 개화라는 말은 관행처럼 주장되고 있지만 그들의 선배들만큼 열렬하지도 않고 구체적이지도 않았다. 그들 개화 지식인들의 행동은 개화파 작가들이 사실은 개화라는 방법의 민족사적 효용에 대해 절망했음을 자인한 것으로 보이는 것이다.

이제 그들이 갈 수 있는 길은 많지 않았다. 그들은 외부적으로 절망한 자들의 길인 연애담으로 나아갔다. 신소설에서 읽은 그 장황하고 지리한 이합집산의 연애담들은 당시에 실천된 개화의 진면목으로 볼 수도 있다.

4. 윤치호와 신문학 뒤에는

지식인들은 어떤 시기에 어떤 역할을 하고 있든지 힘겹고 소중한 일을 하고 있다. 더욱이 역사의 격동기에는 지식인의 삶이 더 무겁고 주목되는 것도 부인할 수 없다. 그것은 격동기일수록 역사의 촉각이 예민해지고 지식인의 판단과 행위가 미치는 영향과 민족사적 의미가 그만큼 증폭 확성되어 나타나기 때문이다.

개화기는 그런 점에서 지식인이 살아내기에 부담스러운 시기였다. 難作人間識字人. 그것은 개인의 민감함이나 과장벽이 아니었다. 그들은 그만큼 고통스럽게 그들의 시대에 대해 고민하면서 살았을 것이다. 그러다보니 지식인들은 각자의 판단과 가치관에 따라 선택을 했을 것이고 그들 각자의 선택을 힘주어 설득하려 했을 것이다.

윤치호는 개화 쪽에 섰다. 그는 당시의 조선인과 조선 사회와 조선의 관리들과 조선 왕에 의해서는 어떤 발전도 있을 수 없다는 생각을 가지고 있었다. 그는 일찍이 일본에 유학했으며 자의든 타의든 중국과 미국에 유학하여 자신의 생각들을 설득할 수 있는 발판을 갖추었다. 그는 독립신문의 창간에 참여하고 두번째 사장이 되어서 자신의 생각을 대중적으로 전파하고 설득할 기회도 갖게 되었다. 윤치호가 사장이던 시절 독립신문은 윤치호의 생각대로 조선인의 단점을 지적하고 독립협회식 민주주의를 전파하는 데 열렬하였다. 그 주장에 의하면 조선은 매우 부정적인 사회구조에 위기상황을 겸하였으며, 조선인들이 스스로 이 사태를 해결할 전망은 발견되지 않은 형편이었다. 이렇게 된 데는 완고한 구시대 지식인들의 책임이 크거니와, 이런 형편을 개선할 유일한 길은 개화 밖에는 없다는 것이었다.

윤치호는 조선의 장래를 위해서라면 일본인에 의한 지배도 가능하다고 보았다. 청국보다는 나을 것이라는 이유를 달고 있지만 일본이 조선을 지배하는 것을 용인하고 혹은 소망하고 있었다는 점은 그 개화사상의 순수성을 의심케 하는 바가 있다. 그의 이러한 생각은 그가 선구자였으므로 뒤이어 많은 지도자들의 생각을 규정하게 되었다. 그의 뒤를 잇는 그 많은 문인 정치가들이 조선인에게 핑계를 떠넘

기면서 일본의 품안으로 숨어들어가는 것을 보게 되는 것이다.

신문학 시기 문학작품들도 소리 높여 개화를 주장하였다. 그들 역시 조선의 지난 모습에 절망하고 있었다. 그러면서 일본 또는 구미 타국에 대한 선망을 서슴없이 드러내고 있었다. 그들이 보기에 일본과 구미 선진문명국들은 흠없는 모범이었으며 이를 거부하는 구질서 지식인들은 갈데없는 사대주의자들이었다. 이들에 의해 정립된 신문학의 태도는 다음 시기 계속되는 문학사에서 의미있는 영향력을 가지게 된다. 순응적이고 도피적인 개인사가 문학의 주관심사가 되면서 그로부터 뒤따라 오는 문학에서 민족적 가치중심을 잃게 하는 역할을 한 것이다.

이 시대 이들과 대척되는 생각을 가지고 가망없는 보수주의에 목숨을 건 지식인들도 있었다. 그들은 자신들이 지키려는 것이 고루한 가치이기만 한 것이 아니라 소중한 자기정통성이며 그것이 가진 민족사적 의미를 이해하는 사람들이었다. 그들은 역사적인 안목을 가지려고 노력했으므로 어쩌면 당시의 그 파쟁이 다음 시기 역사에서 어떤 역할을 하게 될지에 대해 짐작하고 있었을 수도 있다.

주지하는 바와 같이 다음 시기 역사는 개화파의 것이었다. 혹은 개화파도 밀려난 것이었다. 그들이 그토록 모범으로 삼고 사모했던 일본은, 신흥하는 침략적 제국주의 국가였으며, 일본은 조선을 강압적으로 그리고 무자비하게 병탄 지배했으며, 일본은 그들에게 협조적이었던 개화파조차 구석으로 밀어붙였으며, 더욱이 일본은, 그들에게 처음부터 비협조적이었으며 민족적 자존자주를 지키려고 했던 보수주의자들을 절대 용서하지 않았다. 일본은 사대주의라는 말의 뜻을 좁혔다. 선택적으로만 나쁜 뜻이 되도록 하였다. 사대주의라는 것은 조선을 망하게 한 나쁜 태도이다. 죽으나 사나 중국만 섬기려는 자존심 없고 자주성 없는 태도인데, 미국이나 일본을 섬기는 것은 사대주의에 해당이 되지 않는다. 그리고 그들은 성공하였다. 조선인의 후손들은 지금도 사대주의라는 말을 욕설로 듣고 있다.

윤치호는 1911년 일제에 의해 남작의 작위를 받았고, 1945년 일본 귀족원 의원에 올랐다. 그해 일본이 패전하고 조선 내에서 친일파 척결의 함성이 높아지자 자살(병사?)하였다.

위기를 과장하는 즐거움

─대동아공영론을 찾다가

1.

일본제국주의자들의 폭압적 조선지배를 끝내는 것은 외형적으로 태평양전쟁 곧 제2차 세계대전 곧 대동아전쟁이다. 도대체 이 대동아전쟁이란 이름은 우리에게 무엇이었던가. 대,동,아,공,영, 어느 글자도 나쁜 뜻은 없는데, 어째서 이처럼 아름다운 이름 아래 우리의 꽃다운 청년지도자들이 총알받이로 스러져 갔으며, 고운 머리채 드리운 우리 누님들이 하룻밤에 40명씩에게 '상업적인 매춘'을 강요받았으며, 이름만으로도 역사가 되는 우리 장하신 선각자들이 민족의 죄인 되기를 자처하였던가. 그게 정말로 일본제국주의자들이 창안한 것이기만 한가. 우리는 이 대동아공영의 희생자이기만 한가. 그런데도 그 친일의 노래와 외침이 그렇게 열렬할 수 있었을까.

역사를 읽다가, 역사 비슷한 것을 공부하다가, 어느 시대든 선각자들은 있고 그들의 생각은 거의 세기를 앞서가는 것을 보면서, 절망할 때가 있다. 손안의 동전을 세고 있는 내모습 때문에. 그런데, 이런 절망을 위로하는 분들도 가끔은 있다. 시대를 앞서가던 분들이 일으키는 시대착오. 그분들의 황당한 착각과 어리석음이 우리를, 우리 어리석음을 위로하는 것이다. 아, 선각자도 가끔 바보같은 소리를 하는구나. 그분들의 착각은, 선각자이기 때문에 스스로 빠져나올 길이 없는 불치병이었다. 심지어는 후대의 공부하는 자들조차 그분들을 잘못된 이름으로 부르게 되는 것도 그 때문이다.

 그 소위 선각자들 중에서 어쨌든 시기가 가까워서 손해를 보는 분들이 친일파이다. 저 아득한 옛날 서라벌 친당파 장군님은 조국 통일의 수호신이 된 지 오래고, 그보다 훨씬 뒤 고렷적 친원파 선생님은 사문의 비조가 되시었으며, 그보다 더 뒤 친명파 혁명가는 조선개국의 시조가 되었다. 거기 비하면 최근의 친일파들이야말로 어디 호소할 곳 없는 매국노 대접을 받고 있다. 다행히 해방 뒤 수립된 어정쩡한 정권이 감싸주고, 어수룩한 우리 민족이 잘 잊어주고 있으니 견디고 있는 것이다. 그중 많은 분들이 정권에 참여하고 고관직에 올랐지만 스스로 친일파였음을 고백하는 분들은 아주 드물고, 자랑스러워하는 사람이라고는 전혀 없다. 어떤 민족중흥의 영도자가 죽은 지 이십년이 되는 날까지도 그가 일본군 장교였음을 말하는 보도어법은 약간 폭로성 흥분이 드러나고 있다. 친일파들은 참 억울할 것이다. 고려의 왕들은 자신들의 가계를 중국의 핏줄로 끌어붙이려고 신화까지 만들었고, 그 전에는 자신들의 뿌리가 중국과 닿아 있으면 그렇게 자랑스러워하던 민족이 어느 새 이렇게 철이 든 걸까.

 그것은 어쩌면 대동아공영의 논리에 답이 있을지도 모른다. 그전의 어떤 논리도 민족의 완전한 절멸을 기도한 적이 없었다. 그때의 대외 친화는 때때로 민족의 개별적이고 특성적인 역사전개를 위해 발전적으로 융화하는 지혜의 일부일 수도 있었다. 그러므로 그때의 사대모화는 떳떳할 수 있었고, 사대의 의리에 어긋나는 것은 두려운 일일 수 있었다. 그러나 대동아공영의 논리는 민족의 개별성을 완전히 포기하는 것이었다. 이 포기 위에 동일 구역 공존의 논리를 깔고 그 지도집단으로 일본을 상정하는 것이 대동아공영론이었던 것이다. 이런 논리라면 거기 가담했던 모든 선각자들에게 욕설로 붙이는 친일파 명명이 정당할 수 있는 것이다. 그러므로 앞으로 아무리 억울해도 친일파는 존경받기 어려울 것이다.

다시 한 번 양보하면, 당시의 어쩔 수 없는 정세가 그들을 친일 쪽으로 몰고 갔다고, 이른바 상황론으로 말할 수도 있다. 일제 말기의 그 가혹했다던 사상억압의 분위기 때문이라면 좀 용인될 수도 있겠다는 희망을 가질 수도 있는 것이다. 그러나 만약, 불행히도 그 대동아공영론이 일제 말기가 아닌, 민족 자주국가가 엄연히 살아 있는 조선 후기에 주장된 것이었다면, 참 불행히도 대책이 없을 것이다.

2.

일본 사람들의 역사에서 도쿠가와 막부 텐포시기(天保, 1830-1844)는 우리 역사에서 조선 말기와 비슷한 점이 많았다. 그들도 무사계급을 중심으로 신분의 붕괴를 경험하고 있었고, 급격한 인플레이션의 압력을 받고 있었다. 국가와 지방정부의 부채는 증가하고 빈민의 조세저항과 폭동은 연이었다. 민중들 사이에는 신비적 신흥종교가 창궐하고 지식인들은 국정담당자들에게 혁명적 개혁을 요구하였다. 이 시기는 우리의 헌종시기(憲宗, 1834-1849)와 거의 같은데, 우리 역사도 이와 별 다를 바 없었다. 우리도 나라는 기울기 시작하고 권력은 부패하고 민생은 도탄으로 들어가고 있었다. 우리와 그들의 역사가 달라지는 시기는 바로 다음부터이다. 일본은 텐포 개혁시기를 지나면서 바로 서양의 충격에 직면한다. 미국이 아메리카 내륙국가를 벗어나 서쪽으로 식민종주국의 새 방향을 잡았을 때, 행인지 불행인지 앞장서서 맞닥뜨린 나라가 일본이었다. 지리적 위치 탓일 수도 있으나 어쨌든 처음 미국의 충격에 휩싸인 일본은 창황망조하였다. 중국은 이미 1839년래의 아편전쟁에서 패하면서 영국의 직접 간섭하에 들어섰지만, 일본은 1853년에야 그 시커먼 군함의 위력을 처음 겪으면서 도쿠가와 막부를 타도하고 근대국가로 가는 길을 내딛게 되었다. 조선이 저 강화도에서 나무하던 총각을 왕으로 맞이하여 극우반동지향적 외척일족완전독재로 가고 있던 무렵의 일이었다.

검은 배, 그 가공할 위력은 일본을 삽시간에 당황 속으로 몰아넣었다. 1853년 서양식 무력의 위협에 굴복한 일본은 걷잡을 수 없는 개국의 길로 달려내려 갔다. 1858년에는 미국과 수호통상조약을 체결하였으며, 1868년에는 내부적으로 이원적 통치체제를 이루고 있던 도쿠가와 막부가 해체되면서 소위 천황을 중심으로 하는 메이지 (明治 1868-1912)유신이 진행되었다. 이 유신에는 왕을 중심으로 하려는 측의 서양식 무력이 뒷받침되어 있었다. 그들은 중세적 주종의리로 무장한 구 막부군을 새로운 무기와 군사지휘체계로 깨끗하게 정리해 버렸다. 그리고 1873년에 실시된 징병제와 지조개정에 반발한 농민반란도 1877년 징집된 신군대의 힘으로 청소할 수 있었다.

이 농민반란 진압과정이 주목되는 것은 이것이 1873년 대두된 征韓論 논쟁과 닿아 있다는 것이다. "아시아의 惡友를 謝絶"하고 아시아를 정벌하여 세계로 나아가겠다는 그들의 주먹정치는 그들 자신의 절박한 필요에 맞닿아 있었다. 그들은 유신과 진압 과정에서 지나치게 팽창하고 흥분되어버린 쓸데없는 무력을 한반도 정벌로 순치하려 했다. 아무래도 무슨 일을 저지를 것 같은 무사들의 힘을 일거에 빼버릴 수 있는 길은 그것밖에 없었다. 그래도 약간의 말싸움이 필요했던 그 논쟁의 논리적 근거는 서양인에 대한 과장된 두려움을 전제한 아시아족 대단결론으로 귀결될 수 있었다. 이 과정에서 일본은 자신들의 미래상을 그리게 되었다. 그 미래상은 그들의 스승 미국의 것을 닮아 있으면서, 스승보다 더욱 침략적이고 기만적인 식민종주국을 지향하는 제국주의국가로 잡혀가고 있었다. 그들은 자신들의 세력범위에 넣을 지역으로 아시아지역 전체를 꼽고 그 논리로 황인종 단결론을 가지고 있었다. 황인종의 단결을 자신들의 보호로 지켜가겠다는 자임이며, 그것이 나중에 그 해괴망측한 팔굉일우니 일시동인이니 하는 잠꼬대의 발단이었던 것이다.

이러한 발상의 뒷면에는 서양과 서양것에 대한 일본인의 열등감이 깊게 배어 있었다. 어차피 대동아단결이란 말은 동아시아 아닌 다른 지역에 대한 대척적 개념이기도 하거니와, 백인종의 침략과 약탈로부터 황인종을 보전해야 한다는 논리야말로 백인종의 강력함 앞에 새삼 느끼는 일본의 열등감을 드러내는 대목이다. 일본인들은 일면으로 강렬한 선망을 감춘 구미화의 길을 명명하되 문명개화라 했으며, 일면으로는 두려움에 눈을 힐끔거리면서 기독교와 자유주의를 제한하고 있었다.

서양의 위협 앞에 자신을 지킬 수 있으면서 이미 배워 둔 침략적 제국주의로 갈 수 있는 길은 군국주의적 일체국가이념 뿐이었다. 이 필요에 의해 일본이 채택한 것은 신도주의적 대일본제국이었으며, 이 집약성 강한 국가가 필연적으로 가지게 되는 팽창력을 정당화하고 강화하는 데 동원된 논리가 대동아공영론이었던 것이다. 그런데 우리가 뭣 때문에 대동아공영을 외쳤던가.

3.

이유가 어쨌든 처음 우리가 경험한 신교육은 일본의 교육체제와 내용을 모방하고 있었다. 그런 일본식 교육은 새로운 교육을 열망하는 선구자들에게 단순히 제도적 혜택만 입힌 것이 아니라, 내용과 의식상의 전염효과도 노리고 있었다. 그 결과, 새로운 교육체제에서 새로운 의식을 교육받은 새 지식인들은 일본의 경험에 간접 참여하여 일본인의 생각을 우리 역사 속에 적용하고 주장하게 되었다. 다 아는 바와 같이 갑신년에 개화당이 일으킨 무모한 정변은 일본인의 사주 또는 도움을 받은 것이었으며, 그 2년 전의 임오군란과 이 갑신 정변의 결과처리도 일본인이 원하는 방식으로 진전되곤 했다. 일본인들은, 어떤 때는 납득할 수 없는 보상요구로 우리를 괴롭히기도 했고, 어떤 때는 역시 납득할 수 없는 주권불가침론으로 우리를 집단적 무지 속에 빠뜨리기도 했다.

문제는 이런 일본식 주장이 과연 당시의 모든 지식인들에게 어떻게 인식되고 있었는가 하는 점이다. 어떤 시대든지 모든 지식인이 납득하는 이념이란 있을 수 없으며, 있다면 그것은 압제이거나 거짓일 것이다. 그러므로 우리가 관심갖는 것은 과연 당대의 책임을 자임하는 지식인들은 그 시대를 어떻게 인식하고 대응했는가 하는 점이다.

이 시기의 지식인들 중에서 당대의 책임을 목소리높여 자임하는 쪽은 개화계열이었다. 그들은 지금 조국이 위기에 처해 있으며, 그 것은 매우 심각한 상태이고, 그것을 헤쳐 나갈 길은 개화밖에 없으 며, 그 일은 자신들밖에 맡을 이가 없다는 생각을 가지고 있었다. 이런 생각은 일면, 당시의 조선이 과연 그러한 상태에 있었을 것이 라는 짐작을 전제하고라도 아무래도 자가발전된 느낌을 갖고는 있 다. 그들의 인식이 과연 정당했던가 하는 것과 그들의 인식대로 가 는 것이 과연 국가와 민족에게 옳았던가 하는 데 대한 검증은 그 뒤의 역사에서 드러날 것이기 때문이다.

이들 새로운 지식인들이 스스로 인식한 역사적 책무는 청국을 종 주국으로 하는 동아시아 질서의 타개가 일차적인 것이었으며, 자신 들은 별로 본 적도 없는 백인종의 만행으로부터 황인종을 구출하는 것이 이차적인 것이었으며, 자신들은 몰랐을 터이지만, 일본을 중심 으로 하는 아시아 새 질서의 확립이 그 마지막 단계에 숨어 있었다.
이들이 주장한 바 '독립'의 개념에 대한 이러한 착각은 자신들은 물론 후세의 어린이들까지 오해하게 하였다. 1890년대에 새삼스럽 게 고양된 독립의 열기는 1896년 서재필이 미국에서 귀국하면서 구체화되었다. 그해 4월 7일에는 독립을 이름으로 하는 『독립신문』 이 창간되었고, 그 대응적 계몽기관으로 『시사총보』도 창간되었으 며, 7월 2일에는 독립을 이름으로 하는 협회가 창설되었다. 이들은 이제 우리가 청국의 속국이 아니며 이름 그대로 독립한 나라임을 선언하였다. 그리고는 지금까지 상징적으로 남아 있는 독립문도 세 웠다. 회장과 위원장도 뽑았는데, 주지하는 바와 같이 회장은 안경 수, 위원장은 이완용이었다. 이완용이야 워낙 혁혁하거니와, 안경수는 그보다 더한 사람이었는데, 1898년 고종 양위기도사건으로 일본에 망명했다가 일본공사의 주선으로 귀국해서 사형당하는 바람에 한일합방에 공을 못세운 인물이다.

이러한 독립협회그룹과 함께 당시에 주목되는 지식인 집단이 바로 신식학교 학생들이었다. 그들은 대체로 서양인이 세운 서양식 학교의 학생이었는데, 예를 들면 1885년에 설립되어 초기 신교육을 담당하던 배재학당은, 1896년 서재필의 영향을 받은 학생들이 협성회라는 학생회를 결성함으로써 새로운 역할을 맡게 된다. 그들은 1898년 1월에 협성회 회보를 발간했고 그것이 발전되어 1898년 4월에는 『미일신문』이라는 일간신문이 되었고 그들 일부와 이종일 등이 1898년 8월에 『뎨국신문』을 발행하였다.

이들은 독립협회에서 개설한 토론회 등을 통해 맹렬히 조국의 독립을 주장하였다. 또 그 독립에 방해가 되는 나라나 개인들을 성토하였다. 물론, 발상단계에서 가장 배격된 나라는 당연히 청나라였다. 이들에게 있어서 중국을 중심으로 하는 세계관은 편협하고 완고하며 우스꽝스러운 것이었다. 모든 오래된 것은 중국으로 연결되었으며, 그것들은 불합리하고 부정직하고 불유쾌하고 불투명한 것이었다. 그들의 문필활동은 자신들의 이런 인식을 잘 드러내고 있었다.

1898년 10월 3일자 『뎨국신문』의 논설은 서쪽에서 불이 붙어오는데 집에 가까워지고 있다는 이야기를 만들었다. 집에 불이 붙어오는데도 그 집 사람들은 불 끌 생각을 않고 안연히 있다. 온 동네 사람들이 그 집 넘어지는 것을 안타깝게 생각한다. 동네에 불이 번지는 것을 막기 위해 이웃 사람이 그 집을 무너뜨리고 불을 끌 수도 있다고 주장하고 있다. 이 이야기는 일단 완고한 사람들을 깨우치는 데 주안점을 두고 지어진 것으로 보인다. 그러나 주목되는 것은, 만약 완고한 사람들이 스스로 깨닫지 못하면 이웃이라는 일본에 의해 그 집이 넘어뜨려질 수도 있다는 이상하고 꼬부라진 논리이다. 일찍이 후쿠자와 유기찌가 말한대로 이웃 나라의 개명을 기다릴 수 없으니 서양인과 같은 방식으로 처리하겠다는 생각을 받아 들이고 있는 것이다.

이처럼 개화 지식인이 보기에 완고한 사람들은 바보다. 1898년 10월 28일자 『독립신문』의 시사문답은 당시의 정치적 현안에 대한 상치된 의견을 문답식으로 보여주었다. 당연히 개화주장자가 수구대신을 꺾는 논쟁인데, 수구대신의 주장이 매우 조작적이다. 대신은 개화를 싫어한다.

> 대신이 굴ㅇ디 여보게 별쇼리 말게 그 독립협회 회원들이 렴위도 업고 인ᄉ도 업시 일ᄒ는 거슬 좀 드러보게 기간에 정부대신 여러분을 좃차ᄉ니 그 대신네가 아모리 두국히민을 ᄒ엿다 ᄒ들 자긔 대관이여든 연셜인지 무엇인지 ᄒ면서 론박ᄒ야 좃찻고 ᄯ 대신씌셔 이왕 허급ᄒ신 각쳐 토디를 환츄ᄒ엿고 강국에 가셔 쳥ᄒ여온 ᄉ관들을 도로 보내고 황실 보호ᄒ려는 셔양 고원을 좃찻고 이왕 지은 빅동젼을 쓰지 못ᄒ게 ᄒ고 금 잘 키는 리용익을 죽이려 ᄒ고 지금 각 대신이 잠시 불법ᄒ엿더니 ᄯ 상쇼들을 ᄒ니 이런 강도놈을 엇지 결우어 말ᄒ며 셜치홀 의사나 두겟나

또, 『미일신문』 1898년 12월 14일자의 논설은 광안생이라는 사람이 신농씨의 일곱째 아들이라는 노인을 만나 문답한다는 내용을 담고 있다. 노인은 개화를 싫어한다.

이스이 드른즉 소위 독립협회란 거시 싱겨나셔 나라를 남의게 의지도
말나고 ᄒ며 ᄌ쥬독립도 ᄒ쟈고 ᄒ며 졍부다려 법률 쟝졍을 직히라도
ᄒ며 젼일의 안튼 부국강병도 ᄒ쟈고 ᄒ며 간셰비를 좃차 너쟈고도 ᄒ며
졍치를 일신케도 ᄒ쟈 ᄒ니 이런 일이 도모지 우리 션황 시졀에는 업든
일이요 요슌우탕 이후로 셰샹을 졈졈 발키쟈고 시로이 난 일인즉 나갓치
슈구ᄒ려는 사롬이 엇지 질겨보리오

당시 이들의 어떤 글에서든지 이런 우스꽝스러운 보수주의자는
쉽게 찾을 수 있다. 보수적 주장을 가진 사람들은 자신의 보수성으
로 비웃음 당하면서 동시에 중국까지 맡아서 한꺼번에 부정됨으로
써 당시 신지식인들의 이른바 독립의지를 드러내었다. 이러니 어떻
게 중국으로부터 독립하지 않을 수 있느냐는 것이다.

이러한 소위 독립의 열풍이 지나가기도 전에 이번에는 갑자기 백
인종 공포가 몰려온다. 이 난데없는 공포는 적어도 조선에서는 별
경험이 없는 것이었는데, 하여튼 세상이 백인종 것이 된다면서 황인
종 대동단결론이 소리높여 외쳐진다. 먼저 그것은 아시아족끼리의
협력이 필요하다는 정도로 주장된다. 『믹일신문』의 1898년 9월 23
일자 "호토상탄"은 그런 내용을 담고 있다. 남산의 늙은 여우가 아무
래도 호랑이를 방어할 수가 없어서 토끼들에게 협력하자고 제안하
였다. 그러나 토끼들 중에 어떤 자가 여우와의 옛 원수됨을 말하면
서 호랑이와 협력하여 토끼를 소멸시키자고 하기도 한다. 그런데
결말의 주장은 엉뚱하다.

그 중에 한 톡기가 출반쥬ᄒ야 굴오디 그 형편은 그러홀 듯ᄒ나 지작년
에 아모 형이 져 여우의게 죽엇고 쟝년에 아모 ᄋ희가 져 여우의게 죽엇

스니 져 여우는 곳 우리와 원슈라 우리가 아모됴록 져 호랑에게 의지ᄒ야 이 여우를 쇼멸ᄒᆞᄂᆞ게 곳 됴혼 긔회라 ᄒ고 일브러 호랑을 쳥ᄒ엿더니 텬상의 신션톡기가 이 말을 듯고 훈슈ᄒᆞ야 굴오디 져 여우가 젼일은 너의와 원슈가 잇들러도 즉금에 와 말ᄒᄂᆞ 것은 실심이라 너의가 져 여우와 합력ᄒ야 호랑을 잡은 후에 다시 져 여우를 방어ᄒ기ᄂᆞ 쉽거니와 너의가 져 호랑이와 합력ᄒ야 여우를 쇼멸ᄒ고 보면 그 뒤에 져 호랑을 방어ᄒ기ᄂᆞ 어려울진이 너의가 나의 말을 듯지 안이ᄒ면 필경에ᄂᆞ 너의 두 무리가 다 호랑의 록심만 치와 주리라 ᄒ엿더라

이 논리는 독립협회 그룹이 러시아 세력을 물리치는 데 동원되었던 말솜씨이다. 아무리 묵은 원수가 있어도 그래도 이웃이 낫다는 이유로 일본과 결탁할 것을 주장하는 것이 이들의 주장이지만, 러시아를 물리치고 난 뒤에 일본을 어떻게 할 것인지에 대한 아무 대안이 없다. 한 시대를 앞서가는 선각자들의 신문이 "천상의 신선토끼"까지 불러내어 훈수하는 데서 그들의 취약함을 드러내고 있다.

『時事叢報』는 대개 황국협회의 기관지라는 잘못된 소문으로 알려져 있는데, 편집인집단의 행적으로 보아 이는 보수지식인 출신 계몽지향 집단의 대변지였던 것으로 보인다. 이 시사총보의 1899년 2월 1일부터 '金翁傳'이라는 창작서사물이 연재되었다. 구성이 흥미로우므로 대강을 적으면 다음과 같다.

> (가) 金翁의 선대는 관북 사람으로 차별을 면하고 벼슬을 하기 위해 청주로 이주했다.
> 글을 배우고 벼슬하여 부유하게 되었으나 날마다 즐겨 쓰니 줄어들었다.
> 옹의 세대에는 재산이 거의 없으나 재물을 천히 여겨 高談만 즐겼다.

(나) 海西거부 歐陽씨가 옹에게 의탁하고 장사하여 크게 돈을 번다.

옹의 빈객들이 구양씨를 배척하지만 옹이 듣지 않는다.

옹객이 구양씨를 공격하나 대패하고 옹이 구양씨에게 사과한다.

구양씨가 옹가를 전횡하나 어쩔 수 없게 되었다.

(다) 앞서 동남에 부유한 魏씨, 동북에 빈한한 문장가 韓씨가 이웃하고 있었다.

김옹이 압박을 받으니 다른 이웃들도 불만이 많았다.

(라) 위씨는 구양씨의 법을 배워 돈을 벌었으나 西客에게 머리숙이기를 싫어했다.

魏客이 옹에게 대분발하기를 촉구하고 이에 韓客이 반발하여 논쟁한다.

한객 어떤 이가, 東聯魏氏 西結金翁하자고 건의한다.

한씨는 받아들여 실용을 숭상한다.

그래도 옹은 옛법만 준수하여 고치지 않다가 빈객의 말을 듣고 크게 깨달아 고친다.

(마) 구양씨가 반간계를 써서, 위씨는 침략의 의도가 있고 구양씨는 그렇지 않다고 설득한다.

옹객이 交隣同盟을 역설하여 삼국수호한다.

(太史氏曰) 西客이 東南을 노리지 못하게 했으니 장하다.

金翁은 조선이며, 魏氏는 倭 곧 일본, 韓氏는 중국, 歐陽氏는 서양 세력일 것이다. 비교적 정교한 명명에 내용도 구체적이고 서사적 설득력도 있어서 애써 만든 태가 나는 작품이었다. 그러면서 결국 한중일 삼국이 동맹하여 서양의 침략을 물리쳐야 한다는 데로 빠져 나가고 있었다. 그러면서 이 작품에서 아직 서양 또는 백인종의 두려움이 구체적이지는 않았다. 아직까지는 동양단결론 또는 서양불신론 정도에 가 있는 것이다.

『時事叢報』의 1899년 7월 12일부터는 "白人蠻行"이라는 선명한 제목으로 창작서사가 아닌 보도기사가 3회 연재되었다. 당시에는 거의 모든 기사가 잡보라는 이름으로 게재되었고, 그것도 대부분 1회에 정리되었는데, 이 글은 3회 연재되었고, 내용도 매우 세밀하고 순차적이라는 점이 특이하다. 당시에 기사의 출처를 밝히는 관행이 아직 없어서 사실 여부를 확인할 수는 없지만, 이 기사는 공급자로부터 특별히 세심한 관심 속에 전달되었고, 게재자의 또 특별히 세심한 관심 속에 연재되었다. 그 대강의 내용과 특히 백인들이 삼호스를 잡아 악행하는 세밀한 장면은 다음과 같다.

(도입) 백인이 다른 인종을 야만이라 하지만 그들의 만행이 많다.
하와이의 삼호스라는 흑인이 알후렛도구라구마오도라는 백인을 죽이고 그 아내를 간음했다.
백인들이 경찰에게 알리지 않고 직접 삼호스를 수색해 잡았다.
정부에서 알고 법대로 처벌하려고 하니 백인들이 급히 악형을 가하였다.
삼호스의 몸을 베고 불에 태우고 시신을 난자하여 서로 나눠 가졌다.
(맺음) 미친 듯이 야만참혹하니 개명하단 말이 가소롭다.

衆白이 一齊下手ᄒᆞ야 將該三胡士身上所着衣服ᄒᆞ야 一一剝脫ᄒᆞ고 只餘其襯衣一件後 以鉅鐵鎖로 纏其項ᄒᆞ고 將那黑鐵的三胡士ᄒᆞ야 綁縛釣弔于樹上ᄒᆞᆫ後 其中壯健頭領者一名이 手把短刀ᄒᆞ고 三胡士의 兩耳를 切斷ᄒᆞ고 且又其兩手十指를 切去ᄒᆞ니 白人等은 謂是를 血祭라ᄒᆞ고 相與拍掌歡喜ᄒᆞ야 如得大慶ᄒᆞ난지라 (여러 백인이 일제히 손을 써서 그 삼호스의 몸에 입은 옷을 잡아 당겨 하나하나 벗겨 내고 다만 옷 하나만 남긴 후 쇠사슬로 그 목을 묶어 그 검은 쇳덩이같은 삼호스를 끌어다가 나무 위에 매달아 늘어뜨린 뒤 그중 건장한 두령 한 명이 손에 단도를 들고 삼호스의 두 귀를 잘라내고 또 그 양손 열손가락을 잘라내니 백인들은 이를 피의 제사라 하여 서로 손바닥을 치며 기뻐하기를 큰 경사라도 만난 것 같았다. - 번역: 인용자)(1899년 7월 14일자)

白人等이 哇哇放笑ᄒ고 將那黑漢ᄒ야 全般身上에 石油로 灌塗ᄒ고 四面周圍에 薪木을 堆積ᄒ고 放火燒烈ᄒ니 可憐三好士의 黑漆的 全身이 變做眞紅珊瑚的一般이라 火焰이 旣化에 膚燒肉爛ᄒ야 鮮血이 淋漓濕地ᄒ니……白人等이 猶不滿足ᄒ야 遂剖其屍體ᄒ고 脊脅肌骨心肝五臟 等을 一一寸斷分割ᄒ야 (백인들이 낄낄 웃음을 흘리며 그 흑인을 끌어다 온몸에 석유를 부어 바른 뒤 사방 주위에 땔나무를 쌓아놓고 불을 질러 거세게 태우니 불쌍한 삼호스의 검은 옻같은 온 몸뚱이가 빨간 산호와 같이 변하였다. 불꽃이 거세어지자 살갗이 타고 고기가 익어 붉은 피가 흘러내려 땅을 적시고…… 백인들이 오히려 만족하지 못하여 마침내 그 시체를 가르고 척추와 갈비뼈와 심장과 간과 오장을 일일이 자르고 찢어 - 번역: 인용자)(1899년 7월 16일자)

백인들의 야만성은 당시 조선인의 경험 외부에 있었을 터인데도 이처럼 치밀한 묘사가 가능한 것이 매우 이채롭고, 그 배경도 궁금하며 이런 논리의 하회가 어떻게 될까 관심이 가지 않을 수 없다. 조선인들에게 백인종은 낯설기도 했거니와 그 당시에는 백인종을 별로 경험할 일도 없었다. 혹시 선교사들 중에 어떤 사람을 본 적은 있을 수 있지만, 그들이 조선인에게 악행을 했을 리 없고, 소문으로 백인들이 무섭다고는 했지만 그것도 구체적이지는 않았다. 그냥, 잘은 모르지만 우리와 색깔이 다른 이상한 종족이 있다. 그들의 괴상하고 엄청난 무기와 누런 털 부숭부숭한 팔뚝은 아무래도 우리에게는 벅차다. 하여튼 맞닥뜨리고 싶지 않다. 조선인들이 가진 이 막연하고도 무대책한 두려움을 이용하는 자들이 있었다. 그것은 아무래도 일본이랄 수밖에 없다.

일본으로서는 그들의 새로운 이데올로기가 된 제국주의의 길을 가고 싶었다. 청년남녀의 금지된 정욕만큼이나 속으로 끓는 폭력은 괴로웠다. 주먹으로 움켜쥐는 패권의 길, 얼마나 멋진 길인가. 그러나 누가 동방의 노란 민족 일본에게 제국주의의 잔인한 기쁨을 나누고 싶어했겠는가. 이미 갈아 둔 식민의 풍요한 밭에는 백인들의 곡식들이 자라고 있었다. 발도 들여놓지 못한 일본인의 마음 속에는 그 식민지에 대한 선망과 함께 백인들에 대한 미움이 거족적으로 타 올랐다. 그러나 어쩌랴, 힘이 없는데. 누구 우리보다 더한 두려움으로 백인을 미워하고, 자신들의 구원자로 우리를 원하는 자들이 없을까.

마침 겁많은 민족이 가까이 있었다. 그들은 가끔 고집이 세긴 하지만 보기보단 눈치가 빨라서 약간만 손을 쓰면 시키지 않은 일도 해낼 수 있는 재주가 있었다. 그들을 꼬드기기로 했다. 약간의 새로운 지식과 동전에 그들은 쉽게 무릎을 꿇었다. 언제 배운 것인지 그들은 스스로 선각자연하는 즐거움도 알고 있었다. 성권찬탈을 위해 남의 군대도 빌리는 자들이 무슨 일인들 못하랴. 아시아의 지사라고 좀 추켜 주었더니 그들은 담박 세계사를 결정하려고 들었다. 게다가 그들은 겁이 많았다. 두려움은 쉽게 과장된다. 제 그림자에도 놀라는 자들이 무엇엔들 놀라지 않으랴. 그 두려움을 조금 자극했더니 그들은 예상대로 앞서가기 시작했다. 나중에는 그들 스스로 아시아의 주인을 일본으로 하는 대동아공영을 외치기까지 했다.

4.

......
대동아 10억이 일제히
조선(祖先)의 정신에 깨어

몽매와 미영(米英)의 이욕의 때를 벗어지이다.
상부호조의 대정신이
전 아세아에 미만하여지이다.
동아의 천지에서
요운(妖雲)이 일소되고
황도의 대광명을 받아
신천신지를 이루어지이다.
동아 맹방들이
새복, 새운을 받으소서.
완적 미영이
구악을 뉘우쳤나이다.
천군이 돌아왔나이다.
......

-이광수, 새해의 기원, 1944

이광수는 과연 美文家이다. 그의 손에 걸리면 이런 잠꼬대조차 감동을 얻는다. 이런 말도 아니고 글도 아닌 것을 읽다가 도대체 이 잠꼬대의 발원지는 어디인가. 정말 그는 이런 소리를 마지못해 했던가. 아니면 진정으로 이걸 말이라고 했던가. 찾아 올라가면서 선각자들을 만났다. 그분들은 아주 태연히, 정색하고 아시아의 단결을 외쳤다. 그러면서 아마 본 적도 없었을 백인종의 두려움도 과장하고, 동네에 불이 붙는데 주인이 안끄면 이웃이 그 집을 무너뜨리고 불을 끌 수도 있는 거 아니냐는 괴상한 이야기도 했다.

선각자 콤플렉스는 항상 자신의 판단을 뛰어넘는다. 자신도 그런 생각이 어떤 의미인지 판단할 시간이 없다. 남이 생각하는대로 생각하면 안된다. 어느 누구도 생각하지 못했던 새로운 생각, 가능하면 그 새로운 생각이 위기의식을 동반하면 더욱 좋다. 언제든지 미리

깨달은 사람들은 다른 사람들보다 많이 알고 있지 않았던가. 남들은 생각도 못했던 위기. 그들의 뒤통수를 후려치고도 힘이 남을 위험이 필요했다.

　대동아는 공영해야 한다고, 그것이 백인종의 흉포한 멸종정책에 희생되지 않는 길이라고, 일본 사람만 그런 게 아니다. 우리가 먼저 말한 것도 있었다. 두 주먹을 불끈 쥐고 하늘 높이 쳐들면서 덴노오 헤이까 반자이, 동아시아의 대동단결과 천황일원주의의 전지구적 확산을 위하여. 선각자들 중에는 더러 이렇게 맛이 가는 사람도 있었다.

2부

소설가에 대한 짐작

조롱받는 내 사랑

─『花郞의 後裔』에서 바라보는 김동리 소설

1. 도입

김동리는 그의 최근판 "자전적 에세이"집인『꽃과 소녀와 달과』
에서 자신의 인생관 및 문학관의 핵심으로 "죽음에 대한 공포"를
들었다. 이 말은 스스로의 문학과 인생을 정리하는 태도에서 나왔다
는 점에서 주목할만한 가치를 가진다. 그 많고도 두드러진 여러 문
학작품의 핵심으로 죽음 곧 사라지는 것에 대한 공포를 들고 있는
것은 그의 문학이 죽어가는 것 곧 사라져 가는 것에 대한 연민이나
옹호를 담고 있다는 것으로 들리기도 하기 때문이다.

김동리의 문학은 풍성한 논의와 다양한 해석을 불러 일으키면서
진행되어 왔다. 일찍이 1929년 경에 시작된 김동리의 문학활동은
1935년을 기점으로 이른바 공식적인 문단활동으로 전개되어 왔다.
1935년에 그는 조선중앙일보에 단편「花郞의 後裔」로 신춘문예에
응모하여 당선되었고 이어 이듬해부터「山火」,「바위」,「巫女圖」
등을 발표하면서 활발한 창작을 보인 바 있다. 이후 현재에 이르기
까지 지속되고 있는 그의 문학활동도 놀라운 바 있거니와 그 작품들
에 대한 연구와 평가는 이루 매거할 수 없을만큼 다양하고 진지하
다. 그 결과들은 그의 문학을 주술적 세계관 또는 신화의 잔존으로
나 동양정신의 휴머니즘적 성격으로나 허무에의 의지 또는 이율배
반적 요소 등등으로 부르면서 각각 그 성격을 구명하여 왔다.

김동리의 문학작품을 읽는다는 것은 그의 남다른 세계를 읽는 것이며 그 세계가 초기에서 지금에 이르기까지 설명가능한 선 위에 서 있는 것이라면 그 독서는 그의 초기작에서 시작되어야 하는 것이 마땅하다. 그러나 그의 문학을 무속적인 세계에서 삶의 구경을 추구하는 것으로 파악하는 연구결과들에서는 그의 처녀작이랄 수 있는 「花郞의 後裔」에 대한 주목이 충분하지 않았던 점을 읽을 수 있었다. 그것은 그 작품이 무속적 세계관을 가지고 있지 않으며 이후에 성숙되어 가는 동리문학의 한 공식적 출발점일 뿐 본격화된 동리문학의 한 부분으로 기능하고 있지는 않다는 태도를 보이는 듯도 하다. 이 점은 재고할 필요가 있을 수 있다. 동리문학이 이후에 보이는 성격이 이 작품으로부터 시발되었을 가능성이 있고 그렇다면 이 작품은 단순한 물리적 시발점이라기보다 그의 세계관을 드러내는 단서로 볼 수도 있을 것이기 때문이다.

사실 「花郞의 後裔」는 김동리의 처녀작인만큼 그의 문학적 출발점과 구경적인 지향점을 살피는 데 시사하는 바 크다. 그 중요한 것은 작자 자신이 누차 말한 바와 같이 전통적인 것에 대한 긍정이 주조를 이루고 있는 점을 주목할 수 있기 때문이다. 김동리에게 있어서 전통적인 것에 대한 긍정이 요구된 데는 외적인 것과 내적인 것의 두 요인을 생각할 수 있다.

우선 그것은 당시의 시대적 상황이 그에게 요구한 것으로 파악될 수 있을 것이다. 주지하다시피 그가 활동한 시기는 이민족에 의한 강점기였고, 그 강점은 단순히 영토를 점령한 것을 지나 정신적 영역에 대한 파손을 기도할만큼 폭압적인 것이었다. 이런 상황에 항거하는 형태로 일찍이 세계에 대한 계급적 인식을 전제한 조직적 문예

조롱받는 내 사랑
―『花郎의 後裔』에서 바라보는 김동리 소설

1. 도입

활동도 나타난 바 있거니와, 1935년이라면 그러한 활동도 외형적인 활력을 드러내지는 못하는 상태에 있었다. 이런 가운데 당시의 신진 작가들이 전통적인 것에 대한 긍정을 표현하는 것은 당시의 외압에 대한 저항의 한 형태로 파악될 수도 있었다.

작자 자신의 문제로는 그의 가계와 성장과정, 그리고 문학창작에 입문하는 과정을 통해 그가 전통적인 것에 대해 긍정적 인식을 가졌으리라고 유추되는 여러 단서들을 집어낼 수 있을 것이다. 그 중에서 단연 앞서는 것은 그의 큰형 범부 김정설(김기봉)의 영향이 될 것이다. 그로부터 받은 영향과 그 깊이에 대해서는 여러 곳에서 언급되었거니와 그는 형의 말을 가리켜 "일종의 계시같은 충격"이라고 표현할 정도였으며 형을 가리켜 자주 스승으로 지칭하곤 했다. 그의 정신에 이 정도의 위치를 가지고 있는 범부의 사상은 신라와 불교, 그리고 전통사상에 대한 강한 긍정으로 구성되어 있었으니 그것이 동리에게 직접 영향을 미칠 수밖에 없는 것은 당연한 일이었다.

이러한 동리의 처녀작인 「花郎의 後裔」가 전통적인 사고를 가진 사람을 등장시켜 조롱하고 희화화하는 것으로 보이는 것은 그러므로 작자에 의한 위장일 가능성이 높은 것이다. 그것은 우스꽝스러운 것에 대한 조롱을 가장한 본심노출에 의지하고 있을 수 있기 때문이다.

2. 배경과 그림

이 작품에는 황진사를 중심으로 한 인물들과 <나>를 중심으로 한 인물들의 두 인물군이 등장한다. 이들은 일단 상호 냉소적이지만 구체적인 충돌이나 반목은 상정되지도 않고 나타날 가능성도 없다.

황진사는 이름은 알리지 않고 <일재>라는 호만 가르쳐주는, "나이 한 육십 가량 된", "황후암의 육대(최초 당선작에는 칠대) 종손"인 궁끼낀 늙은이다. 그는 작중 화자가 숙부를 따라 관상소에 가서 만난 꾀죄죄한 늙은이로 "하도 지모(智謀)가 나지 않아 육효를 뽑아보았노라"는 사람이지만 작품의 끝에 이르기까지 그 "지모"는 나지 않은 상태에 있다. 그는 "쇠똥 위에 개똥 눈" 약을 명약이라고 가지고 왔으며 친구와 책상을 메고 와서 구걸하다시피 밥이나 돈을 얻는다. 장가를 가라는 말에는 젊은 색시가 좋다고 하고 젊은 과부를 소개하려 하자 과부라는 점 때문에 강경하게 거절한다. 그런 그가 하는 생업으로 이 작품에 나타난 것은 두꺼비 기름을 파는 약장사 패거리의 한 사람으로 "유명한 선생" 노릇을 하는 것이 유일하지만 그것도 순사에게 잡혀 파출소로 가는 것으로 끝이 난다. 그의 행동 중에서 압권은 그의 조상이 화랑이라는 사실을 상고한 흥분 장면이다. 그 장면에서 작중화자는 삼촌이 검거되고 옥중에 있어서 면회를 마치고 가는 길이었다. 삼촌이 검거되고 집이 압수수색되고 한 작중화자로서는 기가 막힐 일이지만 황진사는 흥분상태에 있고 자신의 윗대 조상이 화랑이었다는 것을 발견했다고 자랑하고 있다.

이런 황진사를 둘러싸고 있는 인물군은 "접신통령"의 도인에게 모여 뒹굴고 있는 불우하고 부적응한 인물들이다. 이 중에서 구체적으로 작중에 드러나는 인물은 책상을 메고 황진사와 함께 찾아왔던 친구와 작품의 말미에 황진사와 함께 두꺼비기름으로 약장사를 하는 인물 등 둘이다. 이들은 황진사처럼 중심적인 역할은 하지 못하지만 황진사의 성격을 구체적으로 보여주고 그의 모습을 비교적 명료하게 그리는 데 도움을 주고 있다.

　작중화자 <나>를 중심으로 한 인물군은 숙부 내외와 화자 자신으로 되어 있다. 이들은 황진사에게 동정적이기는 하지만 그와 생각을 같이 하는 사람은 없다. 그들에게 황진사는 구경의 대상이요, 딱한 사람일 뿐이다. 다만 황진사와 이들을 연결하는 것은 <숙부>와 <나>의 동정적 호감이다. 숙부는 금광에 관여하면서 대종교사건에 연루된 것으로 보아 경제적으로 유력한 당시 민족주의자 중의 일인으로 설정된 것으로 보이고 나는 황진사가 한시를 지어달라고 운자를 가지고 올 정도인 것으로 보아 식자로 설정된 것으로 보인다. 또한 이들 인물군은 황진사에게 호의적이기도 하다. 그러나 결국 이들도 고통스런 정치현실과 경제적 활동이 중시되는 현실세계의 일원일 뿐이다. 그들은 황진사의 행동을 이해할 수는 있어도 동조할 수는 없는 냉정한 동정자로 등장할 뿐인 것이다. 이들의 성격은 주인물인 황진사로 하여금 며칠을 굶고 배가 고파 친구의 조카에게 구걸을 하게 하는 당시의 세태와 암시적 동조의 관계에 있다.

　김동리의 문학은 그 대상의 내용이 객관적 실제로써가 아니라 삶의 양태를 드러내는 일정한 상징성에 의해 구성되고 있다. 이 작품에서도 황진사를 중심으로 그를 둘러싼 인물들은 한 상징화된 그림을 이루고 있다. 그것은 배경그림과 속그림이 서로 어울리지 않는 대조적인 색채를 가지고 있어서 눈에 잘 드러나도록 되어 있으며 그것을 통해서 상호 강조되도록 해 놓았다. 곧, 지난 시기에 고귀했을지라도 급격히 변모하는 현실을 따라잡지 못한 사람에게는 먹을 양식도 허락하지 않는 당시의 엄혹한 세태가 차가운 배경으로 깔리고 작중 화자를 비롯한 동정적인 인물군도 선뜻 황진사를 향해 손을 내밀지는 않고 있다. 이 차갑고 넓은 배경색 속을 황진사가 그 유별나게 누런 색깔을 띠고 허둥지둥하고 있는 그림인 것이다.

배경에 대한 구체적이고도 현실적인 묘사는 작중인물이 비현실적이므로 더욱 정밀할 필요가 있었다. 이 작품은 이 점에 유의하여 서울 거리와 당시의 세태에 대해 그의 작품으로는 정확하게 묘사하려는 노력을 하고 있다. 곧, 처음에 숙부를 따라 중앙여관으로 갈 때를 그리는 묘사부분이나, 말미에 약장사를 둘러싼 거리의 풍경을 통해 그런 노력을 보이고 있는 것이다.

그러나 무엇보다 이런 현실적 상황설정의 효과는 인물들의 행위를 통해 드러난다. 숙부는 황진사의 친구로 설정된만큼 비교적 동질적이기는 하나 숙모부터는 황진사와 전적으로 이질적인 사고와 행위를 보인다. 숙모는 황진사를 중매한다고 젊은 과부에 대해 말을 꺼냈다가 황진사로부터 엄숙한 항의를 당한다. 그녀는 "젊고 예쁜 홀아비가 어딨어요. 딸린 자식 없구 한 것만 해두……"라는 발상이 가능한, 당시의 보통 가정주부이다. 그런 생각은 당시로서는 당연하고 일반적인 것이었을 터이므로 이 작품에서 작품의 현실성을 높이는 데 기여한다. 작중<나>는 외형만으로 볼 때 그에게 관찰적일 뿐 때로는 냉정하면서 일견 부정적이기도 한 태도를 가지고 있다. 더욱이 당시의 세태나 황진사의 처지를 들고 보면 황진사를 향해 온정적인 요소는 전혀 없다시피 하다. 이처럼 황진사를 둘러싸고 있는 제 요소들이 차가운 외면을 하고 있는 것은 황진사를 더욱 도드라져 보이게 하는 기능을 한다.

이러한 대조적 색채의 그림을 통해 작자가 보이려는 것은 무엇인가. 일단 그것은 이처럼 두 색깔이 현저히 구별된다는 점일 것이다.

황진사의 생각과 행동은 당시만 해도 유별나 보일만큼 남달라서 우스꽝스럽기도 하고 딱하기도 한데 이미 세태는 멀찌감치 진행하여 그를 따돌리고 있는 모습을 보이자는 것이다. 그리하여 그 소외와, 소외에 가담하고 있는 작중화자 자신을 포함한 세태 및 세인들에 관하여 작자는 자신의 의도를 말하려는 것이다.

3. 의도된 훼손

김동리는 자신의 성격을 문약하다고 말하고 있다. 그 점 때문에 그는 두 힘의 갈등을 겪었을 것으로 보인다. 하나는 그가 보는 앞에서 자신의 정신적인 기둥의 하나인 전통적인 관습과 가치가 무시되고 붕괴되는 것을 단순히 바라만 보고 있을 수는 없다는 점이고, 다른 하나는 그렇다고 해서 그가 보수적 가치에 대한 적극적인 긍정을 작품화하기에는 작품외적 분위기가 호의적이지 않다는 점이다. 그것은 훼손과 수호의 갈등이며 작품의 구조를 더욱 창의적이고 생동하게 하는 갈등으로 작용할 수 있었다.

일단 작자는 그가 부정하고자 하는 세인들과 같은 관점에 서는 태도를 취한다. 그것은 작품 「花郞의 後裔」에서 황진사를 일견 과도할 정도로 희화화하고 망신시키는 데에서 드러난다. 이 점 때문에 이 작품은 몰락양반의 허위의식에 대한 비판이라는 평을 받을 정도였다. 작중에서 황진사를 묘사하는 부분들은 가히 참혹하달 정도의 잔인함을 드러내고 있다.

"거, 아침밥 자시고 남았거든 좀……"

"나 그날 댁에서 그렇게 포식한 이래 여태 굶었수다. 여북 시장해서 이 친구를 찾아갔겠수. 아 그랬더니 이 친구도 사정이 딱했던지 사무보는 이 책상을 내주는구랴."

이런 묘사는 그가 "황후암 육대 종손"이라고 내세우는 "명가", "문벌"로는 극도의 전락을 보이는 것이다. 그 밖에도 그가 약장사의 동패가 되어 있는 장면이나 장가가는 논래 부분은 그의 지위나 자존심의 추락을 보이고 있다. 문제는 이러한 전락의 원인으로 작자는 무엇을 상정하고 있느냐는 점이 될 것이다.

이 작품을 통해서 그 전락의 원인으로 잡힐 수 있는 것으로는 경제적 여건 이외에는 없다. 황진사는 경제적인 무능력자이며 그것을 타개하기 위해 스스로 찾은 활로가 "지모가 나지 않아 육효를 뽑아보"는 것이라면 그 곤란은 쉽사리 해결될 가능성도 없는 상태에 있다. 이 점은 작자가 당시의 세태를 현실적인 태도로 묘사하려고 하고 있다는 것으로 설명될 수 있다. 작자는 비현실적인 주인물을 등장시켜야 할 것이므로 당시의 세태에 대해서는 비교적 객관적이고 사실에 가까운 인식과 묘사를 보이고 있는 것이다. 부언할 필요도 없이 창작 당시의 실제 세태와 인심은 작중과 별 다를 바 없어서 아무리 명가의 종손이라 하여도 경제적인 능력이 뛰어나지 않으면 적응은 물론 대를 잇기조차 어렵다는 것은 사실이었을 것이기 때문이다.

그러나 지은이가 이런 경제적 원인이 황진사를 패배시키고 있다고 보지는 않고 있다는 점에 주목할 필요가 있다. 황진사는 경제적 무능으로 인해 고통받고 무시되고 경찰에 연행되기까지 하지만 그가 결국 패자가 되었느냐는 것은 다른 문제인 것이다.

나도 숙모님 뒤를 쫓아 한참 오다 돌아본즉, 아까 연설을 하던 작자는 빈 과자 상자에 마른 두꺼비와 고약통을 담아 가슴에 안고, 황진사는 점잖게 두 손을 두루마기 옆구리에 찌른 채 순사를 따라 건너편 파출소로 향하여 걸어가고 있었다.

이것은 이 작품의 마지막 부분이며, 물론 황진사의 허세이다. 다만 이 부분을 가리켜, 끝까지 버리지 못하는 몰락세력의 허위의식이라고 몰아붙이기보다는, 그의 내부에 남아있는 가치인식의 표현이라고 보는 것이 더욱 타당하다고 볼 수도 있다는 것이다. 황진사의 생각으로 본다면 그가 수호하려고 하는 것은 경찰에 대한 우위나 현실적인 적응력이 아니라 그의 조상들이 남긴 찬란한 후광이며 이 점에서 그는 결코 패배하지 않은 것이다.

나는 사정이 전과 다른 형편에 있는 터이라 혹시나 이런 데서 무슨 자세한 내용이나 알게 되나 하여 두근거리는 가슴을 누르며 긴장한 낯으로 그를 쳐다보고 있는 것인데, 그는,
"아, 내 조상께서도 모르고 지낸 윗대 조상을 근일에 와서 상고했구랴."
이런 엉뚱한 소리를 하였다.
나는 너무 어이가 없어 어리둥절해 있노라니,
"왜 그루, 어디 편찮우?"
한다. 괜찮으니 얼른 마저 이야기하라고 하니,
"아, 이런 수가…… 온, 내 조상이 대체 신랏적 화랑이구랴!"

이 장면에서 마침내 그는 현실적응에 완전히 실패하는 것을 상징적으로 보여주고야 만다. 이 장면이야말로 황진사가 비현실적이요 무능력자이며 부적응자이면서 약간 비정상의 기미조차 가지고 있

는 듯이 보이게 하는 부분이며, 이 때문에 이 작품의 제목이 되기도 한, 그 유명한 대목이다. 그러나 그렇다고 해서 이 부분을 통해 황진사가 마침내 패배했거나 몰락했거나 좌절됐다고 보는 것은 타당하지 않을 것이다. 차라리 그것은 수호하려는 가치에 대한 황진사 자신의 경건한 호감을 전제하고 본다면, 지극히 정상적이며 장쾌하기까지 한 승리의 분위기로 되어 있다.

　다만 이러한 수호의 분위기를 작품의 표면에 드러내는 것은 작품의 긴장과 생동감을 감쇄할 가능성이 있었다. 그것은 자칫 일방적인 설교로 흐르거나 또는 비현실이므로 지나치게 관념적 경향으로 기울 수 있었기 때문이다. 이 점에서 채택된 것이 작중화자 <나>의 시선을 거쳐 서술하는 방법이다. 작중화자는 단순히 작품의 서술자이기만 한 것이 아니라 작자의 일정한 견해나 태도를 보여줄 수도 있는 등장인물이다. 이 작품에서도 황진사는 그의 행동 전반이 묘사되지 않고 <나>의 주관적 시선의 취사선택에 의해 등장하거나 퇴장한다. 이런 기능을 가진 작중화자에게 작자는 내면과 외면이 다른 이중적인 시선을 부여해 두었다. 어차피 이런 시점의 소설에서 독자는 작중화자의 시선을 따라 읽을 수밖에 없는 것인데 이때 작자가 작중화자에게 어떤 시선을 부여하느냐는 것은 작자 자신의 태도와 관련하여 주목할만한 부분이 될 것이다. 이 작품에서는 외적으로 차가우면서 내적으로는 연민의 온화한 감정을 담은 시선으로 설정해 두었다. 모두에 인용한 바와 같이 김동리는 전통적인 것에 대한 긍정을 자신의 태도로 가지고 있었다. 그러면서 그 긍정의 태도를 이 작품에서는 <나>의 시선으로 드러내고 있으며 그것은 작자의 태도와 관련하여 주목되는 것이다.

이러한 작자의 태도를 표현하는 주인물로 채택된 것이 황진사이다. 그는 자신의 옳음을 설득력있게 주장할 힘도 가지지 못했으며 사회적인 주목도 모으고 있지 못하다. 심지어 그는 자신이 소중히 여기는 가치의 입장에서도 떳떳이 살아가기조차 못하는 인물이다. 이처럼 미흡하고 딱한 인물을 통해서 작자는 그를 향한 두 가지 시선을 보이는 데 성공하고 있는 것이다. 당당하고 설득력있는 인물을 향해서 표현하기에는 매우 곤란한, 상호모순적이고 이율배반적인 시선을 제시한 것이다.

결국 이 작품은 현실적으로는 명백히 부적응자인 주인물을 긍정하는 방법으로 그를 적극 부정하는 길을 택한 것이다. 그리하여 지나치게 부정적으로 묘사된 주인물의 외모와 행위는 독자에게 연민의 감정을 가지게 하고 그런 뒤에 작중화자의 시선에 깔아둔 따뜻한 감정의 힘을 입어 결국 황진사를 패배자로부터 구출할 수 있었다. 그것은 일종의 기묘한 이중성이며 작자의 내면과 외면을 대변하는 두 가지 생각을 드러내는 방법이기도 했다.

4. 현실과 지향

현실인식이라는 것이 반드시 현실의 계급적 모순을 인식하거나 식민지배의 불합리함을 인식하는 것이라면 이 작품에서, 나아가 김동리의 작품에서 마땅한 부분을 찾아내기에는 부담이 있다. 이 작품은 비교적 그런 문제에 대해 명확한 태도를 가지고 있는 편이지만 그것도 같은 시기의 다른 작가들의 작품들과 비교할 때 참으로 철저하지 못하다는 말을 들을 수 있다. 그렇다면 이 작품의 경우 현실이라는 말은 당시의 세태와 흐름을 다 포괄하는 개념으로 사용하는 것이 옳을 것이다. 이 작품에서 김동리는 황진사를 소외시키고 더욱 궁지로 몰아넣고 있는 세태와 인심과 시대의 가치관을 모두 제시함으로써 황진사의 고군분투가 더 잘 드러나게 해 놓았다. 앞에서 말한 바와 같이 당시는 이미 황진사가 가지고 있는 가치관이나 재주를 가지고 지모가 나거나 장가를 가거나 할 수 있는 시기는 아니었다. 그것은, 문벌도 있고 식자도 있고 장가갈 의사도 있는데 "천량"이 없으면 장가를 가지 못하는 새로운 시대인 것이다. 황진사의 눈으로 본다면 매우 부당하고 패덕한 시대일 수밖에 없다. 그러므로 마땅히 그는 이 시대에 대한 반항을 기도할 만하지만 작품의 끝에 이르기까지 그런 조짐은 보이지 않는다. 바로 이처럼 적극적인 반항이 드러나지 않는 것이 김동리식의 대결양식이라고 불릴 수 있다.

물론 당시의 사회가 일제의 폭압적인 통치와 친일 자본가의 부도덕한 착취에 신음하는 조선인의 고통으로 가득차 있었으며 마땅히 문필가는 그 질곡의 해소를 위해 떨쳐 나서야 한다는 시각에서 보면 동리의 행동과 「花郞의 後裔」를 통해 본 문학적 태도는 못마땅한 바 있다. 그러나 이 작품은 동리 나름의 대결의식을 드러내는 데는 성공하고 있다. 경제적 착취 피착취의 갈등만이 모든 갈등의 내용이 아니라면 동리가 문제삼은 이 갈등도 심각할 수 있는 갈등의 하나가 될 수 있었다. 황진사가 살아가야 할 이 사회의 현황은 그로 볼 때는 답답한 상황이며 그를 둘러싼 사회는 자신의 생각과 너무나 멀리 떨어져 있다. 그러나 그는 그것을 부러워하거나 따라잡지 못해 안달하고 있지는 않다. 그는 그것이 도리어 부도덕하고 가치없는 것이라는 점을 확신하는 상태에 있다. 그에게 있어 남의 가문에 출가했던 여자하고도 혼인할 수 있다는 이 세태는, 더욱이 본인에게 그런 혼인을 하라고 권하는 이 세태는, "두 손이 불불불 떨"릴 만큼이나 부도덕하다.

이 작품에서 나타나는 갈등의 요인은 여기에 있다. 황진사가 어떤 생각을 가지고 있든 이미 "파출소"도 있고 "순사"도 있고 그 자신 "자켓"을 속에 입고 있는데다 "저어널리스트, 은행원, 회사원"등을 뒤섞어 "조선의 심볼"로 부르는 세상에 "쇠똥 우에 개똥 눈" 명약을 싸들고 다니는 "황후암 육대 종손"이라는 사실 자체가 갈등의 요인이며 내용이 되는 것이다. 이 대결은 대결 당사자가 서로 다른 기준을 가지고 있으므로 승패도 그들대로의 판단에 의해 결정된다.

황진사가 이 작품에서 이 세태를 향한 적극적인 대결과 승리의 전망을 보이지 못하는 것은 작품이 그것을 목표로 삼지 않았기 때문이다. 명백히 세태는 황진사를 패배시켰다고 판단하고 있겠지만 황진사는 자신의 뜻을 굽힐 의사가 조금도 없으므로 그는 패배하지 않았다. 그는 약장수와 한패로 약을 팔다가 파출소에 잡혀 가지만 뒷짐을 풀지도 않았고 더욱이 그의 조상이 화랑이었다는 사실까지 상고해 놓은 만족한 상태에 있다. 김동리가 보여 주려는 것은 여기에 있을 것이다. 그는 이미 <현미경 사용자>로는 한계가 있고 <체질적으로 돋보기적인 작가>라는 평을 받은 상태이며 그렇다면 그의 문학은 현상에 대한 타개의 의지를 드러내는 것이 아니라 현상으로부터의 지향의 의지를 드러내고 있는 것으로 정리되는 것이 마땅할 것이다. 그가 바라본 우리 문학의 지향은 전통적 가치에 대한 긍정을 전제한 .인간주의적인 것이어야 하며 문학은 이러한 관점에서 사물과 인간을 바라보는 안목을 가져야 한다는 생각을 드러내고 있는 것이다. 다만 그것이 창연한 복고적 취향으로 드러나지 않게 하는 데 그의 작가적 역량의 장처가 있으며 이로 인해 작품은 생동하는 긴장으로부터 멀어지지 않을 수 있었던 것이다.

5. 맺음말

「花郎의 後裔」는 김동리의 처녀작인 만큼 처녀작으로서 수행할 여러 역할을 다하고 있다. 다른 사람의 초기작이 그렇듯이 「花郎의 後裔」도 한 작가의 나아갈 길에 대한 암시를 주고 있으며, 작품활동 전체의 분위기를 전해 주는 데 있어서는 다른 사람의 경우보다 뛰어난 바 있다. 다른 사람의 경우 초기작에 비해 현저히 다른 문학활동으로 변모하는 양상을 보이는 수가 있는데 이 경우에는 그런 변모의 기제가 처녀작을 통하여 읽히고 있기 때문이다.

우선 김동리는 자신의 글을 통해 전통적인 것, 옛것에 대한 애착을 자주 드러내고 있다. 그것은 앞에서 이미 살펴본 바와 같이 김동리 자신이 죽어가는 것, 사라져가는 것에 대한 애착과 연민을 가지고 있다는 것과 상통한다. 죽어가는 것, 사라져 가는 것이란 객관적인 실재의 세계에서는 그것이 조락의 시기에 있다는 것이다. 그런데 그런 것에 대한 애착이나 연민을 드러낸다는 것은 실재의 세계에 대한 반항이며 주관적 세계의 승리를 표현하는 것으로 볼 수 있다. 이것은 역사적 태도라기보다는 차라리 비역사적인 태도이며, 이러한 비역사적 태도를 통해 역사적 가치를 역설적으로 또는 주관적으로 드러내겠다는 의도를 보이는 것이다.

이러한 주관적 세계인식은 그의 이어지는 작품들에서 대표적 인식방법으로 작용한다. 그의 작품들에 대한 상이한 평가 가운데서 이러한 주관적 세계인식의 작품들을 긍정적으로 평한 바 있는 정한숙은 「花郞의 後裔」, 「黃土記」, 「巫女圖」, 「바위」, 「等身佛」, 「까치소리」 등을 예시하면서 이러한 작품들이 가장 성공한 작품들이라고 평가하였다. 이러한 작품들이 성공하였다면 그 요인은 작자 자신의 세계관과 작중의 표현내용이 조화되는 데 있었을 것이며 그것이 곧 김동리 본연의 태도였음을 알 수 있게도 한다.

「花郞의 後裔」는 그 뒤의 작품들로 가는 세계인식의 단초를 보인다고 했다. 그 뒤에 동리에 의해 창작된 종교적인 혹은 무속적인 작품들의 경우를 들어 그 작품은 처녀작에 불과할 뿐 같은 세계관을 가진 것은 아니라는 정도의 평가를 하는 것은 온당하지 않을 수 있다. 이미 비역사적이고 주관적인 세계의 모습을 그리고 있는 작자라면 전근대적인 전통을 그리는 것에서 시간적 확장을 통해 무속이나 종교의 영역에 도달하는 것도 어렵지 않을 것이기 때문이다.

「花郞의 後裔」는 또한 김동리가 뒤에 제3휴머니즘이라는 이름으로 제창한 인간본위주의의 단서도 갖추고 있다. 그가 주장한 순수문학 또는 제3휴머니즘의 정체에 대해서는 논란이 많을 수 있다. 그것은 주로 그가 그것을 주장한 시대적 의미와 관련된 것일 수가 많은데 그의 모든 논리를 받아들이는 것은 재론의 여지가 있을 수 있다. 다만 소박하게 이해하여 그 소위 제3휴머니즘의 의미가 <황폐한 현대문명 가운데서 퇴색되어 가는 인간가치를 회복하려는>것이라면 이미 「花郞의 後裔」는 그런 점에서 그 뒤의 활동에 이르기까지를 이해하게 하는 성격을 갖추고 있는 것이다. 황진사가 당황하고 배를 곯고 망신당하고 더러운 옷을 입고 있을 때도 작자는 독자로 하여금 그에게 그런 삶의 방식을 유지하도록 성원을 보내라고 요구하고 있는 것이다. 그리하여 그가 마침내 그 괴로움을 이기지 못하고 굴종하는 모습을 보였다면 도저히 받을 수 없었을 따뜻한 연민의 시선을 보내고 있는 것이다. 그러고 보면, 황진사에 대한 조롱이나 희화화의 구절들은 모두 작자에 의해 치밀하게 의도된 것으로, 그 뒤에 오래 이어질 김동리문학의 바탕이 되는 가치관의 단서로 읽힐 수 있는 것이다. 그러면서 그것은 작품 「花郞의 後裔」로 하여금 김동리를 내다보는 창으로 기능할 수 있게 하고 있다.

부끄러움과 소망의 간결한 짜임새

- 윤장근 소설의 이해

1.

소설을 쓰는 사람이나 읽는 사람들이 공통적으로 만나는 물음의 하나가 좋은 소설이란 어떤 것인가 하는 점일 것이다. 오래 논의의 여지를 제공해 온 이 물음에 대해 답하는 방법과 그 대답의 발상방법은 매우 다양하다. 그것은 쓰는 사람의 세계관의 방향에 초점을 맞춘 것일 수도 있고 쓰는 시대와 사회의 성격에 방향을 맞춘 것일 수도 있으며 종종 사회나 역사를 이끌어 갈 지향을 제시하는 데 방향을 맞춘 것일 수도 있었다. 물론 이들 중에서 어떤 태도가 가장 진실에 가깝고 바람직하냐에 대해서는 이 글의 목적과 다르므로 논의하지 않는다.

다만, 소설을 실제로 경험하는 일상과 분리하여 사고하는 태도로 인해 종종 소설은 구체적인 삶의 내용에 비해 간곡하고 상극적일 것이 요구되고 있다. 독자는 자신도 가끔 현실에서 만나는 일상적인 사실의 나열이나 경험한 전말의 기록을 넘어야 한다는 식의 압박을 부당하게도 작자에게 가하는 것이다. 이 경우 작자는 적어도 자신의 경험체계 속에서 특이하고 비범한 것을 재생해야 한다는 부담을 가지고 있는 것이다.

소설이 이 타락한 가치체계 속에서 진정한 가치를 추구하는 것이어야 한다는 개념에 순종하는 한, 일상적인 생활인의 매일매일이 소설의 홍미로운 대상이 되는 일은 어려울 것이다. 그 개념은 소설을 경험제시자의 기능에서 불러내어 방향제시자의 기능에 편입시켰을 때 사용될 것이며, 참으로 살아가기 자체를 소설쓰기의 대상으로 삼았을 때의 기능은 아닐 것이다.

좋은 소설이 어떤 것이냐에 대한 질문과 거기에 대한 대답의 다양한 변역에 대해, 윤장근은 자신의 대답이 정답이라고 말하지는 않으면서도 꾸준히 일관된 대답을 하고 있다. 그것은 사는 것처럼 소설을 쓰는 일이다. 윤장근에게 있어서 소설쓰기는 살아가기와 구별되어 있지 않다. 그에게 있어서는 삶 자체가 순수하고 진지한 것이어서 사는 이야기 이상의 절실한 소설쓰기는 추구되지 않고 있는 것이다.

소설가 윤장근의 작품은 그 지은이가 한 성실한 교사라는 사실을 간과하거나 최소한 소홀하게 보기만 하여도 바르게 읽히지 않는다. 그는 진지하고 성실한 교사로서 이 땅의 비인도적 입시교육에 시달리면서도 그것이 사랑하는 제자의 현실적 앞길을 위해 불가피하다는 점 때문에 정면으로 거부하지 못하고 교사로서의 소박한 소망과 인간으로서의 알뜰한 소망을 천주께 의탁하고 있는 소박한 시민이다. 그러므로 그의 소설은 일단 부당함에 대한 진지하고 정확한 통찰에 근거를 두고 있다. 문제에 대한 바른 파악을 위해, 또 그 발견된 문제의 바람직한 해결을 위해 그가 쏟는 노력은 열렬한 바가 있다. 이러한 부정의 논리 위에 자신의 삶에 대한 반성이 뒤따르고 그것은 부끄러움으로 요약된다. 윤장근에게 있어서 교사로서의 삶은 부끄러움을 쌓아가는 일과 다르지 않다. 이 치열한 자기반성과 부끄러움 고백을 잇는 것은 교사로서의, 신앙인으로서의 소박한 소망이다.

이 작가의 신앙은 내세의 구원을 희구하는 구원신앙이면서 현실의 한 인간에게 반성과 회오의 기회를 허락하고, 각박하다고 파악된 현실에 온화한 상호연민의 감정을 부여하는 신의 축복이다.

2.

윤장근의 소설이 부정과 비난에 근거하고 있다는 것은 그 자신을 위해 탄탄한 지평을 제공한다. 주지하다시피 그의 근작이 첨예한 갈등을 보이고 있지 않다는 이유로 작품의 가치에 대한 평가가 공정하지 못해질 가능성을 막을 수 있기 때문이다. 부정이나 비난은 일단 현실에 대한 작가 나름의 안목을 요구하고 또 그 가치관에 의한 정확한 인식을 전제하고 있다.

부정과 비난의 효과적 어조로 채택된 풍자의 기법은 그의 초기 작품에서 잘 드러나고 있다. 1976년작 「에로크 王國」에 이은 1977년의 「페스탈로찌 선생」(이 글은 연작번호가 없으나 같은 제목을 가진 연작의 첫째 편이다.), 「척사현정소」(이 글은 연작번호 14이나 지은이 자신이 초기작임을 밝혔다.) 등이 이러한 기법을 사용하고 있다. 윤장근의 소설 중에서 가장 치열한 문제의식을 드러내고 가장 생동하는 문체를 사용한 이들 글에서 그는 국가와 사회의 문제점이나 교육현장의 불합리를 명쾌히 지적하고 이에 대한 비난을 분명히 드러내고 있다.

「에로크 王國」은 이 가상의 왕국에 온 시찰단에게 왕과 대신들이 스스로 건설한 섹스 유토피아에 대해 설명하면서 안내하는 내용으로 되어 있다. 이 왕국은 인구 1천만에 공직자 5백만인 나라이다.

이 나라는 식량문제를 해결하기 위해 전 국민의 키를 반으로 줄이고 국위선양을 위해 모든 자(尺)를 반으로 줄이며 평균수명을 연장하기 위해 일년의 길이를 반으로 줄이는 작업에 성공하였다고 설정되었다.

총무대신은 이 나라에는 일주일에 일요일이 두번이고 온갖 휴일을 시행하므로 매 주일에 휴일이 3.5일에 달한다고 설명하고 있다. 노는 날에는 온 국민이 자유로운 섹스휴식을 취하며 왕을 제외한 모든 공직자는 시험으로 선발하되 그 과목은 「충성학」,「호텔학」,「섹스학」,「아부학」,「위엄학」,「무고학」,「뇌물학」 등이라고 한다.

영구경제안정대신은 메달을 좋아하는 국민을 위해 메달공장을 짓고 메달대신을 두고 메달을 생산하여도 부족하다고 하면서 인구당 10여개의 메달을 생산하였다고 하며, 1만대 이상의 사랑마차를 열어 성의 완전한 개방을 기하여 젊은 남녀가 완전히 고용되는 복지국가를 이루었다고 한다. 성 개방으로 인해 15세 이상의 처녀성 보유자는 전국에 다섯이 있을 뿐이며 이들은 곧 문화재로 지정될 것이라고 설명한다.

지은이는 이 글을 통해 창작 당시에 지은이 자신이 인식하고 있던 우리 사회의 문제점을 적시하고 있다. 그가 지적한 문제점은 관리의 편리를 위해 무차별로 증설되는 수많은 관직과 행정의 편의를 위해 조작되는 통계의 허구성을 포함하고 있으며 이 상황에서 불가피하게 나타나는 냉소주의의 태도를 보이고 있기도 하다. 관리의 부패는 당시나 지금이나 우리 사회의 중요한 문제점 중의 하나인 바, 지은이는 이 글에서 관리들이 반드시 통과하여야 할 과목으로 온갖 부정과 비리를 열거함으로써 풍자적 비난의 효과를 거두고 있다. 더욱이 이 글은 풍자하는 어조의 유연함을 살려 흥겨운 경어체를 사용함으로써 독자로 하여금 심정적인 동화가 쉽도록 하는 배려도 보이고 있다.

세상 만사는 인간을 중심으로 존재하고 인간을 기준으로 척도가 정해 집니다. 그러므로 인체의 크기가 반으로 줄었으면 마땅히 자의 길이도 반으로 줄여야 한다는 진리를 발견한 것입니다. 말하자면 여러분이 가진 자의 10센티미터는 우리 에로크왕국의 자로서는 20센티미터가 되는 것 입니다. 그러니까 하루아침에 평균 신장이 180센티미터로 껑충 뛰어 올 랐고, 신장 면에서 세계의 여러 나라들과 어깨를 나란히 할 수가 있게 되었읍니다. 나의 그 공로가 대왕폐하께 인정을 받아 <국위 휘날림 훈 장>을 받았읍니다.

윤장근의 소설을 읽으면서 우선 주목하게 되는 것은 그의 연작선 호이다. 이 연작들은 「페스탈로찌선생」과 「부활」이라는 이름을 가 지고 있는데 이들은 현재까지 각각 열아홉편과 다섯편의 진행을 보이고 있다. 내용의 선부나 호오는 차치하고라도 한 작가가 이처럼 오래 탐구해 온 이야기라면 일단 그의 관심과 지향을 이해하는 데에 중요한 도움이 될 것임에 틀림없다.
「페스탈로찌선생」은 1977년에 시작하여 1991년 「방황하는 씨앗 (2)」에 이르기까지 작가가 지속적 관심을 드러내고 있는 것으로 지 은이 자신이 현재 고등학교의 교사로 재직하고 있다는 점에서 체험 과 소망이 결집되어 있는 글들이다. 이 장시간의 관심에서 원형이 되는 것은 후기의 여러 글들과는 달리 부정과 비난의 태도를 가지고 있는 1977년작 「페스탈로찌先生」이다.
이 작품의 주인공은 낙원국민학교 5학년 7반의 담임인 "金權來"

선생이다. 그는 별명이 페스탈로찌선생이며 한때는 이름을 따라 걸레선생이기도 했다. 그는 폐품수집에서 최고의 성적을 내는 교사이며 청소용구 확충 지시가 있자 50장도 넘는 걸레를 모으기도 하고 수업시간에 아이들을 자습시키고 학습지도안을 쓰지만 부정한 방법으로 학급의 성적을 높여 일제고사에서 우수한 성과를 낸다.

김선생은 학부형으로부터 촌지를 받으면 그 학생에게는 편애를 베푼다. 작중의 오늘, 부잣집의 귀한 아들인 순호가 학교에 나오지 않았고 대단한 부자인 그 집에 전화를 걸어 가정방문을 하기로 한다.

> 김선생보다 더 키 큰 냉장고 속에 항상 가득히 차 있는 맥주며, 재수 좋으면 진짜 양주를 맛볼지도 모른다고 생각하면서. 또 자가용 승용차를 태워주지 않는다면 위신과 체통을 존중하는 사장 사모님께서 택시비 쯤은 주실 것을 확신하면서.
> 김선생은 벽시계만 쳐다보고 앉았다가 퇴근시간이 되기가 무섭게 일어섰다. 교문밖 구멍가게 앞에는 아이들이 우묵히 모여 있었다. 두 놈이 멱살을 잡고 엉겨붙어 있었고, 둘러선 놈들은 아이스크림을 빨면서 죽여라, 까라, 쳐라 하고 응원을 하고 있었다. 그리고 김선생 머리 위의 생기없는 가로수 가지 위로는 오염된 하늘이 푸르당딩 얹혀 있었다. 그러나 그런 것들은 김선생의 눈에는 하나도 들어오지 않았다. 김선생, 아니 우리의 페스탈로찌 선생은 택시의 유리창 안에 붙은 빨간 빛의 「빈차」라는 표지만을 찾고 있었다. 하느님께서 어린 양들에게 이렇게 다양한 방법으로 일용할 양식을 주심에 감사하면서.

이것은 「페스탈로찌先生」의 끝 부분이다. 이 냉소적인 결말은 김선생이 팽개친 교육적 임무와 그가 현재 욕심내고 있는 보잘것없는 이익을 효과적으로 대비시키고 있다. 그가 가르치고 이끌어야 할 아이들은 싸우는 친구들을 보면서 "죽여라, 까라, 쳐라" 고 응원하고 있으며, 그들은 생기없는 가로수로 그 위에 "오염된 하늘"을 "푸르 딩딩" 얹고 있다. 그들을 가르칠 교사는 학생 집의 냉장고에 있는 "맥주, 양주" 며 "택시비"에 신이 나서 그들의 모습이 눈에도 들어오지 않으며 "다양한 방법으로 일용할 양식을 주심에 감사"하고 있다. 내면을 그릴 수 있으므로 희화적인 이 장면이 바로 지은이가 제시하고자 하는 이야기의 요체이다. 우리 사회의 교육을 죽이는 자들은 누구누구 꼬집어 낸다 하여도 역시 교사 자신이 가장 큰 죄인일 수밖에 없다는 지은이 나름의 인식을 풍자하는 기법으로 보이고 있는 것이다.

교육을 죽이는 자로 살아있는 일부 교사에 대한 분노는 「페스탈로찌선생 14-척사현정소(斥邪顯正疏)」에 부활한 김권래선생에 대한 풍자로 더 치열하게 나타난다. 전아한 고어투의 문장과 이따금 보이는 율문투의 유려한 문체는 표현 기법으로서의 문장에 대한 지은이의 소양과 연마를 보이면서 윤장근 소설의 특장을 남김없이 드러내고 있다.

「척사현정소」는 왕조시대 다양한 의사표현의 방법으로 사용되던 상소문의 문장을 빌어 사악함과 바름을 의도적으로 전도시킨 가운데 교육의 위기에 대한 지은이의 분노와 냉소를 표현하였다. "태사공 김충의 40대손, 낙문(樂文)향교 훈도(訓導) 김권래"의 상소인 이 글은 시종 전도된 가치관으로 교육현실을 왜곡하고 있는 무리를 비난하고 있다. 이 글에서 "전하"로 지칭된 자는 이 상소에 대한 가상의 수취인일 것이나, 국가의 통치자라기보다 한 학교의 이사장이나 교장으로 상정되어 있다.

상소는 훈도 이문(李文)이 왕권의 신성불가침을 부정하고 왕의 선

거제와 재위의 임기제를 운위하였으므로, 훈도 김일수(金一壽)가 전하께서 매관매직을 하였다는 유언을 퍼뜨렸으므로 벌할 것을 청하고 있다. 또 훈도 정말(鄭末)은 향교가 관료주의의 아집과 편견으로 이루어졌다고 했으므로, 훈도 정벌(丁伐)은 자신 김권래를 모함하였으므로, 각각 귀양과 자결의 벌을 내릴 것을 청하였다. 훈도 이고(李孤)는 선덕여왕과 지귀의 일을 아름답다 했으므로 궁형을 내려야 하며, 박근(朴根)은 도서의 구입과 비용지출에 의혹이 있다 했으므로 능지처참으로 다스릴 것을 주장하고 있다.

한편 훈도 정언(鄭彦)은 성균관 입관자의 수를 배가했으며, 응시과목 이외는 폐지하여 교육효과의 극대화를 이루었고 유생의 아비들로 유생향도회를 조직하여 향교재정을 튼튼하게 하였으니 직급을 높여야 하며, 훈도 이직(李直)은 부정한 방법으로 유생들을 급제케 하며 상사를 극진히 받드므로 벼슬을 높이고 영구히 그 직함을 기록할 것을 청하였다. 또 유생 김철(金鐵)의 아비 김석(金晳)은 유생향도회의 회장으로 향교의 재정을 도왔으며 향교에 오추마를 두필 구입하게 했으므로 농지를 상으로 내릴 것을 청하고 훈도 유신(劉信)은 새벽부터 밤 늦게까지 유생을 지도하고 측간에 가는 시간도 절약케 하며 훈도들의 동태를 소상히 파악하여 보고하므로 중신의 반열에 올려야 한다고 청하였다. 이런 이후에 자신의 의견으로 성균관과 향교에 뇌물학과 아부학을 가르칠 것과, 충성이 부족한 자들을 엄벌하고 그 자리에 새로운 훈도를 보충할 때는 사례금을 받을 것, 모든 훈도들이 명절에 예물을 들고 인사오게 할 것, 성적이 불량한 향교의 훈도를 벌할 것, 훈도들이 쉬지 못하도록 달달 볶을 것 등을 진언하였다.

이 내용들은 현재 우리 사회의 학교에서 일어나고 있는 것이며 벌하라고 청하고 있는 사실들의 정의로움과 상주라고 청하고 있는 사실들의 사악함은 설명이 불필요한 것들이다. 이 글은 이들을 전도 시켜 독자의 흥미를 지속시키고 있으면서 상주라고 청하는 사실들에 치밀한 어투를 사용함으로써 지은이 자신이 가진 부정의 태도를 더 잘 드러내고 있다. 입시위주의 교육과 학부모의 비공식 보조에 의한 학교비리는 교육의 효과를 감퇴시키고 교육자의 권위를 결정적으로 손상한 것으로, 이에 대한 정확하고 절실한 인식은 지은이 자신의 직접 체험을 전제한 것이다. 다만 지은이는 체험의 직접성이 문학적 효과를 해치지 않도록 하기 위해 문체와 어법의 변화를 꾀했으며 이 글은 그 점에서 주목할만한 성과를 거두었다. 또한 이 글은 교사들의 문제를 지적하는 데 그치는 것이 아니라 사립 재단의 부정과 비리에 대한 지적도 겸하고 있다.

선대에는 훈도의 직책이 녹이 적다하여 찾아오는 이가 적었으나, 근년의 흉년으로 살림이 어려워지자 훈도의 자리를 찾아 선비가 줄을 선다 하옵니다. 그러니 그들을 훈도로 등용하실 때는 얼마의 사례금을 받게 하소서. 그들의 한 달 봉록이 오백량이면 한 해에 오천량이 넘고, 평생에 벌 수 있는 금액은 수만량에 달하옵니다. 그러니 그들이 훈도로 등용될 때는 한 해의 녹을 사례금으로 바치게 하소서. 현금으로 바쳐도 좋고, 서책을 사서 바쳐도 좋고, 또 나무를 사다 심게 해도 되옵니다. 후에 장부만 정리하면 마찬가지이기 때문입니다.

3.

사회의 현실이나 교육의 전반적인 병폐에 대한 지적은 강도에 있어서 상위에 있을 수는 있으나 구체적인 경험의 세계에 비해 광범위하고 추상적이라는 한계를 벗어날 수가 없다. 그것도 구체적 사실의 추출을 통한 형상화가 아닌 풍자나 가상 등의 완곡한 방법으로는 심정적인 동화를 얻을 수는 있으나 지은이와 같은 정도의 문제인식에 독자를 끌어올릴 수는 없을 것이다. 윤장근의 소설에는 교사로서 느끼는 좌절감과 탐욕스런 자에 대한 반감이 형상화되어 있기도 하다.

일단, 윤장근의 소설은 부유하고 탐욕스런 자에 대한 근본적인 반감을 바탕에 깔고 있다. 그것은 현실적으로 교사가 돈을 많이 버는 직업이 아니라는 점과 지은이 자신이 현재 부유하지 않다는 사실로부터 기인한 것으로 볼 수도 있는 바, 적어도 부유한 자는 일단 불의할 개연성이 높다고 보는 지은이류의 사고방법으로 이해할 수 있다. 이러한 태도를 드러내 보이는 글로는 「孔사장의 죽음」(「글방선생」 소재-이 글은 페스탈로찌 연작의 제 2번을 지은이가 개작한 것이다.), 페스탈로찌 연작 3(거인), 4(창과 방패), 8(돈), 10(세월), 「시일로미터의 불빛」(「대구소설」 제 3집 소재-이 글은 페스탈로찌 10의 속편이다.) 등이 있다.

이들 중에서 「孔사장의 죽음」은 공충식(孔忠植-이 글의 끝 부분에는 '공자선'이라고 바뀌어 있다. 이것은 지은이의 의도적인 냉소를 드러낸다.)사장이 죽어서 저승의 심판을 받는 내용이다. 주인공은 자신의 살아서의 악행은 말하지 않고 선행만을 부풀려 말하는데 재판관이 천사를 따라가라고 해서 가 보니 지옥이더라는 내용을 가지고 있다. 얼핏 단순한 이야기일 수 있으나 지은이는 이 글에서 부정한 치부의 추악한 방법과 그러한 재물로 위장하는 가식적 자선을 풍자하고 비난하는 데 글의 중심을 두고 있다. 공사장은 뇌물을 주고 탈세하고, 그린벨트를 해제시켜 떼돈을 벌었으며, 아파트 당첨권에 투기하여 돈을 벌고, 전세 계약금을 교묘히 떼어 먹고 여학생들을 일본에 기생으로 수출하여 치부하였다. 그는 포장과의 신군을 해고하며 구둣발로 머리를 짓뭉갰으며 경리과의 미쓰김을 임신시키고 미쓰장을 데리고 자다가 복상사했다. 그런 공사장은 방범위원으로, 조기축구회 고문으로, 학교 육성회 회장으로, 이른바 자선을 빛나게 했다. 물론 그는 지옥으로 간다. 윤장근은 현실적으로 졸부들이 자선을 한다며 그 추악한 돈으로 위선의 가면을 사서 쓰는 사실에 대해 자신이 가진 부정의 태도를 보이고 있는 것이다. 다만 그가 발견한 부정의 방법은 현실 세계에서 통하지 않는 권선징악을 초월적 세계에서 적용되도록 함으로써 현실적으로는 우회적인 비난 이상의 효과가 없다는 특징이 있다.

「거인」은 '형'으로 상징되는 권력지향적 속물들의 횡포가 선량한 교사를 얼마나 파괴할 수 있는가 하는 두려움과 분개를 내용으로 하고 있다. 형은 주인공 김선생에게 언제나 대단했고 냉정했다. 형은 대학의 총학생회장을 지냈고 국회의원에 출마한다고 김선생의 집까지 날려버렸다. 김선생은 노모를 모시고 가난한 교사로 살고 있으며 형의 아들인 팔식은 김선생의 학교에 다니고 있었다. 그 팔식이 대학원서를 쓰면서 담임과 상담을 하는데 경찰대학을 지원하는 말에 김선생은 흥분을 하게 된다.

> "똥파리 될려구요. 뇌물도 받구요. 맘에 안 드는 놈들 죽여 놔야죠.
> 어쨌든 큰소리치고 권력 휘두르려면 경찰대학이 좋을 거예요."

김선생은 조카를 무수히 구타했고 형을 횡령으로 고발했다. 그러나 형은 김선생을 폭력과 무고로 맞고발했고, 교육위원회에서는 김선생을 부적격교사로 판정한다. 결국 이 글은 교사의 현실적 무력감을 바탕에 깔고 있다. 부정하거나 불의한 일을 한 기억이 없는 사람이 부정한 거인의 횡포에 대해서 자신을 지킬 힘조차 없이 당해야 하는 고통을 보이고 있으면서도 그 불의함을 제어할 현실적인 가능성은 보이지 않는다. 이처럼 무력해진 원인을 지은이는 교육의 파행에서 찾기도 하지만 가진 자의 위선이 정당한 판단을 흐리게 하고 있는 부조리에서 찾기도 한다. 그 예가 「창과 방패」이다.

이 글에서 김선생은 철학박사인 고아원장의 교활한 내막을 모르는 채 그들의 위장된 선행에 감동하고 자신의 앞길도 열릴 수 있을 것이라는 순진한 생각을 한다. 그러다가 동료교사의 충고를 듣고서야 자신의 착각을 바로잡는다. 동료인 박선생은 고아원하는 자들이 다 사람장수라고 몰아붙인다.

"고아들 보살피는 고아의 아버지가 돈이 어디서 나서 대학을 세워요? 그놈들 수법을 내가 다 안다고. 부잣집 사생아 맡으면 평생 교육비 받거든. 말하자면 고아 아닌 고아인 셈이지. 그들이 사람대접 받아요? 헐벗고 굶주리지요. 거기다 입양 희망자 있으면 돈받고 보내지요. 그뿐인 줄 알아요?(략)"

물론 이 글은 끝부분에 고아인 영수가 고추가 없는 중성이라는, 어찌 보면 불필요할지도 모를 군살이 붙어 있어 작품의 일관성에 부담을 주고는 있다. 그러나 이것도 지은이가 체험한 세계의 직접성에 대한 성실한 태도의 반영이라 한다면 굳이 흠으로 칠 수 없을지도 모른다. 다만 지은이는 이런 작품을 통해 가진 자의 교활함과 순진한 교사가 겪는 가치의 혼란에 대해 말하고 싶었을 뿐이다. 「돈」은 의과대학에 합격은 했으나 등록금이 없어 애를 태우는 경철과, 돈은 있으나 아들이 후보로 불합격하게 되어 속이 상한 부자 나여사를 통해, 금전이 개인의 능력보다 앞서서 대학의 합격까지 농간하는 지경에 왔음을 보이고 있다. 아들이 후보 2번이 된 나여사는, 합격했으나 학비가 없는 어려운 학생 둘을 매수하여 재수 비용과 내년도 학비를 대기로 하고 등록을 포기시킨다. 이 글에서 읽을 것은 물론 가진 자의 횡포에 대한 지은이의 부정적 시선이다. 다만 독후에 남는 것은 지은이가 현장의 교사로서 이런 류의 해결에 대해 일종의 소망을 갖지 않았는가 하는 점이다. 다음에 논할 것이거니와 지은이는 교사로서 가능하면 다수의 학생을 대학에 입학시켜야 한다는 내외적 부담을 가지고 있었을 것이며 혹시 이를 공존의 한 방법으로 여기지나 않았는가 하는 느낌이 있는 것이다. 이런 오해의 여지에도 불구하고 지은이는 부유한 학부모가 교육현장을 오염시키는 데 대해서는 명백한 반감을 드러내고 있다.

> 나여사에게는 담임 김선생이 도대체 마음에 들지를 않았다. 그 찌죄죄한 몰골에 고급 양복도 한 벌 입혀 주었고, 몇번이나 수선해서 신던 구두도 값비싼 살롱 구두로 바꾸어 신겼다. 그뿐이 아니다. 무슨 가든 무슨 가든 데리고 다니면서 불갈비도 대접했고 용돈 쓰라고 봉투도 주었다. 그런데도 그 김선생은 성현이를 다른 아이들과 똑같이 취급하고 있었다.

가진 자의 횡포가 어지럽히는 것은 교육의 현장만이 아니라 거의 모든 분야에 걸쳐 있으며 윤장근은 그들의 말로가 비참할 것이라는 점을 예감하고 이를 소설로 형상화하고 있다. 물론 이런 예감이 적중할 것인지에 대해서는 지은이 자신이 이미 초월적 세계의 도움을 받고 있으므로 논의할 바가 아니다. 가진 자의 횡포에 대해 가진 윤장근의 혐오와 이를 극복한 염려가 잘 드러난 것이 「세월」과 그 속편인 「시일로미터의 불빛」이다. 이 둘은 고등학교 동기회에서 만난 '박태천'이라는 친구와의 관계에 대한 이야기이다. 그 중 전자가 혐오에 머물렀다면 후자는 이를 넘어선 염려의 성격이 짙은 점 정도의 차이가 있다. 「세월」에서 부정한 방법으로 돈을 모으고 교사인 자신을 모욕하여 '이 소금기둥이 될 연놈들'의 욕을 먹은 박태천은 「시일로미터의 불빛」에서 그 부정한 재산이 부도위기에 몰리고 술집의 여자에게 아이 양육비를 떼어 주고 마침내 간암에 걸려 입원하는 전락을 보인다. 재물과 욕망을 향해 질주하다 그 속도를 스스로 제어하지 못해 추락하는 박태천의 모습을, 공항에서 구름의 높이를 재기 위해 쏘는 불빛을 향해 돌진하다 공군기지에 충돌하여 죽은 5만 마리의 아메리카메추라기도요새에 비유한 후자는 이미 지은이 자신이 천주의 은혜에 귀의한 종교인으로서 용서와 연민의 감정이 작중에 투영된 모습을 보이고 있는 것이다.

4.

소설이 반드시 문제인식이나 부정 비난의 내용만 가진 것이 아니라 지은이의 고백이나 소망을 담고 있을 경우라면 풍자가 최선의 기법일 수는 없고 고발이 최선의 문제의식을 드러내는 것도 아니다. 윤장근의 연작소설 가운데 페스탈로찌 선생 연작의 대부분은 현장

교사로서의 부끄러움이나 소망을 담고 있어서 진솔한 서술이 나타나고 있으며, 이들은 교사로서의 천직(天職)의식의 소산이다. 그에게 있어서 교직이란 의식주를 해결하는 방편을 넘어 하늘이 허락하신 삶의 터전이며 자신이 바쳐야 할 충성의 구체적 실천방법이다. 그가 이미 교직을 방편으로 삼지 않았으므로 잘못된 것에 대한 그의 분노는 세밀하며 학생에 대한 그의 사랑 역시 섬세한 것일 수밖에 없다. 이 글의 모두에서 말한 바와 같이 윤장근은 사는 것처럼 소설을 쓰는 사람이므로 그의 소설 또한 이러한 현장의 세밀한 사실에 바탕을 둘 수밖에 없다.

교육현장을 소재로 한 그의 소설은 갈등의 심각함이 있는 대신에 그 해결의 전망이 투명하지 않다는 한계를 가지고 있다. 이 점은 그가 가지는 갈등이 교육현장 내부의 문제라기보다 대체로 현재의 교육이 안고 있는 구조적인 문제로 인해 발생할 수밖에 없는 것들이므로 나타나는 특징이다. 윤장근에게 있어 교육에서 나타나는 문제들은 교육현장의 노력으로 치유될 수 있는 것이 아니다. 학생의 가난으로 인한 고통을 해결하는 방법도, 입시로 인한 강박감과 신경쇠약을 해결해 줄 방법도, 심지어 공부가 괴로워서 가출하는 학생을 되잡아 올 정당성조차도 가지지 못한 것이 교육의 현실이다.

「사렵다 마을의 과부」는 학생의 가난을 학교 밖의 인물이 베푸는 종교적 이유의 자선에 의해 해결하는 과정에서의 감동을 그리고 있다. 일단 인정미담의 단계를 벗어날 수 없는 이런 이야기가 소설로 형상화된 것은 지은이 자신의 체험이 가지는 진솔함 덕택일 것이다. 이 글에서 지은이가 취하는 태도는 '심영숙'씨가 익명으로 '경철'의 학비를 대고 있음을 알고 그를 만나는 마지막 장면에서 솔직하게 표현된다.

　　다시 찻잔을 들어 입으로 가져가는 그의 겨드랑이에서 은빛 날개가
　한 뼘이나 돋아나고 있는 것을 김선생은 보았다.

「조련사」에서는 고등학교 3학년을 잘 길들이는 조련사로서의 기술이 뛰어난 김선생에게 '종명'이 적응하지 못하면서 이야기는 시작되고 있다. 아버지가 달아나 홀어머니가 된 종명의 모친은, 혼자사는 혹은 동정녀인 여인에 대한 윤장근의 소설에서의 태도가 늘 그렇듯이 침착하고 깔끔한 긍정적인 여인상이다. 종명이 적응하지 못하는 것은 입시위주의 학교생활이다. 종명은 선량한 모범생이었으나 신경쇠약에 걸리게 되고 학력고사장에도 나타나지 않았다. 그러나 이 글의 끝은 어떤 해결책도 제시되지 않은 채 맺어지고 있다. 흔히 보듯이 기술자로서의 새 길을 간다든가 하는 결말을 제시하지 못하는 것도 인문계 고교의 진학담당교사인 지은이가 가진 특징일 수 있다. 어쩌면 현재의 고등학교 교육은 학생에게 입시 이외에는 생각할 여지를 주지 않는 데서 그치지 않고 교사조차 입시 이외에는 해결의 방책이 생각나지 않도록 하고 있다는 지은이의 지적을 보이고 있는 것일 수도 있다.

「영석이 이야기」에도 마찬가지의 이야기가 나온다. 이 글은 지은이가 냉소적인 어조를 깔고 있다는 점에서 「조련사」와 다를 뿐이다. 영석이는 야간자습에 불참하겠다고 하고 사나흘을 결석하기도 한다. 그 집을 방문한 김선생은 영석의 아버지에게서 현재의 교육이 비교육적임을 지적받는다. 그리고 결말은 역시 영석이 체력장에서 일부 결시하여 특급을 받지 못하는 데서 맺어진다. 화해나 해소의

전망은 아직도 찾지 못한 것이다. 현재의 비교육적 교육이 행해지는 한, 윤장근이 아니라 누구라도 이런 문제에 대한 해결책은 찾을 수 없을 것이다. 윤장근은 이러한 비교육적 현실에 대해 그 결말이 인간적 관계의 회복에 있음을 보이고 있다. 그것은 「방황하는 씨앗」 두 편에 나타난다.

페스탈로찌 연작 속에서 따로 연작의 번호를 가지고 있는 이 두 글은 인간적인 관계의 회복을 열망하는 윤장근의 태도를 보이면서 교육현장의 정의로운 외침에도 귀를 기울이고 있어 주목할 만하다. 페스탈로찌 연작의 제 9번인 그 첫편은 '성호'가 삶과 사랑이 죽어버린 교실에 절망하여 방황하면서 여자친구인 '나희'에게 보내는 편지 형식으로 되어 있다. 이 글에도 물리과의 김선생이 등장하고 그는 성호와의 인간적인 관계를 회복하기 위해 노력한다. 성호는 어른들의 욕심이 빚어 낸 통제와 경쟁의 교실에 견디지 못하고 방황하고 있다. 그런 그는 아우렐리우스 황제의 명상록을 읽고 욕심으로부터 자유로워져야겠다고 생각하며, 자신들이 보석처럼 빛나는 꽃씨라고 말한다. 그는 학교가 죽었다고 말하면서 마음에서 솟아오르는 사랑의 말을 듣고 싶어 한다.

> 선생님, 우리는 씨앗이어요. 그리고, 선생님은 그 씨앗을 싹틔우고 가꾸는 원예사예요. 속박과 통제와 경쟁과 점수와……
> 그런 것들로 만든 씨앗은 어떤 열매를 맺을까요. 선생님, 우리는 씨앗이듯이 또한 진실이고 싶어요. 우리는 사랑이고 싶어요. 우리는 자유이고 싶고, 평화이고 싶고, 아름다움이고 싶어요. 우리는 타오르는 불꽃이고 싶어요. 찰랑이는 물결이고 싶어요. 생동하는 나뭇가지이고 싶고, 푸른 하늘을 비상하는 산새이고 싶어요.

윤장근의 소설 중에서는 쉽사리 발견되지 않는 서정적 어조를 지닌 이 부분은 작중 성호의 소망을 드러낸 것으로 되어 있으나 실은 지은이의 소망이면서 그들을 이러한 상태에 이르게 하지 못하고 도리어 그 반대편으로 몰고 가는 교사로서의 지은이 자신이 가진 부끄러움의 고백으로 들린다. 이 글이 지은이 자신의 부끄러움을 고백하고 소망을 드러낸 것으로 읽히는 이유 중에 하나는 이 글의 결말부분이 가진 내용에 기인한다. 결말에서 방황하는 씨앗인 성호는 다시 책상 앞에 앉는다. 그것은 합격을 위한 것이 아니라 "보다 값진 진실과 보다 큰 평화를 우리 마음에 키워가기 위해서, 그리고 산새의 자유로운 비상을 가로막는 가시철망을 걷어치우기 위해서"이다. 이러한 결말이 바로 교사로서의 지은이가 소망하는 교육현장의 모습이다. 이 글을 통해 지은이는 교육은 이런 목적을 위해 행해져야 하고 학생도 이런 목표를 향해 공부해야 한다는 것을 말하고 있는 것이다. 이러한 결말구조가 가능한 것은 작중에서 성호의 입을 통해 교육현장의 비교육적 분위기가 충분히 전달되었기 때문이다.

교육의 이름으로 행해지는 비교육적 행태에 대한 부정을 학생의 눈을 통해 정화하고 고발하는 윤장근의 인식을 보이고 있는 것이 페스탈로찌 연작의 제 19번인 「방황하는 씨앗(2)」이다. 이 글은 시기적으로 최근작이며 작가가 교육에 대해 도달한 안목의 현재로서는 정점을 보이고 있는 글이다. 이것도 앞의 것과 마찬가지로 편지글 형식으로 되어 있어서 작중 화자의 심경이 비교적 담담하게 고백될 수 있는 기법을 택했으며, 화자는 여학생이라는 점이 다르다. 그러나 더 근본적인 차이는 이 글에서의 발신자가 전교조 활동으로 해직된 교사를 존경하고 비교육적 처사에 항거하여 학교 건물에서 뛰어

내려 부상한 학생이라는 점이다. 이 글에서도 김선생은 물리과의 가난하고 양심적인 교사이다. 그는 전교조 활동으로 해직되었으며, 그의 복직을 요구하며 '영숙'이 투신 절명했다. 영숙의 학우인 작중 화자는 그의 죽음이 헛되이 매도되고 있는 것에 항의하고 참교육을 주장하기 위해 투신하지만 부상을 입고 살아난다.

가녀린 여학생들을 아침 일곱시부터 밤 열시가 가깝도록 붙들어 놓고는 그것을 학생들을 위한 학교의 희생적 배려라니 이건 차라리 분노할 가치조차 없는 것일지도 몰라. 시험지 한 장에서조차 커미션 뜯어먹기에 바쁘면서도 자기야말로 페스탈로찌라고 으시대는 저 선생님들의 위선은 어떻고? 나희야, 지금 이런 얘기를 다 할 필요는 없겠지?

전교조 활동으로 김선생이 해직되는 이야기와 영숙이 투신 절명하고 그를 화장하기까지, 또 그 이후의 이야기가 편지글의 내용으로 재생되면서, 지은이는 성실히 가르치는 존경받는 교사가 교단에서 강제로 내몰리는 불의한 현실을 고발하면서 이런 부당한 조치로 인해 어린 학생이 받는 정신적 충격이 얼마나 큰 것인가를 보이고 있다.

윤장근은 교육의 현장에 선 교사로서 그의 페스탈로찌 연작을 통해 지금 행해지는 교육활동이 얼마나 학생들의 자유로운 발달과 교사의 창의적인 활동을 가로막고 있는가를 형상화하고 있다. 일부 희화적으로 풍자된 교사를 제외하면 모든 양심적인 교사들은 가난 속에서 자신의 천직을 수행하고 있으며, 각박한 상황 속에서도 인간적인 교육의 실천을 위해 다각적인 노력을 보이고 있다. 그러나 그를 둘러 싼 교육환경은 강한 장벽으로 그러한 노력을 무력화시키고, 심지어 점수의 노예가 된 학생들조차 교사의 인간적인 노력을 무시하고 매도하기 일쑤이다. 더욱이 사립학교의 경영자들이 가진 반교육적 태도는 교육 자체를 황폐하게 하는 역할을 하고 있다. 한 성실한 생활인으로 소설가 윤장근은 이러한 현실을 담담하게 경험하고 있고 이를 부단히 문학적으로 형상화하고 있다.

윤장근의 소설이 첨예한 갈등이나 자극적인 결말을 가지지 않으면서 현실적 감동을 잃지 않는 이유도 여기에 있을 것이다. 그의 소설은 작가가 상정한 이념의 주입이나 선험적으로 확정된 지표의 설득을 위해 쓰이고 있지 않다. 그의 글에서 지은이를 대신하는 선량한 김선생은 반드시 자신의 생각만이 옳다고 주장하지는 않으며 혹 자기 생각과 다를지라도 그것이 현실적으로 학생의 장래를 위해 도움이 된다면 이를 수용하는 태도를 가지고 있다. 그것은 그가 가진 소망 자체가 갈등의 구조를 가졌기 때문이다. 그는 진실로 인간적인 교육 곧 참교육을 하고 싶다는 소망과, 현실적으로는 교사로서 많은 수의 학생을 대학에 합격시키고 싶다는 소망을 가지고 있는 것이다. 그러므로 이 두 소망의 갈등이 해소되지 않은 상태에서 쓰이고 있는 그의 소설들은 과감한 기울어짐을 드러내지 못하고 갈등의 균형상태에 머물러 있는 것이다. 일견 범상한 이야기처럼 느껴지는 일들을 지속적인 관심으로 지키고 있는 이유도 그것이 곧 살아가는 이야기이기 때문일 것이며, 그의 소설이 대단한 감동은 주지 못하면서도 읽을만하게 여겨지는 이유 또한 그와 같을 것이다.

5.

갈등은 반드시 소설 속에 형상화되어야 하는 것이 아닐 수도 있다.

윤장근의 소설이 도달한 또하나의 핵심은 천주교이다. 이미 비일상적 세계로서의 초월적 질서를 상정한 인식방법인 종교적 귀의는 그 갈등의 중심을 작품의 바깥에 두고 있는 것이다. 윤장근의 소설이 이러한 경우이다. 그는 「부활」 연작과 그 이후의 작품을 통해 신실한 신도로서 천주에 대한 경외와 귀의를 드러내고 있다. 물론 이러한 태도는 이미 페스탈로찌 연작 제 5번 「사렙다 마을의 과부」와 제 13번 「안나를 위하여」에서 드러나기 시작한 바 있다. 전자에서는 천주교의 독실한 신자인 심영숙이 익명으로 가난한 학생을 돕는다는 이야기가, 후자에서는 윤연희가 딸을 잃고 천주교에 귀의한다는 이야기가 전개되어 있다. 이들과 「부활」 연작의 글에 작중 갈등이 없는 것이다.

「부활(1)」은 노현 성당의 김신부가 돌보고 있는 '세실리아'를 통해 성모의 은혜를 깨닫는다는 내용이다. 비신자의 눈으로 보면 신비주의의 색채까지 띠고 있는 이 글은 작품의 바깥에 있는 삶과 죽음의 문제를 보이고 있으나 작중에 이에 대한 구체적인 갈등이나 고민은 없다. 이 글에서 이 갈등의 핵을 가지고 있고 이를 설명할 위치에 있는 세실리아는 밤중에 실종되고 그의 묵주가 사람 두 길 높이인 성당묘지 성모상의 손에 걸려 있기만 하기 때문이다. 지은이 자신이 고민하고 있듯이 천주교의 오묘하고 신비한 진리를 현실적인 언어로 형상화해야 한다는 갈등을 보이고 있는 글이다.

「부활(3)」은 가난으로 인해 대학을 휴학하고 은행원으로 있는 '현숙'의 어려움이 뜻하지 않은 도움으로 해결된다는 내용이다. 주지하다시피 이런 결말은 인정미담의 선을 벗어나지 못하는 것인데 작가는 굳이 부활이라는 종교적 제목 아래 서술하고 있다. 그 이유는 종교적 세계가 갖고 있는 비현실적 성격으로 설명될 수 있다. 이미 초월적 존재의 은혜를 믿는 사람이라면 구태여 객관적 현실의 가능성만으로 현실을 재단할 필요가 없는 것이다. 모든 고통의 해소라는 결말처리는 종교적 이유를 제외하고는 설명되기 어렵기 때문이다.

「부활(4)」는 행상을 하는 '성숙'이 삶의 고통스러움으로 쓰러졌을 때 성당의 수녀들이 그를 구해주고, 성숙은 그들이 천사로 느껴진다는 이야기이며, 「부활(5)」는 총무부장인 김부장이 회사의 교활한 인사정책으로 서무과장으로 좌천되었으나 마음을 다잡고 업무에 임한다는 내용이다. 후자는 부활 연작으로는 종교적 색채가 거의 없다는 특징이 있으나 희생적인 결심이라는 점에서는 상통하는 점이 있기도 하다. 김부장은 노조원과 친하다는 이유로 좌천되고 사표를 내고 떠나지만, 자기가 없으면 노조원들이 격해서 사태가 악화될지도 모른다는 생각으로 되돌아올 결심을 한다. 이런 태도는 지은이가 천주교인으로 보이는 희생적인 사고의 산물이기도 할 터이지만 달리는 교사로서의 지은이가 부정한 교육현실에 대해서 전면적인 거부의 자세를 갖지 못한 것과 연결될 수도 있다.

윤장근이 도달한 여러 지점을 교착하여 보이고 있는 글이 장편 「바람의 둥지」이다. 이 글은 대학의 교수인 '나'와 옛 고교교사시절의 제자인 장재희(장소란)과 친구인 박태천(이 작가의 글에 자주 등장하는 인물인데 5회에서 9회까지는 박천태로 나오다가 다시 박태천으로 나온다.) 사이의 일을 1인칭 시점에서 그리고 있다. 윤장근의 소설은 대부분 서술자가 작품의 바깥에 서서 작중의 사실을 설명하고 있는데 이 글은 주인물이 작중에서 사태를 설명하고 있다. 이것은 일반적으로 긴 소설에서는 채택하지 않는 시점이어서 약간의 부담이 느껴지고는 있으나, 주인공인 김교수의 심리추이를 읽기에 도움이 되는 바도 없지 않다. 작중의 나는 사실상 사건의 주인이 아니고 박태천과 장재희가 주인인 형국으로 사건이 진행되는데 술집을 하는 재희와 사업을 하면서 지방의회에 출마하는 박태천이 모두 돈으로 몰락한다. 부산으로 갔다는 재희를 찾으러 간 나는 처음 영세를 받던 신부를 만나러 갔다가 천주의 은혜를 깨닫는다.

이 글에서 교육의 문제점은 나의 아들인 '서환'의 일로 형상화되고 작중에 삽입된 교육부 발표로 드러난다. 불의한 재물에 대한 반감과 그에 대한 연민은 박태천의 경우로 나타나고 재희에 대한 일은 소설적 흥미를 지속시키는 효과로 쓰이고 있다. 그러나 이 모든 문제와 갈등은 천주에 대한 귀의로 결말이 지어진다. 이 글의 마지막에 쓰인 찬송가는 지은이의 인생에 대한 태도를 보이고 있다.

> 인생은 언제나 외로움 속의 한 순례자. 찬란한 꿈마저 말없이 사라지고, 언젠가 떠나리라. 인생은 들의 꽃, 피었다 사라져 가는 것. 다시는 되돌아오지 않는 세상을 언젠가 떠나리라……

6.

윤장근은 한 성실한 교사로, 또 한 신실한 천주교인으로 진정한 가치의 세계를 추구하고 있다. 진정한 가치의 입장에 서서 자신을 바라본 그는 먼저 부끄러움을 발견하고 그 고백에 힘을 쏟고 있다. 그것은 그 자신의 것일 수도 있지만 많은 것이 자신을 포함한 교사 집단의 것이며, 일부는 자신이 직접 관련되지 않은 것일 수도 있다.

다만 그는 같은 시대를 살면서 같은 일에 종사하는 사람으로서의 부끄러움을 고백하는 것이다. 이러한 고백은 불의하고 부정한 것에 대한 정확한 통찰을 요하는 것이므로 그는 먼저 부정과 비난에서 출발한 바 있다. 부끄러움의 고백이 있고 나서는 그의 소박한 소망이 드러날 수 있다. 그는 교사로서의 소망을 이야기하고 천주교인으로서의 소망을 이야기할 수 있었다. 그러나 그는 아직 갈등의 세계를 충분히 형상화하지 않았고 다양한 기법을 다 시도하지 않았다. 그의 「에로크 왕국」이나 「척사현정소」를 기억하는 독자에게 그는 여전히 많은 기대의 여지를 제공하고 있다.

아직도 우리는 윤장근의 소설을 더 기다려야 한다. 그는 아직 늙지 않았고 그의 소설은 아직 완전무결하다고 말하지 못할 수도 있으며, 그가 그렇게 소망하는 사회정의는 아직 오지 않았고 교육은 여전히 파행적이다. 그러나 그 모든 것보다 우리로 하여금 기대하며 기다리게 하는 것은, 윤장근과 그의 주인인 천주님이 이 절뚝이는 사회와 학생과 교육에 대해 가진 애틋한 사랑이 조금도 줄어들지 않고 있다는 점이다.

긍정하고 싶은 몸부림
- 이문열소설을 이해하기 위해

1. 황제를 통한 도입

이문열은 영웅이라는 낱말을 선호한다. 그는 그런 말이 제목에 들어있는 소설을 지금까지만도 두 편이나 썼으며, 제목에 쓰지 않았을 뿐 영웅에 대한 그리움이 짙게 느껴지는 소설을 다수 발표한 바 있다. 물론 이 경우의 영웅이라는 말은 「영웅시대」에서 일부러 의미규정을 해놓은 경우의 영웅과는 다른 의미이다. 어쨌든 일견 반어의 느낌까지 있는 이 낱말은 20세기의 말로 치닫는 현대의 독자와 평자에게 친근하거나 구체적인 느낌이 없을 수도 있다. 이문열의 정열적인 창작활동과 그 작품들이 얻어낸 화려한 성과에 비해 역시 수다하게 제기되곤 하는 의문과 폄하의 이유도 이런 점에 기인한 것일 수 있다. 평자가 살아보았듯이 지금은 영웅의 시대가 아니며 황제의 시대는 더더욱 아니므로 영웅이나 황제에게 적합한 사고와 행동이 평자의 잣대에 불편하게 느껴질 수밖에 없을 것이기 때문이다.

그러나 평자에게 쉽사리 감지되지 않는 낱말을 썼다는 이유로 인해 한 작품이 부담을 가져야 할 이유는 없다. 그 낱말은 작자의 의도를 잘 드러내고 있으면 그만인 것이고, 작자는 그 낱말을 통해 하고 싶은 말을 효과적으로 하고 있으면 그만인 것이다. 물론 이 점에서는 평자도 마찬가지의 권리를 갖고 있다.

이문열도 이 시대가 영웅이나 황제의 시대가 아님을 알고 있다. 그것은 그의 작품에서 영웅인 이동영이나 황제, 엄석대에게 이른 비극적인 결말로 짐작된다. 다만 이 비극적인 혹은 패배적인 결말에 대해 이문열은 다른 상징적 의미로 승리의 흔적을 남겨 놓았을 뿐, 현실세계의 입장에서 보면 분명히 실패한 인물들로 그려져 있다. 이런 인물들에 대해 지은이가 관념적인 언어에 의한 승리의 표현을 덧붙인 것은 이들에 대한 그의 애착과 자기투영의 한 변형일 것이 틀림없다.

황제에 대해 그가 접근하는 방식은 희화를 가장한 직설이었을 가능성이 높다. 그 글의 진행 전반을 통해 "비방하는 자", "적대하는 자"로 가장된 논리적 세계의 개입은 바로 그 "비방하는 자", "적대하는 자"라는 설정에 의해 차단되고 있다. 시종 황제의 행동과 이른바 "천명"의 존재를 희화화하고 있는 그 목소리를 제시하고 그에 대한 비논리적인 해명을 보이고 있는 이 방법은, 지은이의 진정한 의도가 그 논리적 반론에 있는 것으로 가식함으로써 지은이 자신이 황제와 거리를 가지고 이 일을 서술하는 듯이 보이게 하고 있지만, 그 반론의 지나친 논리와 냉정은 이 글의 소설적 개연성을 높이기 위해 설정된 것일 뿐이다. 만약 지은이가 희화를 꾸밀 생각이 있었다면 그는 영웅에 대한 그리움조차도 부정해야 하는 논리적 세계를 그 대상으로 삼은 것으로 보인다. 글의 말미에서 황제는 승리를 선언하고 있으며, 이미 부단한 개입으로 그 설득력을 상실하고 희화화된 바 있는 논리의 냉정함은 이 승리를 뒤집을 수 없게 되었다.

그대와 함께 한 지난 60년의 꿈은 한결같이 신산스런 것이었으나 그 마지막은 영화롭기 그지없었으니, 짐은 크고 큰 도의 문을 그 꿈 속에서 지났노라. 원래 지극한 것은 말로 전할 수 없는 터이라 공에게 뚜렷이 전할 수 없음을 매양 애석히 여겨 왔으되, 공은 믿으라. 비유컨대 우리의 삶을 전장으로 여긴다면, 짐과 그대가 이룬 것은 그 커다란 승리였으리라. 한바탕 꿈이라도 누구든 꾸어보고 싶은 꿈이었으리라.

객관적으로 명백히 패배한 황제가 이처럼 승리를 선언하는 것은 무슨 근거에 의해서인가. 그것은 이 작품이 보여주고 있는 주관성 혹은 관념의 우위에 의해서만 설명될 수 있다. 이 경우에 전제되고 있는 의문은, 근래 소설의 창작과 평가에 있어서 전가의 보도로 쓰이고 있는 사실성이라는 말과 현실적 과학성이라는 생각은 과연 글 짓는 자의 자유로운 창조력을 부당하게 왜곡하거나 구속하지 않을만큼 예의바르고 사려깊은가 하는 점이다. 황제가 가지고 있는 덕치와 인의의 장점은 아무래도 객관이 승한 이 시대로는 단점이 될 수밖에 없다. 이 시대의 요구와 결합되지 않아서 단점이 되어버린 이 구시대적 장점을 반드시 불필요한 것이라거나 실현불가능한 것이라고 말하고 마는 것은 이문열에게는 지나친 가혹함이다. 그는 그의 작품 도처에서 이러한 구 가치들의 의미있음을 말하고 있기 때문이다. 이미 시대는 환상을 버렸고, 그 버림으로 인해 시대는 더욱 외롭고 구원없음에 빠져버렸지만, 이 시대에 사는 사람들은 자신들이 그런 처지에 빠졌음을 인정하고 있지 않을 뿐만 아니라 도리어 회고적 사고에 대해 적대적인 태도를 가지기도 한다. 그것은 사실이며 지은이에게도 그것은 인식되어 있다. 그러므로 그는 자신의 작품에서 현실적인 승리를 그리지는 못하고 있는 것이다. 그럼에도 그가 그토록 열심히 영웅과 황제를 그리고 있는 것은 현상적이고 과학적인 사고가 가진 피할 수 없는 결함을 알기 때문이다. 그것은 그들의 외로움이 될 것이고 마침내 구원의 갈망으로 변할 것이기 때문이다.

이문열에게 있어서 지나치게 현실적인 사고와 과학적인 입증주의는 회피할 것으로 취급된다. 그것은 그의 한계라기보다 능동적인 배제의 결과로 보는 것이 합당하다. 연보에 의하면 그의 행적 자체가 이미 현실적이고 합리적인 문학행위를 하기에는 불편하게 짜여 있다. 자신의 회고를 믿는다면 그는 현실적인 사고와 행동이 불가능하므로 좌절된 것이라기보다는 그것의 가치가 매력있지 않으므로 회피한 것으로 보인다. 모든 경우 하나의 원인에 따른 결과가 하나여야 한다는 생각은 도식화와 극단주의의 위험이 있다는 것이 그의 글 도처에 경고되어 있는 것도 그런 태도의 표현이다. 그는 문학을 현실의 직접적인 대응으로 파악하는 태도에 대해 거부하는 자세를 가지고 있다. 그런 태도는 문학을 합리적 사고의 한 생산물로 보기가 쉽기 때문이다.

이러한 생각의 집약으로 형상화된 인물이 황제이며, 그 황제를 그리고 있는 동안에 이문열은 황제의 시대착오적 행동을 명쾌하게 난도질하고 있는 과학적 사고에 대해 의뭉하고 어눌한 반론으로 희화를 만드는 데 성공하고 있는 것이다.

문제는 이런 태도를 가진 이문열이 처음부터 써야 할 "그 얘기"의 인물이 이동영이라는 사실이다. 물론 허구화된 이름에 마찬가지의 행적을 가진 인물이기는 하지만, 본인이 고백했듯이 가족사라는 부인할 수 없는 사실의 무게를 가지고 본다면 아나키스트 또는 코뮤니스트라는 지극히 과학적이고 만병통치적인 세계관을 가진 인물을,

그것도 온전히 부정만 할 수도 없다는 점에서 이 글을 써나가는 이문열의 자세는 눈여겨 볼만한 바가 있다.

2. 찬양과 옹호의 교착

이문열의 소설 「영웅시대」에는 두 가지의 인물이 드러난다. 그 중 하나는 지은이에 의해 상세하고 치밀하게 그 행위와 감정의 변화가 설명되는 인물이며, 다른 하나는 이문열의 이른바 관념편향적 태도에 의해 평면적으로 설정되고 서술되는 인물이다. 이러한 분류는 또한 작자가 이들에 대해 가지고 있는 경험이나 심리적 태도와 무관하지 않을 것이다.

전자, 곧 지은이가 직접적인 경험으로 체온을 느끼면서 서술한 인물은 시어머니(천전댁)와 며느리(조정인)이다. 이들은 정인이 한때 남편의 영향으로 여맹의 일을 보았을 뿐, 정확하게는 정치적 이데올로기와 관련이 없는 사람들이다. 그러면서도 이들은 지은이에 의해 적극적으로 긍정되고 있다. 특히 <돌내골 암펌>이라는 별명을 듣고 있는 천전댁에 대해 지은이가 보이는 태도는 단순히 작중의 한 인물에 대한 작자의 애정을 넘었다는 오해조차 가능할 만큼 자상하고 치밀한 바 있다. 정인의 회상으로 나타나는, 신혼 초기 시어머니가 베푼 자애는 과장된 느낌조차 주는 것으로 거의 이상화된 시어머니의 모습을 보이고 있다. 외아들이 체제의 적대자가 되면서 겪어야 했던 엄혹한 시련과정이나 그 아들을 영원히 볼 수 없게 된 뒤에도 놀라운 의지로 가정의 유지와 중흥을 위해 젊은 며느리와 어린 손자들을 이끄는 자세는, 지나친 이상화를 피하려는 작자의 조심스러움과 함께 이 인물을 그로테스크한 감은 있는 채로 인상적인 성격으로 형상화해 놓았다.

정인에 대한 태도도 그와 같다. 더욱이 이 인물에 대해서는 시어머니에게는 쓰지 않던 심리표현까지 씀으로써 더욱 설득력을 높이려는 노력을 보이고 있기까지 하다. 토호양반의 귀한 딸로 부족을 모르고 꽃같이 자라 명문재자 호청년의 아내가 됨으로써 유족과 행복이 동시에 보장될 것 같던 그녀의 삶은, 남편이 공산주의자가 됨으로써 여지없이 깨어지고 과부인 시어머니보다 더 고통스러운 적대받는 생과부의 그것으로 변모하지만, 그녀 역시 이성과 감정을 분명히 조절할 줄 아는 지혜로운 여성의 모습을 보이고 있다. 이러한 조절의 결론은 시어머니가 삶의 한 방패로 삼은 기독교에 거의 진실한 믿음으로 귀의하는 결말로 맺어져 있다.

이들 둘은 지은이가 구체적인 삶의 실천자로 파악한 등장인물이다. 이들의 생애가 역사의 한 희생물인 것은 틀림이 없지만 이문열은 그 책임을 따지고 해소하는 데에 시선을 둔 것이 아니라 그들이 그 속에서 살아남는 모습을 그려내는 것으로 관심의 방향을 돌리고 있는 것이다.

이들에 비해 현저히 다양한 인물과 삶을 제시하고 있는 것은 후자, 곧 관념적으로 설정된 인물의 경우이다. 당연히 이동영을 중심으로 하여 그 주위에서 나타났다가 사라지는 여러 인물에 대한 것으로, 이들에 대한 작자의 태도는 긍정이나 부정의 한 편향이 아니라 단순한 서술이거나 최소한 이해는 할 수 있다는 정도이다. 이동영을 둘러싸고 있는 인물들, 박영창이나 윤상건, 안나타샤, 박영규, 김철, 강현석 등은 앞의 시어머니나 정인이 받은 바 있는 따뜻하고 곰살궂은 시선을 받지 못하고 있다. 이들은 개별적인 이름이 아니라 한 관념의 덩어리로, 작자가 이미 설정해 놓은 인물유형의 운명을 따라 평면적으로 명멸하고 있다.

박영창은 아나키스트에서 코뮤니스트로 방향을 전환한 사람으로 동영의 스승이며 사상적인 지도자이다. 그는 남로당 출신의 지도자가 숙청의 예감에 시달리는 모습을 드러내라는 작자의 부름을 받았으며, 확신하는 것보다 행동하는 것이 얼마나 많은 제약과 장애를 안고 있는가를 보여준 뒤 "초라한 도망자보다는 비열한 동지들에게 처형당하는 쪽을 택하"는 인물이다. 그는 의지의 순결함이 반드시 역사실천 속에서 긍정되기만 하는 것이 아님을 보여준다. 그런 점에서 몰락의 예감을 가진 채 자살에 가까운 옥쇄를 통해 공화국의 영웅으로 남기를 택하는 김철의 경우도 마찬가지이다. 이들을 바라보는 작자의 시선은 비교적 부드러운 편이다. 특히 그들의 종말이 가까울수록, 그래서 그들이 혁명적 열정의 언어보다 인간적 연민이 가능한 말들을 하게 될수록, 작자는 그들의 고민과 노력을 안쓰러운 어조로 그려내고 있다. 박영창은 자신의 몰락이 예견되는 상황에서 동영을 찾아왔다가 자신의 방문이 동영의 장래에 불리하게 작용할 것을 우려하여 함께 밤을 지내지 않고 돌아가면서 "그래도 자네를 돌이킬 수 없는 곳까지는 끌고 가지 않은 것이 위로가 되네."라고 말한다. 그의 신념대로라면 명백히 패배주의자의 비난을 면할 수 없는 이런 발언을 하는 그에 대해 작자는 그 눈길이 "그때껏 동영이 그에게서 느꼈던 그 어떤 눈길보다 다정하고 그윽했다."고 서술했다.

윤상건은 동영의 젊은시절 동지로서 일제 말기의 전향을 계기로 청산주의에 이어 대한민국의 경찰간부로까지 방향을 바꾸는 사람이다. "파괴와 건설을 아울러 수행해야 하는 그 비상한 노력에 자기를 던지는 인간들"이라는 이 작품의 영웅개념에 의하면 그는 영웅이 아니다. 영웅이 아니면서 영웅시대에 등장했으므로 그의 역할은 짧고 부정적일 것 같으나 작중에서 그 반대의 설정이 나타난다. 윤상건과 동영의 논쟁은 상세하고 진지하게 묘사되어 있고 시어머니와 정인을 구하는 그의 노력은 일면 감동적인 인정삽화의 모양까지 갖추고 드러난다. 더욱이 나중 동영의 관할에 체포된 그가 동영과의 심문에 가까운 대화를 나누는 가운데도 동영의 가족을 도운 이야기를 전제하지 않는 것은 그의 인격 자체에 대해서까지 작자가 배려한 흔적도 보이고 있는 것이다. 더욱이 그가 빨치산의 공격으로 아내와 가족을 학살당한 경험까지 고려한다면, 이미 인정의 소중함을 강조하기 시작한 이 작품으로서는 특이하달 수도 있는 인물설정이다. 이 인물을 통하여 독자는 작자의 세심한 배려가 편향되게 작용하고 있음도 알 수 있다. 그것은 강현석과의 대비를 통해서이다.

강현석은 만석꾼의 서자, 통천이, 가출, 흉악한 외모, 파괴의 광기 등으로 집약되어 있는 인물이다. 그는 빨치산의 대장이지만 공화국의 지시나 통제와는 거리가 있다. 반드시 인민재판을 열어 처형하고 무자비한 살육과 보복을 자행한다. 글 속에서의 역할은 산중투쟁에서 필녀를 임신시켜 정인 고부에게 떠맡김으로써 그들의 고통을 가중시키는 것일 뿐, 그의 파괴적이고 거의 자포적인 투쟁은 충분한 설득력을 확보하고 있지 않다. 작자는 그의 배경이나 외모로 인한 소외가 낳았을 필연적인 파괴의 신앙에 대해 당연히 붙일 법한 관념적인 설명을 전혀 가하지 않는다. 지배계급 출신의 다른 등장인물에 대해 거의 소설적 결함이라고까지 지적되곤 하는 관념의 과다노출이 이 인물에 대해서만은 배제되어 있는 것이다.

안나타샤는 안명례의 소련식 이름이면서 북한에서의 정치적 이름이다. 그녀는 일제시대 농촌활동에 참가한 동영을 오송리 그녀의 고향에서 보고 새긴 연정만으로 이 소설의 시종을 관통하고 있다. 그녀가 몸을 내던져 이룬 정치적 성과도 비현실적인 바 있지만 그것은 그 정치적 조직의 불가해한 면이라 하고도, 동영을 위해 그녀가 행하는 사랑과 배려는 그들 재회의 우연성만큼이나 비합리적이다. 적어도 이 작품에 의하면, 안나타샤의 위치에 있는 사람이 남로당 출신의 간부를 비호했을 때 받게 되리라고 여겨지는 불리나 정치적 타격은 치명적일 것이다. 그것을 작중 누구보다 잘 알고 있는 안나타샤가 동영에 대해 보이는 집착은 그녀가 소련과 국내에서 행한 정치적인 행동의 계산적인 성격에 비해 작위적이라고 보일 만큼 일방적이고 비논리적이다. 작자는 이 모순을 감지했을 것이며 그 성격설정의 결정적 파국에서 벗어나려는 노력을 했을 것이다. 그렇다면 그것은 동영을 일본으로 밀항하게 하고 체포하는 행동을 설정한 것이다. 그녀는 "수고는 적어도 소득 많은 그 사랑으로" 돌아가겠다고 말했으며 동영이 탄 배를 체포한다.

이처럼 많은 평면적 보조인물을 거느린 동영은 관념적 공산주의자이다. 그는 그의 관념성이 가진 치열한 분석과 논리로 인해 이념의 실현상태에 대해 회의를 갖게 되고 마침내 그가 택한 정치체제 안에서 몰락하는 역할을 담당하고 있다. 그는 명문의 사파 종손이며, 개인사와 민족사의 비극을 힘차게 헤쳐나가는 여걸이 혼신의 노력을 바쳐 길러낸 외아들이다. 그를 사로잡은 혁명의 열정은 수많은 에세이류 진술에서 보이듯이 관념적 논리로 치장된 것이어서 직접적인 행동에서는 그를 생각만큼 몰두하게 하지 못하고 있다. 그의 관념적 혁명열도 그것 자체가 현실적 실현의 여러 경우와 변수를 상정한 것은 아니어서 장애에 부딪힐 때마다 확신이 흔들리면서 회의하는 태도를 보이고 있다. 이 인물류에서는 유일하게 작자는 동영의 심리에 초점을 맞추어 놓고 그의 내면에서 일어나는 회의나 자각을 그려내고 있지만, 그 묘사의 목적 자체가 그를 한 확고한 공산주의자로 형상화하려는 것이 아니어서 고민하고 좌절하는 한 인간으로 그려내는 데 도달하게 되었다.

이문열은 공산주의자로서의 이동영을 소설의 대상으로 삼지 않았던 것이다. 그는 작품외적 이유로 인해 부정이 불가능한 한 인물, 어떤 불리를 입더라도 마침내는 긍정해야 할 인물에게 그 인물이 긍정될 수 있는 논리와 성품을 부여하려는 노력을 하고 있는 것이다. 일찍이 <이데올로기 비판이란 목적성>이라는 선행관념에의 편향으로 지적된 바 있거니와 그가 만약 그런 편향을 가졌다면 그 이유는 이데올로기 옹호를 통해서는 그런 논리나 성품을 부여할 수 없었기 때문일 것이다. 어쩌면 이문열은 이 소설에서 이데올로기 문제를 다루지 않았을지도 모른다. 그것은 그가 가진 목적의 범위 밖에 있는 것이고 목적의 범위 밖에 있는 것을 애써 다루어야 할 필요는 없었을 것이기 때문이다.

이문열에게 있어서 민족사로나 가족사로나 분명히 비극이었던 시기를 헤쳐나온 두 여인에 대해서는 찬양이라는 전제가 쉽사리 작용할 수 있었을 것이다. 그러므로 그들을 소설 속에서 형상화하는 데는 치밀하고 애정어린 손길이 갈 수 있었던 것이다. 그러나 누차

본인의 입을 통해 들은 바와 같이 생래적으로 긍정할 수 없는 전체주의의 형태를 가지고 있는 공산주의자, 만병통치의 태도로 사태를 재단하는 생각을 가진 사람들 중의 한 사람도 긍정해야 하는 데는 분명히 소설가로서의 고심이 있었을 것이다. 그것을 작자는 관념에의 편향이라는 방법으로 풀어보려 하였다. 그를 속속들이 박힌 공산주의자로 만들기보다는 인간의 가슴을 가진 이상주의자로 끌어가는 것이 그것이다. 그것이 공산주의가 아니라 하더라도 이상의 성격을 가진 것이라면 이 소설이 보이는 정도의 이념적 정당성과 낙관적 전망은 가능할 것이다. 또 마찬가지로 그것의 실현은 그것이 마침내 이상일 뿐이었다는 것을 입증할 수 있을 것이다. 그렇다면 이상에 대한 경도는 지식인으로서 언제든지 가능한 것이고 그것의 실현이 실망스러울 때 보이는 회의 또한 얼마든지 가능한 것이며 도리어 지식인의 정직함을 여실히 드러내는 한 증거로 작용할 수도 있을 것이다.

이 소설 속에 이동영이 가진 공산주의적 사고에 대해 지은이의 적극적인 부정이 나타나지 않는 것도 이처럼 이해될 수 있다. 그는 소설내적 시간보다 훨씬 뒤의 일인 1980년대 후반 문학비평의 약간의 비난에 대해서 『시대와의 불화』라는 선명한 제목을 내걸고 "내면적 깊이 없는 정신적 유행으로서의 진보와 혁명"이라는 극언으로 몰아붙인 바 있다. 그 단호한 부정의 어조를 가진 그가, 그보다 현저히 치열하고 현실적인 공산주의와 공산주의자에 대해 적극적인 부정을 가하지 않았다는 것은, 그가 이 글의 주인공 중 한쪽이랄 수 있는 동영을 인간의 가슴을 가진 이상주의적 지식인으로 파악하려 노력한 증거가 될 수 있는 것이다.

3. 추구와 삶의 갈림

이 소설의 이야기축을 이루고 있는 세계는 남성의 세계와 여성의 세계, 정치적 추구의 세계와 가족적 생존의 세계로 나뉘어진다. 지은이는 남성의 세계를 정치적 이상이 지배하는 세계로 그리면서 그것은 현실적인 삶의 고통스러움을 넘어서는 관념의 세계라고 규정하고 있다. 거기에 대해 여성의 세계인 가족적 생존의 고통스러움에 대해서는 세심하고 치밀한 묘사와 해설을 아끼지 않았다. 물론 자연적인 성별로 본다면 여성인 안나타샤나 필녀가 남성의 세계에 끼어 있기는 하지만 그들은 남성세계의 한 변형이거나 보조적 인물에 지나지 않아서 그 세계의 성격을 변화시키지는 못하고 있다. 그와 마찬가지로 정인과 시어머니가 겪게 되는 세계에 속한 인물 중 남성이라 할지라도 그 세계의 성격을 변화시키지 못하는 것은 전자와 같다.

이문열은 이런 두 갈래의 이야기를 통해 어느 한 줄거리만이 중시되어야 한다는 생각에 대해 문학적 반격을 시도한 것으로 보인다. 남자, 지식인이면 모름지기 진보적 사고로 추구하는 바가 있어야 하고 그것을 위한 희생의 무거움은 비교적 쉽게 간과될 수 있어야 한다는 생각이 있다면 그것이 이 반격의 대상에 포함될 것이다. 이 소설을 통해 이문열이 보이고자 한 것은 동영이 추구하는 세계의 타당함이나 부당함이 아니라 그것도 사람이 살아가는 과정의 한 모습이라는 점이다. 어느 시기에나 시대와 맞지 않는 이상주의와 그 추구자들은 있기 마련이고 그들이 가진 이상에의 확신도 늘 가능한 것이며 또 그것에 대한 회의나 실패의 예감도 불가능한 것은 아니라는 것이다. 그러므로 차라리 영속하는 것은 가족을 중심으로 한 생존의 세계이며 소설이 삶의 이야기를 그리는 것이 분명하다면 그것이 대상이 되어야 한다는 생각을 드러내고 있는 것이다.

어차피 장편소설은 작중 사실의 구체적 생동성이라는 압력이 강한 형식일 수밖에 없다. 그렇다면 아무리 관념이 승한 작가라고 할지라도 이 소설처럼 관념적인 인물의 관념적인 독백을 많이 끼워넣는 것은 부담이 될 것이다. 사실 이 소설의 경우 독백은 동영의 것으로 표시된 것만이 아니라 동영을 둘러싼 다수의 공산주의자들이 하는 대화를 포함하고 있다. 그들의 말은 구체적 실현으로서의 말이 아니라 관념의 토로인 文語일 경우가 많다. 이런 부담을 무릅쓰고 지은이가 이처럼 쓴 것은 앞에서 말한 바와 같이 동영을 공산주의자라는 도식적 경직성에서 빼내기 위해서이다. 그는 고민하는 지식인일 뿐, 공산주의자라는 "설익은 사상의 毒氣"의 주인공으로 만들고 말 수는 없었다. 그러기에는 지은이가 동영에 대해 가지고 있는 짐이 너무 컸기 때문이다. 만약 이 소설에 지은이의 선행관념에 의한 전제가 있다면 그것은 이데올로기 비판이 되기보다는 동영이라는 인간의 모습이 되어야 한다. 동영은 일제 시대라는 특수한 상황에서 선택하게 된 사상으로 인해 처음에는 자의로, 나중에는 회의하면서 공산주의자의 삶을 살아가게 된, 고민하는 지식인이어야 했다. 그것은 사실 사건의 외형적 전개에 의해 이루어낼 수 있는 변모라기보다는 관념적인 고민과 재선택을 통해 도달되는 것일 수밖에 없다. 그것이 이 소설을 관념이 승한 글로 만들게 된 것이다.

이 소설을 읽으면서 동영의 세계에만 집착하여 그것의 시대적 의미나 소설적 구현만을 문제삼는다면 그것도 무리는 있다. 이 소설에서 작자는 성실하고 진지하게 정인의 세계를 보여주고 있기 때문이다. 그것도 어느 위대한 독립운동가의 모친처럼 이념적으로 위대한 여성상을 보이고 있는 것이 아니라 고통받고 부대끼면서 생존 그 자체만을 위해서 허덕이는 여성의 모습을 보이고 있는 것이다. 역사적으로 고난의 시기에 있을 때 여성이 그 전환의 일선에서 추구하는 자의 일원이 된다면 그것도 한 인물유형이 되겠지만, 당시 실제 생활의 보편적인 모습을 전제하고 본다면 정인의 삶은 남다른 점이 있는대로 실제적인 여성의 삶을 보이고 있다.

역시 앞에서 본 바와 같은 영웅의 개념에 따른다면 정인도 영웅은 아니다. 정인의 삶도 영웅의 그것과는 거리가 크다. 그런데도 지은 이는 정인고부의 고통스러운 역정을 세밀하고 흥미롭게 추적하고 있다. 정인이 지하공작에 잠시 참여한 것이나 여맹의 일을 본 것도 남편 동영의 압도적인 설득력에 의한 것이지 자각적인 의식에 의한 것이 아니다. 그녀는 남편과 만나지 못하게 된 이후의 여러 사태를 겪으면서 남편에 대한 그리움에 불타기는 하지만 남편의 이념에 경도된 행동은 보이지 않는다. 그녀는 자신의 몫으로 지워진 시어머니와 훈이사남매의 생계만으로도 벅차며 고통스럽게 이 고난의 시기를 살아가고 있다. 그녀에게 보이고 있는 작자의 태도에 의하면 그 삶이야말로 진지하게 서술되어야 할 현실성일 수도 있다. 더욱이 최종적으로 그녀에게 보내는 긍정적 어조의 증거는 기독교 세례를 둘러싼 심경변화 장면이다. 논리로 이룰 수 없고 설명될 수 없는 종교적인 귀의의 장면을 일견 신비롭기까지 한 꿈이나 환상의 장면으로 처리하면서까지 그녀를 기독교 세례교인으로 만들어가는 과정은 작자가 겪은 사실의 무거운 압력이 될 수도 있지만 그가 논리를 넘어서까지 긍정하고자 한 삶의 참 모습과 관련되어 있다.

정인의 세계에 속한 다른 중요한 인물의 삶이 그녀의 시어머니의 그것이다. 삼십 전에 홀로 되어 동영만을 至上의 목표로 하고 살아온 거세고 자상스러운 이 할머니에 대해, 그 신산스럽고 고행의 기미마저 있는 인생역정을 지은이는 단순한 서술 이상의 긍정적 태도로 미화하고 있다. 그것 역시 경험의 무게로 인한 것이었다 하더라도 소설 내에 형상화되어야 할 등장인물로서는 부담이 될 터이지만 지은이는 그것을 마다하지 않는다. 그녀의 삶은 혁명적 열정에 자신을 던진 투사의 어머니다운 뜨거움이나 열렬함이 아니라, 아들을 대신하여 가장의 한국적 책무를 담당해야 하는 여장부의 늠름함을 보이는 과정이다. 만약 그녀가 공산주의를 긍정한 적이 있다면 그것은 전적으로 그의 아들이 그것을 긍정하기 때문이지 그밖의 어떤 이유도 거기에 끼어들 수 없다. 지은이는 그것을 삶이라고 보는 것이다. 적지않게 과장 또는 미화된 느낌이 있는 채로 그녀의 삶이 생동성을 갖게 되는 것은 그 너무도 익숙한 생각과 삶의 방식 때문이다.

이문열은 이 소설을 통해 추구하는 자와 살아가는 자의 이야기를 구분하여 들려주고 있다. 그 두 갈라진 이야기 중에서 그는 추구하는 자 쪽에다 좌절의 몫을 지워놓고 있다. 그러나 그 좌절은 추구하는 것이 지고지선이 아니라는 관념적인 문제이지 그가 설정한 중심인물을 패배시키는 것은 아니다. 이 소설을 통해 패배한 자를 찾으란다면 그것은 동영이 추구하던 순수상태의 이념이 될 것이다. 이 소설에 의하면 북한도 그 이념의 순수한 실현형태는 아니다. 그것은 이미 권력의 맛을 안 자들이 자신들의 몫을 놓고 피흘리며 다투고 속이고 음모를 꾸미는 혼란한 싸움터이다. 그것은 이동영이나 박영창이나의 세계가 아니라 안명례가 아닌 안나타샤의 세계이다. 동영이 추구하던 순수이념은 패퇴하여 역사에서 물러앉았다. 그러면 동영은 패배하지 않은 것인가. 지은이는 동영을 패배시키지 않으려고 안타까울 정도의 노력을 보였다. 그는 일본으로 밀항하기 직전에 그 밀항을 포기함으로써 결정적인 패배에서 풀려났다. 그는 그때 독백으로 자신의 패배를 거부했다.

　　돌아가리라. 가서 싸우리라. 만약 패배한다면 패배한 그 땅에서 죽을 일이다……

　이로써 그는 이념을 저버리지 않았고 동지를 배반하지 않았으며 비열한 도피자의 낙인에서 벗어났다. 오랜 회의와 불확실한 행동, 그리고 관념적인 독백의 반복으로 그는 흔히 말하는 공산주의자가 아니라는 것을 보였고, 밀항의 기회를 거부함으로써 인간적인 열패자도 아니라는 것을 보이게 된 것이다. 그러나 지은이는 그 과정 속에서 동영의 입을 빌어 그가 추구한 바 있는 이데올로기의 허구성을, "한 비뚤어진 천재의 어두운 열정이 빚어 낸 오류의 연쇄", "눈앞에서 자식이 굶어죽는 꼴을 봐야 했던 한 박식가의 거대한 경제 컴플렉스가 산출해 낸 편면적인 역사해석과 파괴의 독기서린 예측"이라는 말로 집어낼 수 있었다. 그것이 진정으로 사회주의 이념을 이해한 말인지의 여부는 차치하고라도 이문열은 이로써 동영을 그 이념의 강박에서 뽑아 내어, 추구하며 사는 자의 한 모습으로 형상화하는 데 이른 것이다. 그가 추구한 것은 나중에 덧칠해진 이데올로기의 색깔을 제외하면 그의 외오촌 김시광이 가르친 "적의 적으로 승리에 가담하는" 길이다. 그러나 그 추구조차 마침내 공허한 것이 된다는 것을 드러냈고 마침내 중요한 것은 살아가는 것이라는 점을 드러냄으로써 동영에 대해 긍정해야 한다는 지은이의 부담은 해소될 수 있었던 것이다. 지은이의 말대로 "이데아와 이데올로기의 혼동"에서 빠져 나온 것이다.

동영의 세계와 정인의 세계는 결국 같은 흐름을 가지고 있다. 무엇보다 그 출발이 가족사라는 사실의 무거움에 기초하고 있다는 점에서 합치하며, 중요한 것은 인간이 사는 것, 달리 말하면 휴머니즘을 구현한다는 점에서 결말이 합치한다. 결국 이 소설은 이문열이 부정할 수 없는 한 인물의 생애를 자신이 부정하고 있는 이념으로부터 빼내어 긍정하는 쪽으로 옮겨놓으려는 비장한 옹호의 기록인 것이다.

4. 추궁의 방향에 대하여

이문열의 소설에 대해 많은 평자가 불만을 털어놓은 바 있다. 또 그들에 대해 이문열은 마찬가지의 불만을 털어놓은 바 있다. 이들의 대립은 어쩌면 당연한 것인지도 모른다. 이 둘은 서로 이해하려는 노력을 하고 있지 않기 때문이다. 그것은 어쩌면 애초에 이해할 의도가 없었다고 할 수 있을지도 모른다. 이문열이라면 평자에게 과학적 세계관을 기저로 한 민중의 각성과 승리의 이야기를 들려주지 않을 수도 있기 때문이다. 그는 유물론적 역사관을 형상화하지 않을 수도 있고, 해방후의 민족사에 대해 평자가 원하는 인식을 갖지 않았을 수도 있다. 그런 그에게 원하는 이야기를 들려주지 않는다고 역정을 낼 수는 없는 일이다. 물론 민족문학사의 큰 줄거리로 보아 그가 중요한 위치를 차지하게 된다면 그의 권위있는 입을 빌어 원하는 이야기를 들어두는 것이 평자의 논리를 위해 천군만마가 될 수는 있겠지만, 그가 하지 않는 이야기를 우리가 들을 수는 없는 것이다. 그보다는 그가 하려는 이야기를 듣고 그것이 자신의 목적을 위해서 조차도 불만족스럽다거나 또는 그것을 위해 탁월하다거나 하는 쪽으로 대꾸하는 것이 서로를 위해 그리고 모두를 위해 행복한 쪽이 될 것이다.

이문열이 보이는 이른바 전망결여는 그가 변혁에 대해 두려워하거나 부담스러워하는 것으로 오해되어서는 안된다. 그는 정확히 보아 전체주의의 광기에 대해 적극적인 거부반응을 나타내고 있을 뿐이다. 물론 이 광기의 원인은 변혁이 될 수도 있다. 근래 민족사의 경험에 의하면 매번 급격한 변혁이 있을 때마다 정도의 차이는 있으나 개인의 자유나 행복을 유보하는 전체주의의 폭력이 있었고 전체의 행복을 보장한다는 약속은 꼭 지켜지는 것이 아니었다. 도리어 그것은 지켜지지 않는 경우가 더 많았고 개인의 자유를 억압하고 행동을 강제하는 조직과 그 규율은 교묘해져 가는 경향이 있어 왔다. 이런 정황은 이문열의 소설 곳곳에서 발견되고 있는 바, 그것은 이문열의 역사인식의 한 징표로도 볼 수가 있을 것이다. 그렇지만 이문열이 근본적으로 변화 특히 가진 자의 탐욕을 제어하는 변화를 부정하고 있는 것은 아니다. 그것은 이 소설 「영웅시대」에서 이동영에 대해 보이는 작자의 태도로도 드러난다. 그는 변혁의 이념 자체를 부정하고 있는 것이 아니라 그것의 실현이 뜻하지 않게 보인 부작용, 인간의 탐욕이 낳은 이념의 변질에 대해 부정하고 있는 것이다. 소설 속의 지금 북한에서 공산주의의 실현이라는 이름으로 진행되고 있는 권력다툼과 인간소외에 대해 부정적이라고 해서 이문열이 이념의 미래에 대해 전망이 결여되어 있다고 하는 것은 오해되었을 가능성이 있는 것이다.

그의 소설이 드러내고 있는 관념적인 성향에 대한 이해도 그와 같을 것이다. 작중의 인물이 지나치게 관념적인 회의와 독백을 많이 함으로써 마침내 이념의 전망을 제시하는 데 실패했다고 한다면 그 이념은 지식인의 고민을 필요로 하지 않는 것이라는 논리적 모순에 빠질 수도 있다. 적어도 작중에서는 고도의 지성을 갖춘 인물이 회의하지 않고 행동으로 실현하기만 해야 할 정도로 선험적으로 완전한 이념이 존재한다는 것은 긍정할 수 없기 때문이다. 이 점은 이문열이 사회주의에 대해 또는 유물론에 대해 평자가 원하는 만큼의 인식을 갖고 있지 못하다는 쪽으로 파악되는 것이 옳다. 그것이 관념에 의한 호도를 낳았고 그러므로 소설 속에서 일부 인물의 행적을 중심으로 삶의 현실성이 부족해졌다고 볼 수 있게 된 것이다.

이문열의 소설은 그의 소설가적 장점, 능란한 이야기솜씨라든가 낭만적 상상력의 다양함이라든가 일부를 제외한 대다수의 작품이 보이고 있는 탄탄한 구조, 소재에 대해 가진 애정과 천착 등을 중심으로 읽힐 수도 있다. 그의 소설에서 중심소재의 다수를 차지하고 부수적 소재로는 거의 매번 등장하는 영남 유가의 장려한 몰락상은 한국문학사에서 새로운 지평의 소개라고 말할 수조차 있다. 일찍이 「관촌수필」, 더 멀리는 「대하」에서 경험한 바 있는 토호 양반에 대한 회고적 정서는, 우리 문학이 꽤 긴 시간 변혁에의 열정으로 인해 잊고 있던 가치있는 것의 재발견에 이를 수 있게 한다. 한때는, 그것도 장구한 기간 우리의 의식과 가치를 지배하던 것에 대해 근간에 보인 적개심에 가까운 홀대는 그것이 마침내 옳은 것이었다 할지라도 갑작스럽고 섭섭한 감이 있다. 이문열은 이러한 의식의 변화도 열병처럼 몰려오는 전체주의의 한 형태로 받아들였을 것이다. 그리하여 그는 그의 풍부한 소설적 상상력을 유보한 채 그 장려했던 지난 날을 회고하는 데 긴 시간을 쓰고 있는 것이다. 그것은 이원적으로 재단된 착취자의 모습이 아니라 한 그리운 삶의 양식이었다는 것을 말하려는 것이다. 마찬가지로 그는 피지배계층이라 불릴 수 있는 인물들의 삶을 원형대로 복원하려는 노력을 보이고 있다. 그들은 착취자에 대한 원한과 그들을 타도하겠다는 열망으로 들끓을 수도 있지만 반드시 그러한 것만이 그들의 삶인 것은 아니라는 것이다. 그들이나 지배계층에 속했던 사람이나 충분히 역겨운 속물적 타락을 보일 수 있으며 경제적으로나 신분상으로나 어느 계층에 속했다는 이유로 그들이 민중의식으로 뭉친 순혈의 프롤레타리아라고 단정할 수 없는 삶의 다양함이 인정되어야 한다는 것이다. 그 속에서 인간을 주인으로 하는 삶의 생동성이 드러날 수 있기 때문이다. 이것은 차라리 그의 냉정한, 그래서 정확한 현실인식이라고 보아야 할 점이기도 하다.

가치회복을 향해 가는 우회도로

1. 도입

전통적인 가문의 가치를 숭상하고, 가문의 계승과 가문간의 원만한 결합을 위해 복잡한 난관을 설정하고 극복시키고 있는 우리 옛 소설을 읽으면서, 또 가정에서 온갖 어려움을 극복하고 마침내 정당한 가장과 혈통이 승리하는 과정을 다룬 소설을 연구하고 거기 뭐 세계관과 변모가 어떻게 느러나는가고 정리해 놓은 이원수교수의 논문을 읽으면서, 가문이란 것이 얼마나 질긴 매력을 가진 것인지를 생각했었다. 많은 우리 고전들이, 대대명문거족으로 소년등과하여 부귀겸전하나 단지 슬하에 일점 혈육이 없는지라 타령을 늘어놓을 때는, 아이고, 또 엄청나게 고귀한 아이가 태어나겠구나 하고 지레 짐작도 했었다. 도대체 혈통이란 것이 우리 문학에 대해 가지는 영향력은 어느 정도나 되는 것일까.

물론, 혈통문제와 전혀 상관이 없는 작품들도 많다. 당연하다. 사회는 다변화하고 있고 작품은 그 다변화를 선도하니까. 그런데도 또 많은 작품들이 드러내고든 아니든 혈통문제를 줄거리의 속깊은 곳에 감추고 있다. 이를테면 누구처럼, 대놓고 혈통지상을 외치는 대가도 있고, 은근히 아닌 척하면서 역시 윤초시네 증손녀는 예쁘고 똑똑하게 그려내는 사람도 많다. 어쩌다 동네 천민의 집 가출한 아들이 돈을 많이 벌거나 고시쯤 합격했다 해도, 그런 사람은 역시 지난 날들에 대한 근거없는 한맺힘과 보복의 열망으로 비틀려 있다고 이야기를 만들기도 한다. 도대체 그게 무슨 의미가 있다는 걸까.

박경리를 읽노라면 아득한 벽을 느낀다. 왜 이 작가는 이렇게 끈질기게 이 이야기를 끌고 나가는 걸까. 어떤 끄트머리를 잡으면 이 작품을 풀어버릴 수 있을까. 아주 어렵게 만든 실뜨기처럼 박경리는 그의 소설을 혼란시켜 두었다. 분명히 실마리가 있을 것 같은데 어디서부터 박경리를 이해해야 하는 것인지가 불분명하다. 이것이구나 하고 실끝을 잡고 따라가노라면 작가는 한중간에 와서야, 그 실마리로는 해명되지 않는 혼선을 만들어 두곤 했었다. 어두운 강변길에서 밤새도록 씨름하다가 새벽이 밝아오면 그게 톳재비가 아니고 빗자루몽댕이일 때의 난감함. 무엇일까? 무엇이 그로 하여금 이처럼 도도한 흐름을 이루게 하는가? 어떻게 하면 박경리가 그렇게 우리 모두를 휘몰아 끌고 나가는 이야기의 끈을 잡을 수 있을까? 이번에 잡은 이 끈도 또 버려진 방아다리인가?

2. 일단은, 무너짐에 대해

박경리를 읽으면서 일단, 우리가 도저히 부인할 수 없는 것은, 박경리야말로 다음 시기 한국문학사가 명예로이 기억할 이름이 되리라는 것이다. 그의 오랜 연마와 고뇌의 결정들인 대작들을 대하면 우선 아득한 마음부터 드는 것은 어쩔 수가 없다. 그가 『김약국의 딸들』에서 보여준 치열한 무너짐의 사실성 앞에 섰을 때는, 그 원인을 궁금해하기보다 결과의 능청스러움에 우리는 압도되어 왔다.

그러다가 다시 정신을 차리고 박경리를 읽으면서, 새삼스러운 의

문을 가졌다. 박경리는 왜 그렇게 처절한 이야기를 쓰고 있는가? 김약국의 딸들이 보이는 무너짐은 왜 그렇게도 치열하고 일면 잔인하기까지 해야 하나? 다른 작가들의 사실적인 작품들을 흔히 읽을 수 있었지만, 용란이 보여주는 완벽한 파멸과 김약국의 온가족이 겪는 너무 낙차가 큰 파탄만큼 철저한 경우는 흔하지 않았다. 그것은 매우 사실적이고 그래서 어쩌면 지은이가 이 파탄을 즐기고 있지나 않은가 하는 혐의까지 들게 하고 있다. 도대체 그의 이런 끝없는 암울함은 어디서 연유한 것인가. 그는 이런 어두운 이야기를 통해 무엇을 말하고 싶었던 것인가. 우리는 이 문제에 접근하지 않을 수 없었다. 아무 이유없이 그렇게 철저하에 또 그렇게 능란하게 그 치열한 무너짐을 그려내야 할 까닭이 없는 것이다. 일단, 아무래도 그것은 부정을 위한 것은 아닐 터이다. 부정하기 위하여, 그것이 아무것도 아님을 드러내기 위하여 그런 노력을 들였을 까닭은 없다.

우선, 박경리는 모든 무너짐에 대해 말하고 싶었을 것이다. 그는 어떤 것이든 무너짐은 다 예사롭지 않음을 말하고 싶었을 것이다. 우리가 날마다 만나는 시답잖은 폐허들도 다 그들대로는 깊고 치열한 무너짐의 과정으로 되어 있음을 작가는 간파하고 있는 것이다. 그것이 그처럼 치열하고 철저한 이야기들로 되살아 난 것이다. 어떤 이들은 이런 점을, 작가 자신이 겪었던 어린 시절 아버지의 결여라든지, 젊은 시절 남편과의 사별이라든지, 더욱이 아들을 잃은 경험, 등에 의해 설명하려 한다. 옳다. 아마 누구든 그런 과정을 겪고 나면 그처럼 내부에 치열함이 자리잡게 될 것이다. 더욱이 그처럼 재능있는 여성의 일생에 그렇게 감당하기 어려운 일들이 자주 일어나면 내부는 아주 들끓는 용광로처럼 되어버릴 수도 있다. 그러나 문제는 그런 경험을 개인사적으로 가진 이가 드물지 않고, 고통에 일정한 척도야 없을 테지만, 어쩌면 그보다 더한 경험을 가진 이도 없지는 않을 것이다.

그렇다면 박경리는 뭔가, 그렇게 사실적으로 괴로운 속에서도, 상처를 까뒤집어 긁어야 할 필요를 가졌을 것이다. 긁을수록 아프고 또 서럽지만 어쩌면 그렇기 때문에 한 번은 긁으면서 확인해야 할 상처, 그것이 무엇인지를 확인하고 싶은 열망의 이유가 분명 있었을 것이다.

『김약국의 딸들』에는 무너짐의 불가항력적임에 대한 지은이의 절망감이 짙게 드러나 있다. 그 작품에서 걷잡을 수 없이 무너지고 있는 구성원들의 삶에 대해, 어느 누구도 항거하거나 반전시키지 못하고 있다. 붕락은 스스로의 질서대로 이루어지고 있고 개인들은 그 격랑속에서 휩쓸리고만 있는 상태인 것이다. 일찍이 대부분의 소설에서 우리가 연구의 대상으로 삼은 바 있는 주동인물과 반동인물의 대립이나 갈등조차 희미하거나 거의 없다.

김약국 김성수는 세습 관약국집안의 주인이다. 그의 아버지는 광포로 인해 살인도주했고 그의 어머니는 남편의 의심을 받고 자살했지만 그는 통영 최대의 부를 가진 백부 김봉제의 상속자로 인생을 살아간다. 약간의 곡절이 있었으나 재산은 족했고 아들 하나를 낳았으나 일찍 죽고 딸 다섯을 두었다. 그러나 이러한 출발 이후에는 전면적인 내리막길이 이어진다. 약국을 그만두고 시작한 어장사업은 홍어와 사고로 크게 실패했으며, 다섯 딸들은 어느 하나도 행복한 인생을 살아주지 못한다. 김성수 본인조차 아내를 앞세우고 쓸쓸

히 죽어간다. 이런 영락의 과정 전체를 통해 그가 보인 노력은, 전문
적인 식견도 없이 어장사업을 시작한 것 뿐이다. 그러나 그의 노력
과 능력에 비해 그가 헤쳐 나가야할 세계의 험난함은 너무 강력했
다. 흉어나 사고, 천재지변 이외에도 심지어는 자신이 낳은 딸들조
차 그의 영향권 밖으로 일찌감치 벗어나 있었다.

　그의 딸들도 마찬가지이다. 특별히 비난받을 짓을 한 사람도 없
이 딸들은 하나씩하나씩 패배해간다. 그들의 영락이 가지는 폭은
어머니 한실댁의 소망과 용빈이 겪은 현실의 차이에서 극명하게
드러난다.

　　그는 딸을 기를 때 큰딸 용숙은 샘이 많고 만사가 칠칠하여 대가집
　　만며느리가 될 거라고 했다. 둘째딸 용빈은 영민하고 훤칠하여 뉘집 아들
　　자식과 바꿀까보냐 싶었다. 셋째딸 용란은 옷고름 한 짝 달아입지 못하는
　　말괄량이지만 달나라 항아같이 어여쁘니 으레 남들이 다 시중들 것이요,
　　남편 사랑을 독차지하리라 생각하였다. 넷째딸 용옥은 딸 중에서 제일
　　인물이 떨어지지만 손끝이 야물고, 말이 적고 심성이 고와서 없는 살림이
　　라도 알뜰히 꾸려나갈 것이니 걱정없다고 했다. 막내동이 용혜는 어리광
　　꾼이요, 엄마옆이 아니면 잠을 못잔다. 그러나 연한 배같이 상냥하고 귀
　　염성스러워 어느집 막내며느리가 되어 호강을 할 거라는 것이다.

　　아버지는 딸을 다섯 두셨어요. 큰딸은 과부, 그리고 영아살해혐의로
　　경찰서까지 다녀왔어요. 저는 노처녀구요. 다음 동생이 발광했어요. 집에
　　서 키운 머슴을 사랑했죠. 그것은 허용되지 못했습니다. 저 자신부터가
　　반대했으니까요. 그는 처녀가 아니라는 험 때문에 아편장이 부자 아들에
　　게 시집을 갔어요. 결국 그 아편장이 남편은 어머니와 그 머슴을 도끼로
　　찍었습니다. 그 가엾은 동생은 미치광이가 됐죠. 다음 동생이 이번에 죽
　　은 거예요.

한국전통가정의 여성에 대해서야 이미 누차 연구된 바가 있거니와, 김약국의 아내 한실댁의 신산한 일생이 다른 구성원의 괴로운 전락보다 더했으면 더했지 덜할 것은 없다는 것이 자명하다. 이제 남은 것은, 결국 이런 길고 사실적인 무너짐이 무엇을 위한 것인가이다. 당연히 그것은 작중의 인물들을 위한 것은 아닐 것이다. 마땅히 그것은 작자의 세계관을 드러내는 것이면서 작자 자신을 위한 것일 터이다.

『김약국의 딸들』에서 박경리는 그의 안경을 보여준다. 그의 안경은 어둡고 푸르스름한 색이 칠해진 채, 모든 사물들이 큼직큼직하게 확대되어 좀 무시무시한 느낌을 주도록 되어 있다. 왜 그가 그런 안경을 끼게 되었는지는 그의 개인사에 관한 것이거니와, 박경리는 그 안경을 통해 그가 직면한 세계에 대한 부정적 대결의식을 보이고 있는 것이다. 그에 의하면 세계는 납득할 수 없는 크기와 느낌으로 개인을 압도하고 있다. 압도해 오는 운명의 힘 앞에 왜소한 개인은 파닥거리기만 할 뿐, 애초에 그것은 거부되거나 반전될 수 있는 것으로 인식조차 되어 있지 않다. 사실이 그렇다고 해도 그처럼 역량 있는 소설가로서 이런 일방적인 무너짐만을 그리고 있는 것은 다른 뜻이 있을 것임을 암시한다.

박경리는 이 무너짐을 차근차근 그려냄으로써, 어떤 무너짐도 실은 무의미하지 않다는 것을 보여준다. 남들의 무너짐에 대해, 무너진 결과에 대해 누구든 심상한 표정으로 간과하는 것이 일상의 일이지만, 무너지고 있거나 무너진 당자들은 하나하나 처절한 고통의 기록들이라는 것이다. 그저 "실성을 했는가배, 그 얼굴 참 참한데……"라고 말하지만, 그 말을 들을 때까지 그가 겪은 금지된 정욕은 얼마나 피를 마르게 하는 것이었는지를 작가는 설명하고 싶었던 것이다.

어떤 작가든, 그가 새로운 창의의 세계로 들어서기 위해서는 그의 근원에 있는 외로움이나 죄악감이나 부끄러움이나 좌절됨을 내려 놓을 필요가 있다. 그것을 종교적 자기고백 또는 일종의 자기통과의 식으로 본다면, 이 고백을 통한 자기정화가 다음 작품을 훨씬 자유 롭게 풀어놓는 결과를 가져올 것이다. 그것은 어떤 작가에게는 비천 하던 어린 시절의 회상일 수도 있고, 존귀오만한 유년에 대한 반성 적 고백일 수도 있고, 체제에 반기를 들고 체제의 적이 되어버린 아버지, 경험은 그를 미워하지만 선험은 그를 그리워하고 있다는 고백일 수도 있다. 그것을 내려놓지 않으면 그의 작품은 늘 문제의 핵을 겉돌기만 할 뿐, 독자에게도 작자 자신에게도 진담으로 들리지 않게 되고 만다.

박경리에게 그것은 아마 세계의 불가항력적 강대함에 대한 두려 움일 것이다. 감당할 수 없이 밀려오던 불행들, 본인도 납득할 수 없고 누구에게 하소연할 수도 없는 자기운명의 자기배반에 대해 가지는 두려움, 고통당하는 개인의 디테일은 생략한 채 결과만 힐끗 거리고 있는 타인들의 야속한 무심함에 대해, 작가는 전율하고 부끄 러워하면서도 세밀히 털어놓는 의식을 치르고 있는 것이다.

『김약국의 딸들』은 작가 자신에게나 독자들에게나 소위 출세작으로 인식되고 있는 작품이다. 더욱이 이 작품 이후에 우리는 그의 대작 『토지』를 만나게 된다. 그렇다면 『김약국의 딸들』은 박경리에게 『토 지』를 쓸 수 있게 길을 열어 준 선도작품이 되었을 것이다. 만약 『토지』

가 강고한 의지와 깊은 뿌리의 승리를 그리고 있다면 그것은『김약국의 딸들』이 진한 패배를 고백했기 때문일 것이다. 그의 앞선 작품들도 푸르스름하고 큼직큼직하게 보이는 색안경을 끼고는 있었거니와, 박경리는 김약국과 그의 가족들의 삶을 통해서 모름지기 무너짐의 의미있음 또는 개인적으로 특별함에 대한 진지하고 섬세한 고백의식을 그려내고 있는 것이다.

3. 애써 긍정하기

서희가 길상과 혼인하는 과정은 참으로 복잡하게 얽혀 있다. 특히 길상과 혼인하기로 결심하고 그것을 실천하는 서희의 실행과정은 미로찾기보다 어렵다. 읽기 전에 먼저 먼저 읽은 이들에게 들어서, 서희가 길상과 혼인한다는 것은 아는 독자라도, 그 미묘복잡하고 암시와 명시가 얽힌 과정을 따라가노라면 참 그 혼인 어렵다는 생각이 들게 되곤 한다. 왜 이렇게 어려운 과정을 거치게 해 놓았을까. 만약 그것이 타당하고 일반적이며 작자 자신도 그렇게 되기를 소망한 것이었다고 해도 그렇게 복잡했을까. 이를테면 조선의 구 제도인 신분의 굴레는 개인들의 자유와 발전을 억압한 부당한 장치였으며, 더욱이 그 장치를 엄격히 해놓은 데에는 지배자들의 악의가 담겨있다는 인식을 가진 경우라도 그 혼인이 그렇게 고통스럽게 전개되었을까. 이 소설의 전개과정은, 신분의 격차를 부당하다고 생각하거나 그것에 의해 개인의 사랑이 방해받는 것이 부당하다고 주장하기 위한 것으로는 적합하지 않다. 그것은 이 소설이, 무엇을 부당하다고 말하거나 타파해야 한다고 주장하기보다는, 어떤 것을 긍정하고 그것의 가치를 회복하자는 흐름을 가지고 있기 때문이다.

『토지』의 중심집안인 최참판댁은 최서희로부터 그 아버지 최치수와 어머니 별당아씨, 할머니 윤씨로 소급되고, 최서희의 남편 김길상에서 아들 최환국과 최윤국으로 이어진다. 최참판댁의 핏줄은 지역지도자로서의 대표 향반으로는 지나칠만큼 모욕되어 있다. 정상적인 혼인관계에 의해 연결되는 가계에 혼란을 주는 것은, 양반의 집으로는 드물게도 양대에 걸친 여인들의 비정상적인 사랑이나 출산이 끼어있기 때문이다. 최서희의 할머니 윤씨는 과부의 몸으로 절에서 겁탈을 당해 아이를 낳았고, 그 아이를 자신의 자식인 줄 알면서도 집에 두었다가 며느리와 야반도주하는 사건을 맞는다. 윤씨를 겁탈하여 아이를 낳게 한 사람은 동학장수 김개남의 동생 김개주이고 그 아이는 구천이라는 이름으로 최씨가에서 종처럼 부려지다가 형수인 별당아씨를 사랑하여 함께 도주한 것이다. 그 전에 별당아씨가 최치수와의 사이에 낳은 딸이 최서희이다. 이 정도면 거의 양반의 가계라기 어려울 정도로 복잡한 상태이다.

『토지』는 대하소설이라는 이름값에 맞게 정말 많은 인물들의 운명이 엇갈려 있다. 크게 그것은 평사리 사람들과 산중 사람들과 용정 사람들과 서울 사람들로 나뉠 수 있지만, 그 무더기들이 따로 있는 것이 아니라 서로 얽혀 있고 이어져 있다. 또 그들 내부에도 각각 다른 운명을 가진 사람들이 개별적으로 생생하게 사랑하고 미워하며 싸우고 속인다. 그런데 적지 않은 소설을 읽은 독자라도 이 소설을 읽는 동안에는 최씨가문의 사람에게만 유독 신경이 쓰이게 되어 있다. 최서희가족 말고도 많은 사람들이 아름답고 서러운 사랑을 나누고, 또 많은 긍정적인 인물군이 진지하고 가열찬 투쟁을 벌이기도 하는데, 어쩐지 그들의 하회는 그리 궁금하지가 않고 작자가 독자들의 관심을 식히려고 부러 딴전을 피우는 것같은 생각만 드는 것이다. 어쩔 수 없다. 결국 관심은 집중되어 있다. 이른바 대하소설이라는 장대한 형식을 가지고 있으면서도 이 소설이 통일된 총체성을 잃지 않는 것은 바로 이 점 때문이다. 박경리는 최씨가문에 대해 이야기하고 있는 것이다.

그러면 그 가문의 무엇이 이야기의 중심일까. 우리는 이미 『김약국의 딸들』에서 상실 또는 무너짐의 철저함을 보았다. 그리고 그것의 불가항력성도 읽은 바 있다. 그렇다면 다음 이야기는 무엇일까. 그것은 그 무너짐의 성격을 분석하고 가능만 하다면 그것을 회복하는 길로 나아가는 것이 아닐까. 만약 우리의 추측이 맞다면 박경리는 『토지』에서 그것을 시도해 보는 게 아닐까. 다시 『토지』를 읽는다. 혹시 여기서 박경리는 혼란됨 또는 무너짐의 성격을 찾아 이름 짓고 그것이 다시 본래의 모습으로 가치를 얻도록 도와주고 있지는 않은가.

사정이야 무엇이든 양반의 집안에서 남편 없는 안주인이 아이를 출산하고 그 며느리는 남편이 있는데도 머슴과 통정 도주하였다면, 또 그 마지막 핏줄이 종같은 머슴과 결혼하였다면, 그 붕괴도 철저하지 않달 수 없다. 어쩌면 그것이 절대시되던 시대라면, 그것은 죽음보다 결코 가볍지 않은 무너짐이다. 평사리의 지배자 최참판댁의 이런 전락은 조준구의 등장과 그의 간계에 의해 더 치열하게 보완된다. 이제 서희가 몇몇 아름답고 서러운 사랑을 이끌고 간도로 몸을 빼 나감으로써 모든 붕괴는 철저히 완성되었다. 그러면 박경리는 이 무너짐을 어떻게 이름지었는가.

최서희의 조모 윤씨부인을 겁탈하고 아이를 배게 한 김개주가, 이를테면 아주 불학무식하다거나 무지렁이였던 동학반군, 그 중에서 남의 부녀를 겁탈할 정도로 기강이 잡히지 않은 무명졸개일 경우와, 위엄과 혁명의 광휘를 등에 진 동학두령일 경우는, 그러므로 다르다. 윤씨는 몸을 망쳤지만 김개주는 동학반군을 이끌고 한 지역을 쓸어나가는 태풍같은 사나이요, 다시는 윤씨의 운명에 지저분한 개입을 가해오지 않는 명료한 남아이다. 양반의 부녀가 절개를 상했다는 설정이 필요한 것치고는 용의주도하게 배려해 주고 있는 작자의 손길을 느끼게 하는 대목이다. 다음으로, 김개주의 아들인 김환 구천이 - 형수인 별당아씨를 사랑하여 야반도주한 불륜청년에 대해서는 더욱 더 섬세한 배려가 가해진다. 그는 최참판댁으로 오기 전에 삼촌인 우관스님으로부터 이미 남이 범접하기 어려울만큼 학식을 갖춘 상태였고 비록 종들과 함께 생활했지만 맑고 훤칠한 용모를 가지고 있었다. 별당아씨와 도주한 이후 작중에 나타나는 그는 절망적인 사랑으로 타오르는 불꽃처럼 묘사되고, 시적인 감수성과 혁명지도자의 단호철저함이 갖추어진 완벽한 남자로 그려진다. 그런 그라면, 성적으로 불완전한 남편과 괴로운 젊은 날을 보내고 있던 별당아씨가 가문과 딸을 버리고라도 사랑할 만하다는 변명이라도 하고 싶어지는 것이다. 더욱이 그는 양반의 순혈과 동학장수의 열혈이 합해져서 만들어진 납득가능한 혈통이 아닌가. 그는 서희가 간도로 가고 아씨는 죽은 뒤에 다시 모습을 드러낸다. 이번에는 작품 전체를 통해 판단을 믿을 수 있는 공노인의 입을 통해서이다.

이튿날 아침 공노인이 눈을 떴을 때 환이는 단정한 모습으로 벽을 향해 앉아 있었다. 이미 세수도 끝낸 눈치였고 어디서 났는지 눈빛같은 진솔 두루마기를 입고 있었다. 망건에 탕건까지 쓰고 있질 않은가.

'어떻게 된 일인고?'

소쇄(瀟灑)한 선비, 공노인은 경이에 찬 눈을 크게 뜬다.

'허어, 과연 김개주 장수의 아들이로다. 천질(天質)이 귀골이구만. 저러 하니 별당아씬가, 명을 걸고서 인연을 맺었지.'

최서희의 결혼이 그처럼 꼬여 있었던 것은, 다 알다시피 남편될 김길상의 혈통 때문이다. 작품 전체를 통해 중요인물 중에서 혈통이 전적으로 비밀에 싸여 있는 사람은 길상 뿐이다. 그는 그냥 부모도 모르고 절에서 자란 사람일 뿐이다. 아무 사전정보도 없이 그는 최 참판댁에 와 있다. 그러나 그는 처음부터 종의 외양을 갖추지 않았다. 본디 문서에 있는 종의 신분이 아니었고 언제든지 자유롭게 생각하고 활동할 수 있었는데다 그 판단력과 외모가 종으로 되어 있지가 않았던 것이다. 그는 이미 작자에 의해 서희의 남편으로 부름을 받은 상태에 있었으며, 그로 인해서 몇가지 필요한 요소들을 성장과 동시에 챙겨가게 된 것이다. 그러고도 역시 서희와의 결혼은 어려웠다. 그것은 당시도 아니고 작중도 아닌 작자 내부의 어려움이었을 것이다. 그것을 보완하기 위해 작자는 끊임없이 길상의 능력을, 또 그가 본디 종이 아니었음을 독자들에게 일깨우고 있는 것이다. 나중에 서희가 김서희로 성을 바꾸고 아이들을 최환국, 최윤국으로 호적에 올리면서 귀국한 뒤에 간도에 남은 길상은 거의 자연스럽게 독립운동가들의 중심에 자리잡는다. 그는 매우 중요한 일들을 결정하는데 관여하고 영향을 미치며 엄중하게 추적되고 체포되기도 한다. 이제 길상은 서희의 남편으로 충분한 자격을 갖추게 된 것이다. 어느 누구도 길상에게 자격을 갖추라고 요구하지 않았지만 박경리는 스스로 그 힘겨운 과정을 자임하여 완수하는 것이다.

『토지』를 통해 박경리는 그가 파악한 무너짐을 설명하고 있다. 그것은 참으로 설명하기조차 힘겨운 어려움이며 어쩔 수조차 없는 불가항력이지만, 그렇다고 그것이 심상한 것은 아니며, 개인들에게는 고비고비마다 맺힌 핏자국이라는 것이다. 그러면서도 박경리가 『김약국의 딸들』에서 보인 절망을 『토지』에서 극복할 수 있는 것은 이 작품에서 그가 보이고 있는 무너짐의 유보들 때문이다. 『토지』의 최씨가에는 거의 회복불능으로 보이는 재난이 닥쳐오지만, 그것들은 어쩐지 조금씩 때로는 결정적인 양보를 가지고 있는 것이다. 이를테면 그것은 겁탈자가 영웅의 모습을 하고 있거나 패륜아가 구원자처럼 생겼거나 하는 등이다. 세계는 여전히 횡포를 부리지만 그것들도 양보가 있고, 그것들도 때로는 가슴을 설레게 하기도 하는 것이다. 이제 김약국시대를 벗어난 박경리는 세계의 헛점을 보고 있다. 혹은, 어쩌면 정직하게는, 소망하고 있는 것이다.

양반의 혈통을 받은 사람은 다른 혈통의 사람에 비해 유능하거나 정당한가. 이런 바보같은 물음을 요즈음 할 사람은 없다. 그러나 작중에서야 못할 질문이 어디에 있는가. 『토지』에서는 이런 물음이 가능하다. 최참판댁의 사람들은 다른 집안의 사람들보다 정당하고 유능한가. 작중 최씨가를 점검해 본다면 답은 당연히 긍정이다. 평사리 사람들은 많은 독자들이 감탄한 바와 같이 바로 피부에 닿는 사투리를 쓰고 있다. 게다가 그들의 감정이며 대화들은 얼마나 생동하고 있었던가. 그러나 최씨가의 사람들은 사투리를 쓰지 않았다. 평사리에 있을 때도 몇몇 어휘와 용례를 제외하고는 표준말만을 쓰고 있었다. 또 작자가 처음부터 끝까지 주도해 가고 있는 전지적 작가의 위치도 최씨가의 사람들에게는 예외였다. 최씨가의 사람들은 작자에게조차도 그 속내를 보이지 않는 경우가 많았다. 그러면서 지식인 인물에게나 허용되던 철학적인 고민이나 격조높은 대화를 어린 시절부터 사용하고 있다.

이처럼 설정에서부터 남다른 능력과 성격을 가진 최씨가의 사람들을 시켜서 박경리는 무엇을 하려는 것인가. 이제는 그것만이 남았다. 그는 그들의 성격도 설명했고 그들이 당한 무너짐의 성격도 정리해 두었다. 이제는 그들이 그런 무너짐으로부터 회복할 것이 무엇인지를 설명해야 할 차례다. 박경리는 처음부터 집요하게 최씨가의 복원을 고집하고 있다. 그리고 다 아는 바와 같이 박경리는 다 복원했다. 최씨가의 재산은 다시 서희의 것이 되었으며, 아들 형제는 괴로운 청춘이지만 희망이 있으며, 길상은 전수관음을 조성할 수 있게 되었다. 심지어는 해방이 오면 친일경력이 부담스러울 것 같던 서희조차 길상에게 보내는 자금으로 면죄부를 얻었다. 그러나 이 모든 회복들 중에서도 가장 의미있는 회복은 역시 최씨가의 혈통이 문제없이 이어지고 있다는 확인이다. 서희의 큰아들 최환국의 생애를 더듬노라면 그는 아버지 김길상보다 더 온후한 그릇과 단호한 결단력을 갖추었다는 느낌을 준다. 그것은 어쩌면 최씨의 혈통이 혼란된 것이기는 하지만 회복불능의 모욕은 받지 않았으며, 그 중의 어떤 것은 오염이라기보다는 도리어 정화쪽으로 파악될 수도 있다는 작자의 생각을 읽게 한다. 그리하여 『토지』는 끝난다. 결말에 상징적으로 나라가 해방되는 축제가 벌어지거니와, 그것은 일면 지은이가 우리를 끌고 오던 질긴 이야기의 끈을 놓으면서 보내는 안심하라는 눈짓으로도 보이는 것이다. 우회하여 왔지만, 그래서 많은 사람들과 시간이 쓰였지만, 박경리는 그 진저리나는 것들을 고백하는 의식을 거쳐 마침내, 가문과 혈통의 긍정적 가치를 회복하는 데 이른 것이다.

4. 다른 실마리들

어쩌면 박경리는 다른 실마리를 숨겨 두었을 수도 있다. 이를테면 용이와 그 아내들이 보이는 삶의 모습들에 대해 박경리가 가지는 태도라든지, 개화와 척사의 대립을 보는 박경리의 태도도 살필 만하다. 더 세밀하게는 각 사람의 삶을 그리면서 드러내는 작자의 세계관이나 인생관이야말로 일일이 검토할 만하다. 이데올로기의 색칠한 렌즈를 거치지 않았으므로, 일제시대 후기를 살아가는 사람들의 투쟁과 사랑이 실경산수화처럼 산뜻하게 읽히는, 작품의 후반부를 좀 더 세밀히 검토하면 박경리는 또다른 실마리를 감추어 두었을 수도 있다. 개인적으로는 칠성의 처 임이네의 삶을 추적하고 있는 작자의 시선을 따져볼 만하다. 누구든, 사람의 심장을 가진 이라면 증오하지 않을 수 없는 그 인생을 어쩌면 그렇게 면밀하게 그리고 있는지, 혹시 거기서 느껴지던 미미한 따뜻함이 지은이 자신의 시선에서 나온 것은 아니었는지 등을 점검해 보고 싶은 것이다.

다른 소설도 그렇게 읽고 싶을 때가 있다. 만약, 혈통이 의미있다는 주장을 하거나 의미있을 수도 있다는 생각을 가지는 것이, 저 아름답고 가슴벅찬 아메리커나이제이션의 꽃길에 재 뿌리는 짓이라면, 앞으로도 그런 노력은 계속되어야 한다. 모든 소설이 그럴 필요도 없고 실제 그렇지도 않지만, 아직 우리 소설에 혈통의 긍정적 기능은 살아 있을지도 모르기 때문이다.

기대를 벗어나는 쓸쓸함
— 김영일(김지하)의 새 길

1.

어떤 시대든, 각각의 시대는 그 시대의 소망을 짊진 지식인을 기른다. 모든 이들은 그 지식인들이, 자신들이 지금 겪는 질곡을 이해하고, 새로운 평화와 안락으로 인도할 것을 믿는다. 그들 지식인을 위해 사회는 최선의 투자를 하고, 백성들은 그들의 모든 동작에 가슴 저미는 신뢰와 존경을 보낸다. 그래서 지식인들은 사회를 이끌어 가고, 그들이 닦아놓은 길 위로 그들의 지지자들이 선량한 눈빛을 하고 재잘거리며 나들이를 한다. 언제나 그래 왔다. 우리 각 시대가 축원하며 기르던 맏아들들. 새 길을 열기 위해 그들이 땀흘리는 어깨는 얼마나 믿음직했던가.

그러므로 모든 시대의 지식인들은 신뢰받기를 두려워했다. 자신에게 보내는 사회와 역사의 신뢰는, 결국 자신을 옭아매는 족쇄가 될 것이기 때문이었다. 그 신뢰의 부채(負債) 위에 자신의 개별적인 삶을 건설하는 것은 너무도 어려운 일이었다. 어쩌면 근본적으로 갚는 것이 불가능한 빚이었을 수도 있다. 이 무거움을 절감한 어떤 분은 '인간으로 나서 지식인되는 것이 참으로 어렵구나'고 탄식하고 자결하기까지 하였다.

그래서 지식인들에게서 항복받기가 어렵다. 현실의 삶으로 보면 참 별 어설픈 핑계로도, 그들은 훌훌 지위를 버리고, 명예도 버리고,

가끔 목숨까지 버리곤 했다. 고려가 망하고 있었다. 이미 오백년 곪아온 왕조, 자기 눈으로 봐도 설득력이 땅에 떨어진 이념인데도, 지식인들은 자신들이 그것을 지키기 위해 역사로부터 부름받았다는 이유로 그냥 목숨을 불에 태웠다. 조선도 망하고 있었다. 역시 이미 오백년을 곪아온 왕조, 시대는 벌써 그런 왕조적 지배가 무너져 가는 것을 경고하고 있었다. 그렇지만, 또 지식인들은 목숨을 풀풀 내던졌다. 민영환, 조병세, 송병선, 송병찬, 이한응, 이봉학, 거기다 안중근, 황현, 수없이 들어온 아름다운 이름들. 조선은 이미 망했다. 자력으로 회복될 가망도 적다. 그래도 항복하지 않은 지식인들이 도처에 널려 있었다. 기어이 항복받으려 들면 그들은 무기를 들고 대들었다. 참 항복하기 싫어하는 지식인들이었다. 그들은 자신들을 길러 준 시대의 소망을 알고 있었기 때문일 것이다. 그들에게 부어진 사랑과 믿음의 뜻을 알았기 때문일 것이다.

그렇다고 해서, 죽은 이들만이 옳고, 죽지 않은 모든 이들이 비난받을 수는 없다. 역사는 진행하고 있고, 다음 시기에도 역사는 존재하기 때문이다. 살아남은 지식인들은 다음 시기에도 되살아나는 시대의 소망을 짊어져 주어야 한다. 아무 희망 없이 모든 사람들을 팽개칠 수는 없는 것이다. 그래서 우리는 살아남은 지식인들에게 다시 기대를 걸고, 그들이 보이는 손발의 움직임에 예민하게 반응하는 것이다. 그것이 우리의 다음 갈 길이기 때문이다.

우리 역사에서 근세사는 전에 겪어 보지 못한 격동을 보여 주었다. 갑자기 시커먼 군함들이 반도를 향해 몰려오기도 하고, 명백히 미개

하던 섬오랑캐가 어느날 주먹대장이 되어 골목을 휩쓸기도 했다. 어떤 때는, 우리로서는 낯설기만 한 인민해방의 깃발이 피비린내를 풍기며 휘날리기도 했다. 이런 변화와 격동은 일반 민중에게 지극히 낯선 것이었다. 납득할 수 없는 변화와 익숙지 않은 증오는 그들을 공황으로 몰아 넣었다. 당연히 두려움으로 퀭해진 눈길은 지식인들에게 모아졌다. 저들은 어떻게 하는가. 평소에 우리의 앞선 자임을 자임하던 사람들이니 뭔가 우리에게 보여줄 것이 있겠지. 그들을 위해 우리가 보낸 박수와 환호, 그들이 우리에게 보여 준 자신감과 고담준론을 기억하는 민중은, 기대에 입술이 타면서 그들을 바라보았다. 길이 있겠지. 당연히 우리가 납득할 수 있고, 우리가 따를 수 있는 길을 가지고 있겠지.

그러나 가끔, 아주 가끔, 그들은 우리의 기대를 저버렸다. 거기 무슨 행동의 계보라도 있는지, 초기에는 모든 민중을 구원할 듯이 큰소리를 치다가, 중기에는 달관이라도 했다는 듯이 초점을 벗어났다가, 말기에는 결국 쓸쓸한 탄식을 남기고 죽어갔다. 그런 사람이 여럿 되던가.

2.

이인직이라고 있었다. 『血의 淚』를 쓴 만세보 주필. 그는 조선말기 나라의 힘을 기울여 일본에 보낸 유학생이었다. 아직 유학이 무슨 뜻인지도 모르던 대부분의 조선인들은 그들이 배워 올 새로운 지식과, 그것으로 제시할 희망찬 미래를 묵시적으로 약속받았다. 최초기 유학생들은 더욱 부담스러운 주목을 받고 있었다. 이인직도 그랬을

것이다. 그는 1900년에 일본에 국비로 유학했으며, 1904년에는 러일
전쟁에 일본군 소속 한국어 통역으로 종군하였다. 1906년에 만세보
주필이 되었고, 1911년 한일합방공로인지 경학원 사성이 되었고,
1916년에 죽어 화장되었다.

이인직에게 걸었던 기대는 거의 초장에 배신당했다. 그가 『血의
淚』를 쓸 때 벌써 알아봤어야 했다. 그는 거기서 깨끗한 총알을 사용
하고 인도주의로 무장한 일본군의 선행을 그려낸 바 있기 때문이다.
그는 모든 문명한 것의 모범으로 일본을 묘사한 바 있고, 조선의
전쟁고아를 입양하는 아름다운 습속으로도 일본은 확실히 조선에
앞서는 나라라고 그려냈었다. 그가 조국의 장래를 위해 원대한 계획
을 제시하는 장면에서 우리는 벌써 아연했어야 한다. 대동아 공영의
꿈이 벌써 이인직의 마음 속에 자리잡고 있음을 알아야 했다.

> 구씨의 목적은 공부를 심써 ᄒ야 귀국ᄒ 뒤에 우리ᄂ라를 독일국갓치
> 연방도를 삼으되 일본과 ᄆ쥬를 ᄒ 더 합ᄒ야 문명ᄒ 강국을 맨들고ᄌ
> ᄒᄂ (비스믹)갓한 마음이오

그러면서 그는 조국의 장래를 위한 선각적인 충고와 교훈을 잊지
는 않았다. 『은세계』를 쓰면서 그는, 직전 시기의 조국이 얼마나
희망없는 나라였던지, 이제 새로 도래한 시대가 얼마나 희망찬 것인
지, 이 희망찬 조국에 거역하는 것이 얼마나 어리석고 시대착오적인
것인지를 도도히 설파하였다. 최병도의 죽음에 이르는 무도하고 폭
압적인 옛 조국의 무질서. 설명과 납득이 없는 전근대 사회의 모습
을 상세히 묘사한 뒤에, 새로 도래한 질서와 문명의 시대에 대한
적극적인 지지를 이 작품은 외치고 있었다. 유학에서 돌아온 옥남

이, 고종 양위 이후 일어난 의병들을 대하여 행하는 연설은, 작자가 진심으로 그 논리에 침윤되지 않고는 전개할 수 없는 논리를 가지고 있었다.

그러나, 이인직과 우리 모두에게 불행한 것은, 이처럼 그가 몸과 마음을 바쳐 이룩한 한일합방 이후에도, 이인직이나 우리 누구에게도 행복한 삶은 찾아오지 않았다는 점이다. 우리 모두가 세금바쳐 유학시킨 청년지식인은 그의 새 주인에게 우리를 넘겨주고도 별 대접을 못 받았다. 경학원은 옛 우리 성균관을 일본인들이 격하시켜 고쳐부른 것인데, 거기 사성이라고 해 봤자, 합방이전 그가 가졌던 만세보 주필 또는 사장이나, 은밀히 가졌다는 이완용의 비서직보다 별 나을 것이 없는 푸대접이었다. 이제 그의 삶은 개인적으로 자랑스러운 것도, 공적으로 보람찬 것도 없어졌다. 그에게 남은 것은 일본이 지배하는 새 질서에 대한 희망이 아니라, 그가 배신한 옛 것에 대한 해묵은 증오 뿐이었다. 용렬한 자는 자신의 잘못된 선택을 탓하거나 신의없는 새 주인을 탓하기보다, 이미 망해버린 옛 주인을 다시 짓밟아 뭉개서 혹시 새 주인의 눈에 들어볼 수 없을까, 또는 지금 자신의 고단한 처지라도 알릴 수 있을까 하는 데 빠져 있다.

「貧鮮郞의 日美人」(가난한 조선 남편의 일본인 미인아내)이라는 대조적이고 희극적이고 자존심 상하는 제목의 소설은 이때 씌었다. 옛 항일언론 大韓每日申報를 일본인이 빼앗아 새로 발행한 每日申報 1912년 3월 1일치에 실은 단편이다.

얼굴은 희고 눈물은 구슬같은 일본인 처와, 음식외상도 갚지 못하면서 담뱃대만 길게 물고 있는 조선인 남편이 주인물이다. 음식 외상은 처가 적당히 값을 날을 미루고, 처의 하소연과 잔소리가 이어진다. 그런데 작중 인물이 썩 낯이 익다.

> 령감이 너디에 잇슬 째에 얼마나 풍을 쳣소. 죠션 잇는 사름은 아모것
> 도 모르는 병신ᄭ고 령감 혼ᄌ몬 잘난 듯 죠션에 도라가는 날에는 벼슬
> 은 ᄆ옴디로 홀 듯 돈은 ᄆ옴디로 쓰고 지닐 듯 그런 호긔적은 소리몬
> ᄒ던 그 사롬이 죠션을 오더니 이 모양이란 몰이오.

처에게 잔소리를 듣고 있는 주인에게 마침 손님이 찾아온다. 그는 매무새가 이렇다.

> 손은 시골 산 듐에 사는 사롬이라 옷입은 모양은 메가 쑥쑥 쩌러지고
> 얼골에는 미련이 덕지덕지ᄒ고 비속에는 한문에 갓득 든 사름이라. 솜이
> 비죽비죽 나오ᄂᆞᆫ 면물에셔 흙이 우수수 쩌러지는 발로 다담이를 드듸는
> 디로 발자국이 나ᄂᆞᆫ디

그는 주인에게 돈 벌 일이라면서 숨은 보배라는 것을 가르쳐 준다. 그것은 경상도 예천에 삼십육대 장상지지가 있는데 누구 뫼터 구하는 사람에게 팔아서 십만원 받거든 오만원씩 나누자는 것이다. 주인이 고개를 젓자 그는 잔돈생길 일이라면서 군수자리 하나 시켜내면 작자는 자기가 구해 오겠다고 한다. 주인이 핀잔을 주자 객은 떠나가고 주인은 무색하여 앉아 있고 처는 눈물을 씻는다.

꼭 그런 것은 아닐 테지만, 우리는 어쩐지 합방 뒤 이인직의 모습을 보는 것 같아진다. 일본에서 유학하던 때 그는 아마 호기로웠을 것이다. 조선 사람은 다 병신같고 조선에 나오면 벼슬도 하고 돈도 마음대로 쓸 것 같았을 테지. 그러나 그에게 주어진 것은 식료품

값도 제대로 못갚는 오늘의 삶이다. 지난 날 호기롭던 유학시절이 남긴 개발의 편자는, 얼굴이 희고 눈물이 구슬같은 일본인 아내 뿐. 그에게 찾아오는 친구라고는 옛 조선을 망해먹던 그 병신같은 고물 딱지들 뿐이다.

그러나 어쩌랴. 우리는 이 단편의 끝에서 이인직의 정체를 보고야 말았다. 그는 어쩔 수 없는 조선사람인 것이다. 그는 자신의 유학생활의 목적이 벼슬하고 돈쓰는 데 있었음을 고백했고, 자신의 모태인 조선사람이 다 병신같다고 인식하고 있음도 고백하고 말았다. 그러는 그도 일본인 처에게는 어울리지 않는 조선 사람임을 고백했고, 그리고 그런 그 자신도, 불행해졌다.

3.

이광수라고 있었다. 『무정』을 써서 장안의 종이값을 올렸던 조선의 톨스토이. 그에게 거는 어리석은 조선 사람의 기대는 참으로 엄청난 것이었다. 그는 이름으로 불리기보다 거의 춘원선생으로 불렸다. 많은 사람들이 그의 말 한 마디 글 한 구절에 판단의 전권을 위임했다. 심지어, 성과는 의심스럽지만, 그는 생명을 바쳐야 할 일본군으로 청년들을 전쟁터에 보내는 연설까지 했다. 세상에, 자신의 목숨을 바치는 일에 다른 사람의 의견을 참고한다는 것만큼 그를 신뢰하는 경우가 있을까. 이광수에게 부어진 신뢰의 크기가 그와 같았다.

이광수는 어땠을까. 처음에 그는 자임했다. 이광수를 읽다가 가장 감동받거나 포복절도하는 장면이 바로 오산학교 부임초기의 독백이다. "아아, 너희가 복이 많아서 날같이 장한 이가 선생으로 오는구나." 선생보다 나이 많은 학생들이 새로 부임하는 선생을 맞기 위해 도열하여 환영가를 제창하는 속을 지나면서, 열아홉살 교사 이광수는 감격에 몸을 떤다. 그는 그 뒤에도 종종, '똥구더기 같은 놈들', '어리석은 것들이 위인의 대사상을 몰라보고'라는 분개에 휩싸이곤 한다. 그는 오산을 떠날 때까지 "톨스토이도 못한 것을 (내가) 한다는 경륜"으로 교육자의 길을 간 사람이다. 그의 이런 자부심은 결코 황당무근한 것이 아니다. 그 나름대로는 확실한 근거가 있다. 그는 조선 기독교의 맹점도 알고, 조국이 가장 필요로 하는 것이 무엇인지도 알았다.

현시 조선 교회는 전제적 계급적이요, 야소교의 근본 특징인 자유, 평등의 사상을 몰각하였으며, 종교의 신앙을 인생의 전체로 여겨, 신자 비신자의 구별을 선인 악인의 구별같이 여기며, 인생의 행복은 문명에서 오고, 문명은 종교 외에 정치, 법률, 실업, 과학, 철학, 문학, 예술, 그리고 각종 기예로 성립된 것이니, 종교는 실로 차등 제 분과의 일에 불과하는 줄을 부지하고, 학술 기예를 경멸하고 제반 문명사업을 비신성시하여 문명 진보의 열망이 없으며, 교역자가 문명을 이해하지 못하여 다수한 교인을 미신으로 이끌어 문명의 발전을 저해하며, 미신적 신앙을 고집하여, 사회의 추세와 병진치 못하므로 마침내 문명적 종교의 사명을 다하지 못한다 할 수 있소.

배가 부산에 입할 때에 나도 조국의 산천을 바라보고,
"아아 조국의 강토야
그 속에 이천만 동포야
나는 너를 안으려고 돌아온다.
너 위해 일하고 너 위해 죽으러 돌아온다."
하고 결심하고 맹세하였다.

"어디를 가나 너 위해 하고
너 시킨 일 위해 몸 바치마."
하는 오산학교의 졸업가는 나의 이 때의 심경을 노래한 것이었다.

조국과 민족이 그를 원한다는 스스로의 판단은 그를 교육자로도, 학자로도, 독립운동가로도 만들 수 있었지만, 주지하다시피 이 변전무쌍한 논리는 필요하기만 하면 그를 무엇으로든 바꿀 수 있었다. 이런 위험하고 독선적인 논리를 가진 사람이 중요한 자리에 있을 때 우리는 긴장하지 않을 수 없다. 어떤 독재자도 이런 논리를 가지지 않은 경우가 없었기 때문이다.

이광수도 그랬다. 그는 민족의 이익에 봉사하는 길을 택했다. 그가 생각하기에 그 자신이 민족의 갈 길을 제시해야 할 책무가 있었기 때문이었다. 그의 논리대로라면, 민족의 길을 제시하지 않는 선각자는 책무유기에 해당될 것이었다. 1921년 11월, 아무래도 민족의 앞길을 제시하지 않고는 못견딜 뜨거운 사명감을 가진 이 지도자는 드디어 "민족개조"의 기치를 높이 들었다. 그는 자신의 이른바 민족개조론을 "사상"이라고 불렀다.

나는 많은 희망과 끓는 정성으로, 이 글을 조선민족의 장래가 어떠할까, 어찌하면 이 민족을 현재의 쇠퇴에서 건져 행복과 번영의 장래에 인도할까 하는 것을 생각하는 형제와 자매에게 드립니다. ... (략)... 나는 조선내에서 이 사상을 처음 전하게 된 것을 무상의 영광으로 알며 이 귀한 사상을 생각한 위대한 두뇌와 공명한 여러 선배 동지에게 이 기회에 또 한번 존경과 감사를 드립니다.

원컨대, 이 사상이 사랑하는 청년 형제자매의 순결한 가슴 속에 깊이 뿌리를 박아 꽃이 피고 열매가 맺아지이다.

이 논리와 이른바 사상 위에 그의 수양동우회 활동이 전개되었고, 일제의 간섭과 주시 속에 그가 사랑하는 민족을 개조하려는 노력이 경주되었다. 그런데 만약, 민족이 개조되어야 한다고 생각하고 이를 추진하던 자타칭 민족지도자가, 자신의 노력과 주장에도 불구하고 민족이 개조되지 않는 것을 보면, 어떤 현상이 일어날까. 민족 중의 누가 강요한 것은 아니었지만, 스스로 떠맡은 지도자의 노고가 허탕에 돌아갈 때, 그의 마음과 반응이 어떨까. 이 똥구더기같은 민족에게 그는 침을 뱉고 돌아설까. 아니면, 민족에 대한 자신의 지고지순한 사랑을 꽃피우는 새로운 방법을 찾을까.

이광수는 후자를 택했다. 그는 자신의 명예와 자부심이 상처받는한이 있어도, 그래서 그 자신이 민족의 역사에 죄인으로 기록되는한이 있어도, 민족을 위해 자신을 희생할 숭고하고 거룩한 길을 찾는 것이다. 그는 자신을 순교자의 자리에 두는 것이다.

새 날이 왔다. 나는 목욕재계하고 하나님의 성전에 들어가야 하겠다. 나는 제사장이니까. 눈을 떠서 감기까지, 나는 만민을 위하여, 천지만물을 위하여 거룩한 번제와 기도를 올리는 제사장이다!

기독교인들은 대개 알고 있지만, 어떤 개인이 자신을 스스로 만민을 위한 번제로 드린다는 표현을 쓰는 것이 얼마나 제정신 아닌 사람인지, 정신이 맑은 날이라면 이광수조차도 알고 있을 말이다. 그러나 이미 그에게는 그것을 알아차릴 정신이 없었을 것이다. 구원해야 할 민족이 있고, 구원해야 할 사명감이 있는데, 달리 무엇을 좌고우면하겠는가. 그는 오직 민족을 위해 자신을 희생하는 길을 택했다. 그래서, 香山光郎이라고 고친 창씨의 변이 가관인 것이다.

이제 우리는 일본제국의 신민이다. 지나인과 혼동되는 성명을 가짐보다도 일본인과 혼동되는 씨명을 가지는 것이 가장 자연스러운 일이라고 믿는다. 그러므로 나는 일본인이 되는 결심으로 씨를 향산이라고 하고 명을 광랑이라고 하였다. 내 처자도 모조리 일본식 명으로 고쳤다. 이것은 충성의 일단으로 자신하는 까닭이다.

그 뒤 이광수에 대해 들리던 소문은 거의 참혹한 것이었다. 그가 사적인 처소에서조차 천황에 대한 예배를 그치지 않았다든지, 그를 찾아온 조선청년들에게 진심어린 말로 일본의 신민이 될 것을 요구했다든지, 곳곳으로 학병지원 강연을 다녔다든지, 1942년 11월 동경에서 궁성요배를 하면서 "微臣 香山光郎, 삼가 성수만세를 비옵니다."라고 국궁하면서 천황께 대한 충성의 각오를 굳혔다고 스스로 밝히는 등의 소식은 참으로 민망할 뿐이었다.

그러나, 우리 모두와 이광수에게 불행했던 것은, 그의 이런 노력과 헌신에도 불구하고 그에게도 우리 모두에게도 행복은 오지 않았다는 점이다. 일본의 발악적인 조선수탈은 전혀 감해지지 않았고, 조선의 젊은이들은 여전히 원수를 위한 전쟁에서 피를 흘려야 했다.

밤에 이른 도적같이 해방이 오고, 이광수는 지난번의 잘못된 판단에 대한 책임을 지고 민족의 법정에 섰다. 물리적 법정에도 섰지만 그보다 더 가혹한 양심과 반성의 법정에 그는 스스로를 세운다. 그는 스스로 법률보다 높은 도덕성을 가졌기 때문이다. 돌베개를 베고 자면서.

나는 민족의 - 적어도 민족의 일부, 민족주의자, 청년, 학생의 수난을 완화하려고 내 애국자라는 명예를 버렸다. 그러나 그 명예를 버렸다는 명예를 탐함은 아니었던가. 나는 진실로 맹수에게 물리려는 사람을 구하려고 내 몸을 내어던졌던가.

...(략)...

그러나 나는 내가 할 일을 하여버렸습니다.

내게는 아무 불평도 회한도 없습니다.

나는 '민족을 위하여 살고 민족을 위하다가 죽은 이광수'가 되기에 부끄러움이 없습니다.

천지가 이를 알고 신만이 이를 알 것입니다.

세상에도 이를 아는 동포도 있을 것입니다.

아니, 아는 이가 한 분도 없어도 할 수 없거니와 그래도 좋습니다.

나는 내가 할 일을 하였기 때문입니다.

그는 1949년 2월 7일 그의 살신희생적 민족애를 깨닫지 못한(것 같은) 반민특위에 잡혔고 2월 12일 서대문형무소에 갇혔다. 2월 15일 보석으로 출감했으며, 8월 불기소처분으로 유야무야됐다. 1950년 7월 12일 공산군에게 납치되었다.

이광수를 어느 면에서 읽는가는, 그가 없는 지금, 독자가 결정할 일이다. 어쨌든, 민족의 지도자를 자임하던 그의 모습을 되짚어보는 것은 흥미롭지 않을 수 없다. 그리고 안타깝게도, 그에게 부어진 우리의 신뢰에 비해 그의 지도노선이 매우 바람직하지는 않았다는 것은, 그리고 원컨대는 혹시 우리가 불행해지더라도 제발 그 한 몸이라도 행복해지기를 바랐던 우리 소박한 소망조차 이루어지지 않은 것은, 그와 우리 모두의 불행일 수밖에 없다.

4.

김지하라고 있었다. 우리 청년의 때 두근거리는 가슴으로 남몰래

써본 이름. 그 이름만으로도 입에 침이 마르는 감동을 안겨주던 이. 아직 생존한 이를 과거형으로 지칭하는 것은 실로 미안한 일이지만, 본인 스스로 김지하를 과거 사람으로 하고, 옛 이름인 김영일로 돌아간다고 했으며, 또 새 이름으로 노겸(勞謙)이라는 호까지 지었으니, 김지하를 과거 사람처럼 지칭하는 것이 어쩔 수 없는 일이다.

그가 군사독재정권 아래서 우리에게 선사한 빛나는 노래들을 어찌 다 열거할 수 있으랴. 그게 노래였던가. 어쩌면 그것은 우리 가슴을 뼈개어놓으면 그냥 줄줄줄 흘러나오는 피맺힌 이야기들 같았다. 그를 바라보던 사람들은 그의 모든 작품을 읽을 겨를도 없었다. 그저 그의 「五賊」만으로, 그의 「蜚語」만으로, 또는 그의 「똥바다」 단 한 수만 가지고도, 우리는 그가 풀어놓는 모든 이야기들에 공감했으며, 그의 신들린 듯한 리듬감각에 침을 꼴깍꼴깍 삼켰었다. 많은 문학청년들이 그의 이야기기법을 흠모했고, "시를 쓰되 좀스럽게 쓰지 말고 똑 이렇게 쓰랸다."로 시작되는 엉성한 습작들이 대학에 흘러넘쳤다. 우리는 몇 번 재복사해서 글씨가 꺼먼 덩어리처럼 보이는 김지하의 시들을 읽으면서, 우리와 동시대에 이런 위대한 시편들을 만나는 행운에 감격하면서, 짐승표시 개사슴록변 犭으로 시작되는 억지 낱말 만들기에 며칠을 골몰했었다.

에잇 개같은 세상!
...(략)...
건방지게 無許可着足罪, 제가 뭔데 肉身休息罪, 싹아지없이 心氣安定罪, 가난뱅이 주제에 直立的人間本質簒奪劃策罪, 못난놈이 思惟時間消費罪, 가당찮게 懶怠罪, 죽고싶어 不跳罪, 제가 무슨 뜬구름이라고 現實傍觀罪, 부끄러움없이 仰天罪, 불온하게 胸廓膨脹罪, 분수 모르고 特殊層

限定直立有閑權侵害罪, 무엄하게도 寸分無休增産輸出建設的國家政策
忌避罪, 三不五無七非九勿違反罪, 惑世誣民的流言蜚語思出罪, 同 發音
意慾罪, 同 發音罪, 同 撒布意慾罪, 同 撒布罪, 祖國不敬罪, 母國語卑下罪,
畜生的祖國比喩罪, 世界萬邦祖國畜生視可能性促進罪, 投資環境攪亂罪,
社會混亂助長及社會不安造成罪, 民心煽動罪, 悲觀罪, 厭世罪, 脫俗罪, 利
敵可能罪, 反體制意識罪, 反體制意識鼓吹罪, 以心傳心的反國家團體組織
可能罪, 反國家的內亂陰謀劃策的强力心情保有及同思想抱持潛在的可能
性確實明白可能罪, 그 위에 더우기 特別社會操作法違反罪를 범하였음에

(「蜚語」 중 "소리 來歷"에서)

安道라는 이름을 가진 주인물이 딱 한 마디 내뱉은 욕설에다가
재판소라는 곳이 붙었다는 괴상하고 엄청난 죄명들을 지으면서, 김
지하는 그가 처한 체제의 악의를 희화로 만들었다. 근엄한 표정으로
국가의 안보를 걱정하고 사회의 총화단결을 외치는 저 무시무시한
체제야말로, 그에게는 가장 우스꽝스러운 만화의 주인공들이었다.
이런 류의 문학활동으로 인해 김지하 개인은 체제의 집요한 보복을
받아야 했지만, 그가 명백히 선언한 문학의 우위는 그 암울한 시대
에 문학의 갈 길을 보여준 쾌거로 받아들여졌다.

공권력으로 무장한 검열과 제재는 문학이 당한 치명적 위기였다.
그 시대 권력의 엄격함을 내세운 차가운 잣대는 뚫을 수 없는 철옹
성처럼 보였다. 그러나 김지하는 그들의 내면을 보여주었다. 그 근
엄하고 웃지 않는 거룩한 표정 뒤에 치졸하고 소아병적인 자기방어
본능이 숨어있음을 갈파하고 그걸 만천하에 드러내버린 것이다. 그
들의 어리석음과 머리나쁨과 주먹주의적인 아전인수를 폭로하는
김지하의 경쾌한 리듬 뒤에, 폭로당한 자의 얼빠진 표정을 연상하면
서 모든 이들은 문학의 거대한 힘을 다시금 인식하게 되었다.

김지하는 모든 억눌린 사람들의 해방을 꿈꾸고 있었다. 그가 나중에 다르게 표현하기는 했지만, 자신의 삶과 의지에 대한 가장 명료한 기록이 된 재판 최종진술에서 자신은 국민민주혁명을 시도하고 있으며, 그 내용은 민주, 민족, 민생이라고 드러냈다.

그는 자신을 크리스찬이라고 했다. 크리스찬이란 원죄에 의해 억압된 죄의 사슬을 그리스도가 끊고 해방시켰다고 믿는 사람들이다. 그러므로 김지하에게 있어서 크리스찬이라는 것은 억압된 삶의 조건들로부터 진정한 인간다움의 회복으로 나아가는 원리로 파악된다.

> 그는 크리스찬이다. 그는 한 민족의 정신적 사상을 만들고자 노력하는 구도자이다. 그는 틀 속에 갇혀 있는 규격화된 크리스찬이 아니다. 그의 하느님은 닫힌 교회 속에서 안주하는 하느님이 아니다. 그의 하느님은 우리들의 가난한 이웃 형제들 속에 움직이는 하느님이다. 우리와 함께 있는 하느님이다.(일본 가톨릭 정의와 평화 협의회)

> 김지하가 그의 메모에서 적고 있는 해방의 개념도 위와 같은 기독교적 해방의 개념으로 설명될 수 있으며, 또 이와 같은 뜻으로 해석하는 것이 메모를 이해하는 데 가장 손쉬운 길이기도 할 것이다.
> 김지하는 그의 메모와 진술에서 해방신학의 입장을 견지하고 있다. 해방신학이란 '현재의 불의를 타파하고 보다 자유롭고 보다 인간적인 사회를 건설하여 지금 탄압받고 있는 사람들로 하여금 자기네 운명의 주인공이 되게 하려는 신학의 한 조류'로 정의될 수 있다.(이한택 신부의 의견서)

김지하의 문학활동과 그의 고난에 부어지는 민중의 존경과 위로는 대단한 것이었다. 그의 작품은 나오면 곧 금지되었고, 금지되면 곧 복사되었다. 나중에 그의 작품을 읽는 것이 허용된 이후에는 그의 작품을 연구하거나 수록한 책들도 다수가 나왔다. 그 중에는 책의 제목이 『아! 김지하』인 것도 있었다. 어느 문인이 자신의 이름 앞에 그냥 감탄사만 붙인 책을 가졌던가. 혹 있다면 그도 영광이겠거니와, 김지하에게 부어진 존경은 그냥 감탄사 그 자체였다. 요약컨대 그 시대 김지하는, 반드시 있어야 할 자리에 가장 정확하게 자리잡은 역할의 이름이었다.

시대가 바뀌었다. 내용은 거의 안 바뀌었지만 껍질은 상당히 바뀌었다. 비록 군사쿠데타 세력이 만든 집단에 투항하여 장수가 되었지만, 어쨌든 문민대통령도 나왔고, 비록 눈먼 지역감정의 도움을 받았지만 정권교체도 이루었다. 아직도 안보주의자는 살아 있고, 아직도 가난한 사람들은 소외되어 있으며, 아직도 사회가 총체적으로 정의롭지는 못하지만, 어쨌든 사회는 바뀌었다. 사람들은 자신의 부른 배를 쓰다듬는 데 바빠 옆을 돌아보는 데 인색해졌다. 이제 사회변혁의 이념을 부르짖는 사람은 대학에서조차 희귀해졌다. 이제는 분배와 복지의 정의를 외치는 것이 후진적 발상으로 간주되고 있다.

김지하도 달라졌다. 그의 최근 저작들을 읽노라면, 달라진 정도가 아니라 거의 새로 태어난 정도에 이르렀다. 그래선가, 그도 이름을 갈았다. 과거의 김지하를 그 자신이 버렸다.

그가 새로 주창한 사상은 신시경제(神市經濟), 화백정치(和白政治), 풍류문화(風流文化)를 내용으로 하는 율려(律呂)라는 단어들을 가지고 있다. 어쩐지 전에 이인직이나 이광수가 중년에 무슨 사상이라는 것을 들고 나오던 것을 연상케 한다. 그들도 민족을 구원할 사상이라고 자신만만했는데, 김영일도 어쩐지 그 비슷한 소리를 한다는 점이 걱정이다. 이광수 등이 주창한 사상이 사실은 자신의 행위와 판단에 대한 논리적 호도를 벗어나지 못했었는데, 김영일은 그렇지 않겠지.

이렇게 '각비'를 하며 부용산 물안골짝에 머물기 시작한 뒤 10월 17일 (1999년-인용자) 아침, 그 골짝 '생기마을'의 한 흙방에 앉아 긴 묵상 뒤에 율려춤에 들어갔는데 그때 지금 제가 편지 쓰고 있는 이와 같은 생각들의 윤곽이 한꺼번에 떠오르고 어떤 강한 기쁨이 저를 사로잡았습니다. 이 율려를 그대로 그날 저는 '부용(芙蓉) 예(禮)'라고 이름붙였고, 곧 이어서 생기마을의 이른바 부용당 주인 정성헌 선생과 함께 새로운 담론, 새로운 운동에 관한 저의 새로운 생각을 검토하기 시작했습니다. 그리고 이 생각과 담론과 운동을 총괄하여 '부용'이란 예쁜 꽃 이름을 한번 붙여보기로 하였습니다.

이 무렵 저는 새벽수련중 춤추는 가운데 어떤 강한 느낌을 받았습니다. 동이족(東夷族) 상고문화(上古文化)의 저 유명한 이미지, 뱀 두 마리가 서로 몸을 틀면서 나선형으로 올라가는 이중생성의 이미지입니다. 그러니까 '여와'와 '복희'가 자기소멸적인 합명제적 통합을 하는 것이 아니라 이중적 역설적으로 교호결합하는 자기회귀적 생성의 우로보르스 시간의 이미지입니다. 그래서 저는 다양한 정착적 노마디즘의 호혜시장(互惠市場)인 신시(神市)의 주역인 계(契)꾼들의 첫 얽힘을 기념하고 부용의 율려의통(律呂醫統)이 시작되는 것을 기뻐하는 '얽힘의 예(禮)'를 음력 상달 초열흘, 양력 11월 17일 새벽에 올렸습니다.

적어도 한 시기 우리가 기대하고 의존하였던 지식인에게서 이렇게 순간적인 깨달음의 얘기를 듣는 우리는 황당하지 않을 수 없다. 물론 그가 시인이었고, 그의 시편들이 탁월한 상상력과 언어조직의 깊은 맛이 있었으므로, 우리는 그가 객관적이고 명백한 글만 쓰리라고는 생각지 않았다. 우리가 그에게서 논리정연한 논문을 기대한 것도 아니었다. 그렇지만, 이런 것은 아니었다. 마찬가지로, 그가 반드시 크리스찬이기를 기대한 것도 아니었지만, 그가 제창하는 파시즘 냄새가 나는 민족사상론은 아무래도, 아니었다.

새로 민족의 갈 길을 제시하는 김영일에게서는 정령신앙의 징후조차 느껴진다. 물론 누가 자기 국토를 사랑하지 않겠는가만, 그가 국토(의 일부)에서 느끼는 종교적인 깨달음은 아무래도 유다르다.

> 우리는 간신간신히 취회장소를 확인해 팻말도 표지도 없고 그 누구도 관심조차 갖지 않는 저 황량한 허허벌판, 논두렁 한복판에 우뚝 서서 마음속 깊은 곳 눈물과 함께 한 의식을, '보은(報恩)의 예(禮)'라 이름지은 한 예절을 차렸습니다.
> 천부경(天符經) 구독(九讀), 시천주주문(侍天主呪文) 구독(九讀), 지기금지(至氣今至)의 율려주문(律呂呪文)을 구독(九讀).
> 의미심장했고, 가슴이 떨렸으며 느릿느릿 점점 커져서 허공을 흔드는 목소리 속에 우주와 인류와 동이(東夷)의 수억만 혼백과 동학당 수백만의 흰 옷 입은 원령(怨靈)들이 모여들어 민족의 새로운 율려의통(律呂醫統)의 길, 인류와 지구와 우주의 대율려의통(大律呂醫統)을 집행하는 천지(天地)와 천하대운(天下大運)이 가까이 오고 있는 듯한 강렬한 감동을 그때 느꼈습니다.

최근 김영일의 글들은 그가 지난 시기 추구하던 가치로부터 벗어났음을 선언했다. 그는 우선 자신이 천주교 또는 광의의 기독교로부터 떠나 동학에 도착했음을 알렸다.

> 그러나 기이한 것은 그럼에도 불구하고 한 풀꽃같은 로방(路傍)의 인생

에게도 제 나름의 도통연원(道統淵源)이 분명히 있으니 모든 것이 '한님'
의 큰 자비라 여겨집니다.

　네, 그렇습니다. 못나고 천한 저에게도 분명 그 뜻의 흐름과 그 삶의
뼈대가 있으니, 그간 오랜 방황과 혼돈으로 더 밝게 가늠하지 못했을
뿐입니다. 저의 동학(東學)내림은 증조부(曾祖父) 김영배(金永培)씨로서,
본디가 농사꾼인데 김제(金堤) 김덕명(金德明) 포(包)의 소두목(小頭目)으
로 갑오혁명에 참가했다가

　김영일의 최근 글에 따르면, 동학의 창시자와 그 계승자들은 완전
하고 전지한 존재들이다. 그들의 저작들은 신과 우주와 인간의 모든
질서를 해명하고 있으며, 미래와 이상적인 사회의 모든 원리들을
제시하고 있다. '侍天主造化定'의 주문은 '영세불망만사지' 부분을
떼 낸 채로 단전과 경락과 경혈들의 운행을 일으킨다고 하며, 최제
우의 수심정기(守心正氣)는 후천개벽의 원리를 여는 수련법이라고
한다.

　그의 글은 또 아직 그 진위가 분명치 않은 고대의 책들을 완전한
전거로 인용하고 있으며, 그 내용을 구현하는 것을 민족의 목표로
설정해 두고 있다. 단군(檀君-이른바 멀티 단군)이며 마고(麻姑) 등의
인물과 천부경(天符經) 등의 고서들은 의심없는 실존으로, 완전한
이념으로 그의 글들 속에 등장하고 있다. 주지하다시피 이런 생각들
은 충분히 정리되고 설명되지 않은 상태에서 이처럼 어려운 문자의
탈을 쓰고 대중에게 공급되어서는 안된다. 이미 우리는 미래에 대해
스스로 자신만만하던 예언서들이 가진 그 다의한 비유들로 인해
별 자질구레한 혼란을 겪은 바 있기 때문이다. 그런데도 김영일의
요즘 글들은 그 자신에게는 아주 일상적인 개념들일지 몰라도, 독자

들에게는 지나치게 생소하고 다의적인 용어들로 구성되어 있다. 그가 독자들의 무식을 탓하고 혀를 찬다면 그도 그의 자유이긴 하다. 그러나 우리가 사랑했던 김지하는 그러지 않았다. 지난 날 김지하는, 우리 무식한 자들을 위해 얼마나 조근조근 아기자기하게 노래를 불러 주었던가. 우리가 갑자기 유식해 졌던가.

김영일이 갑자기 난해하고 다의적인 언어들을 미정리상태에서 마구 들어붓는 것은, 처음에는 아무래도 너무 많은 책들이 그에게 한꺼번에 개념들을 들어부은 것이 아닌가 하는 느낌을 준다. 그 다음에는, 이미 다른 사람에 의해 지적된 것처럼 그 자신의 내부에 선각자 강박의식이 있는 것이나 아닌가 하는 생각도 들게 한다.

사람들은 바라보고 있었을 것이다. 김지하는 어떻게 할까. 운동의 대상이 모호해지고 치열함이 실종된 시대, 그러나 아직도 운동의 필요성은 남아있는 이 시대를 김지하는 어떻게 헤쳐갈까. 또 하나, 서정시의 시대는 갔는가. 논란으로 밥먹고 사는 자들이야 뭐라고 하든, 지난날 김지하의 그 서럽게 아름다운 서정시를 그리워하는 이들은 그의 서정시를 기다리고 있었을 것이다. 아직도 서정시는 필요한데. 어쩌면 서정시가 더 필요한 팍팍한 가슴들은 늘어나고 있는데. 그는 그걸 잘 해낼 수 있는데. 그러면 아직도 외롭고 서러운 우리 가난한 마음을 그 따스한 손으로 쓰다듬을 수 있는데.

김지하의 고민은 보다시피 율려사상으로 나타났다. 그리고 그는 김영일로 바뀌었다.

5.

한 성향에서 사랑받던 이들이 모든 영역에서 사랑받기는 어려울 것이다. 누군들 그럴 수 있으랴. 은퇴한 농구선수가 골프로 종목을 바꾸면 꼭 잘 하는가. 골프는 잘하는 사람이 따로 있는데. 김지하도 마찬가지이다. 우리는 그에게 암울하던 한 시대에 우리의 희망을 보여주는 빛이 될 시를 요구했었다. 그리고 그는 그 요구를 수용했었다. 아직도 우리가 기억하는 그의 힘차고 아름다운 시들은 우리 문학의 역사에 살아 있다. 그러다가 바뀐 시대에 우리는 그의 가는 길을 주시하고 있었다. 그는 새로운 사상을 들고 나왔다. 심지어 무슨 정당까지 만들어 정치적 영향력도 갖겠다고 했다. 그것은 김지하가 한 일이 아니라고 하고 싶다. 김영일이라는 다른 사람의 일일 뿐이다. 우리는 그저 김영일이 김지하의 사랑받던 기억과 이름을 도용하지 않기를 바라는 것 뿐이다. 이광수가 향산광랑이던 시절에 이를 좀 불분명하게 했었다. 그러다가 다시 순전한 이광수가 되어서 그를 사랑하던 사람들을 불편하게 했었다. 그냥 향산은 이광수의 기억과 잘 분리되고 그냥 향산인 채로 끝났더라면 좋았을 것을.

그러니까 사실, 우리는 김영일이 어떤 논리로 어디로 가든 크게 신경쓰지 않는다. 서양 책을 좀 읽은 국수주의적 민족담론생산자들은 많다. 김지하 아니라도 충분히 많다. 다 그들의 자유다. 김영일도 그 중의 하나가 되겠지. 그에게도 갈 길이 있고, 갈 자유가 있으니까. 그저, 그가 탐색하는 길이 우리 모두에게 도움이 된다면 다행일 따름이다. 그것도 좋은 길이라니까, 그렇게 되겠지. 아니, 혹 도움이 안된다고 해도, 한때 그를 사랑했던 우리로서는 그 혼자만이라도 행복해지기를 바랄 뿐이다.

쓸쓸하다.

3부

한국소설의 풍경

이제 그립지도 않은 가난

1. 이야기

미신(迷信)은 어디나 있다. 마찬가지로, 미신은 구시대의 것이라고, 미신 타파는 마땅하고 시급한 일이라고, 외치는 사람도 많았다. 그런다고 미신이 없어지나. 미신이 얼마나 뿌리가 깊은데. 미신을 없애자는 미신 타파 운동보다야, 상대도 안되게 연륜이 길고, 관록까지 붙었는데. 무엇이든 데려와 봐라. 미신은 그것을 간단하게 정복해 버릴 수 있다. 미신 타파 운동도 미신으로 만들어 버릴까. 미신을 적대하는 종교도 미신이 되는 길에 나서는 판인데. 미신을 없앤다고, 웃겨. 미신이 누군데. 미신의 비웃음이 들리는 것 같다.

개인적인 미신은 어떤 것이 있을까. 나는 얼굴이 역삼각형인 사람은 머리가 좋다는 미신을 가지고 있다. 중학교 때 공부 잘하고 성질 모질어서 날 부담스럽게 하던 친구가 얼굴이 역삼각형이었다. 그 뒤로도 역삼각형 얼굴만 보면 일단 주눅이 들었다. 많은 경우 얼굴 뾰족한 것이 머리 좋은 거 하고 큰 상관이 없는 것으로 결판이 났는데도, 나는 아직도 턱나온 사람을 만나면 그 얼굴 생김새로부터 자유롭지 못하다.

소설은 어떨까. 소설은 이러저러해야 한다는 각자의 틀을 가지고 있는 것이 아닐까. 어쩌다 소설을 전공하게 되어서 처음 소설 모양을 배우던 때, 그때부터 미신은 자리잡은 것이 아닐까. 네모난 소설은 좋은 소설이고 세모난 소설은 나쁜 소설이다. 네모난 것이 아니면 좋은 소설이 될 수 없다. 네모난 소설 쓰는 사람은 생각도 네모났고, 사람도 좀 네모나게 생겼을 것이다. 하도 그러다 보니까 네모난 소설 쓰는 사람은 좋은 사람처럼 생각되었고, 가끔 세모나게 소설 쓰는 사람은 약간 나쁜 사람처럼 보이기조차 했다.

리얼리즘이란 얼마나 뿌리가 깊은 것이었던가. 역사적으로야 어떻든 개인적으로 리얼리즘의 당위에 젖어 본 사람은, 소설 읽을 때 그 위력을 절감하지 않을 수 없을 것이다. 더욱이 그가 혹시, 문학으로서의 리얼리즘만이 아니라 사회변혁이념으로서의 사회적 현실성에 대해서도 생각하는 사람이라면, 소설 읽을 때 리얼리즘의 힘은 거의 절대적 당위로 작용할 수도 있는 일이었다.

리얼리즘은 미신이었던가. 만약 한때 사회변혁운동을 지탱하던 문학적 조류로서의 리얼리즘으로 읽는다면, 요사이 소설은 도대체 뭘까. 궁극적으로는, 소설이 이래도 될까. 이렇게 흐리멍텅하고 가열차지 않은 물렁탱이들도 소설이라고 불러야 하는 걸까. 저 괴롭고 발랄하던 시절, 선배들이 침뱉으며 쓸어 말했던 이른바 수음문학이 도대체 어떤 거였던가. 바로 이게 그게 아니란 말인가. 리얼리즘은 미신이 아닌가. 그렇지 않고서야 어떻게 동시대의 문학을 이렇게 부르고 싶어질 수 있는가.

가난은 역시 상대적 감각의 일종이다. 아무리 개인적으로 풍요하다 해도 더 풍요한 남을 보는 시선이 고울 수가 없었고, 어쩐지 그게 부당하게 취득한 것 같은 냄새가 솔솔 풍겨오는 느낌도 났었다. 배가 터지게 부르고 옷을 뒹굴게 입어도, 이번에는 메뉴가 신경쓰이고 메이커가 눈에 띄곤 했었다. 그런데 그 배아픔은 어쩐지 실감이 좀 덜 났었다. 배가 아프면서도 배아픈 내가 약간 우습기도 했었다. 그러면 가난은 갔는가. 절대적으로 배고프던 일은, 진짜 못입어 추위에 떨던 기억은 갔는가. 그게 어디 가난이기만 했던가. 가난이 가진 자기모멸감과 인격박탈의 기억. 가난이 생산되던 그 극악한 구조. 그래서 그 타개를 위해 몸을 던지는 아름다운 투쟁의 이야기들. 그런 가난은 이제 갔는가. 만약 그렇다면 이제 소설은 무엇을 써야 하는가. 삶의 치열함이 개인을 넘어서는 공감을 얻기 위해, 소설이 그렇게 매달리던 가난과 경제적 부조리는 이제 설득력을 잃었는가. 그러고도 소설은 또 뭘 쓰겠다고 붓대를 놀리고 있는 것일까.

가난이 그리울 수는 없다. 그렇지만 가난을 깨뜨리기 위해 그처럼 뜨겁게 외치던 목소리조차 그립지 않을 수는 없다. 소설은 어쩌려는 것일까. 문제는 둘이다. 하나, 가난은 끝났는가. 혹시 소설가만 벗어난 것은 아닐까. 그럴 리는 없겠지만 혹시 아직 가난은 우리 사회 밑바닥에 끄떡없이 도사리고 있는데, 잠시 숨죽이고 눈치를 보고 있는데, 소설이 그것을 못본 것은 아닐까. 둘, 어쨌든 가난이 아니라면 무엇으로 소설은 우리 삶의 총체성을 그려낼 것인가. 소설이 사회적 상상력을 잃어도 소설로 가능할까.

미신이다. 소설은 모름지기 사회적 상상력과 치열함을 가지고 있어야 한다고 생각하는 것은 미신이다. 미신인데도 벗어나기 싫다.

2. 권태

소설은 참 많이 씌어지고 있다. 모색이라고나 할까. 그러고 보니 우리가 소설에게 책임을 묻기 전에 소설은 많이 고민하고 있었다.

예를 들면, 고종석은 「누이생각」(문학동네, 2000 겨울)을 썼다. 예쁜 얼굴과 멋진 몸매를 가진 이복누이는 이탈리아 사람과 결혼하여 유럽으로 건너갔다. 몇번의 결혼을 거쳐 지금은 거기서 전시회를 여러번 한 미술가가 되어 있다. 그녀는 나에게 건너오라고 권하지만 실업자인 나는 건너가지 않고 그냥 누나 생각만 하고 있다. 전성태는 「퇴역레슬러」(문학동네, 2000 겨울)라는 작품으로 박치기를 주무기로 하는 퇴역 운동선수의 쓸쓸한 삶을 보여주었다. 김지연은 「어떤 확인」(라쁠륨, 2000 겨울)에서 남편의 외도를 확인하고 남편의 사랑이 식었음을 확인하고 남편이 이혼하고 싶어함을 확인하고 아들조차 무관심함을 확인했다는 내용을 썼다. 신경숙은 「부석사」(창작과 비평, 2000 겨울)에서 어떤 남자에게 버림받은 여자와 어떤 여자에게 버림받은 남자가 같이 부석사로 가다가 길을 잃고 차가 진창에 빠졌다는 이야기를 썼다. 이평재는 「마녀물고기」(문학동네, 2000 겨울)에서 교통사고로 사망자를 내고 뺑소니를 친 의사가 색정광이라는 정신병자가 되어 미쳐버렸다는 이야기를 썼다. 그 밖에도 많은 사람들이 많은 작품들을 썼다.

김종광은 「1997 - 98, 서울, 눈 거의 내리지 않음」(문학과 사회, 2000 겨울)에서 서울이라는 도시에 절망이 깔려 있음을 썼다. 많은 소설들이 데이트니 외도니 무분별한 정사니에 들떠 있는 서울에, 아직 앞이 보이지 않는 절망이 멀쩡한 얼굴을 하고 도사리고 있음을 보이고 있는 것이다. 작중 광호는 지은이처럼 문예창작과를 나온 청년이다. 그에게는 소 팔고 논 팔아 대학을 졸업시켜 준 부모가 시골에 있고, 그가 할 수 있는 일은 출판사 등에서 교정이나 윤색하는 일 정도이지만, 당연히 그에게 마땅한 직장이 돌아오지는 않는다. 그가 원하는 직종은 두 사람을 뽑는데 오십 명이 면접하러 오는 아수라장 구멍이다. 그는 사글세방에 사는데 그 집은 후배의 집이다. 후배의 아버지는 알콜 중독자이고 어머니는 식물인간이다. 광호는 할 수 있는 일이 없다. 그는 갈 데가 없어서 도서관에 나가고 있다. 거기서 만난 사람에게 자신을 이렇게 설명하고 있다.

> "내가 지켜본 바에 의하면 댁은 한 시간 동안 연못만 바라보고 있어요. 대부분의 남자들은 여자를 바라보는데."
> 성욕은 넘쳐흐르는데 그 성욕을 풀 직장이 없는 젊은 수컷에게 도서관만큼 환상적인 곳은 없을 것이다, 라고 광호는 생각했다. 도서관에는 젊은 암컷도 엄청 많았던 것이다.(략)
> "나 역시 주로 여자를 바라봅니다. 관음이죠. 하필이면 댁이 나를 지켜볼 때, 금붕어를 관찰하고 있었을 뿐입니다."
> "무엇을 관찰했지요?"
> 광호는 멋대가리 없이 생긴 이 작자도 자신처럼 어지간히 한심한 청춘이다 싶었다. 묻는 놈이나, 대답하는 놈이나. 하지만 광호는 그럴싸한 답을 해보려고 머리를 굴렸다.
> "외따로 노는 놈요. 금붕어 세계에도 외톨이는 있나 봅니다. 떼거리에 속하지 못하고 혼자 노는 놈이 꼭 있어요."(밑줄-인용자)

이 소설은 제목을 다는 순간부터 김승옥이 쓴 소설의 후편임을 자임하게 되었다. 김승옥은 1964년에 서울에 절망이 있음을 말한 적이 있었는데, 30년이 넘게 흘러도 아직 절망은 도처에 깔려 있다. 그때 김승옥이 개별적인 존재의 외로움과 허무함에 대해 절망하고 있었다면, 이 소설은 그 후편을 자임하되 비교적 느슨한 절망을 이야기하고 있다. 그렇지만 두 소설은 공히 소외된 자들의 불안을 다루고 있다. 다만 김승옥의 소설에는 아내가 죽은 사내에게 아무 동반자가 없고 이 소설에는 광호에게 초해라는 동반자가 있다. 그녀는 공무원 시험을 준비하는 아가씬데, 근거는 없지만 마지막 장면에서 광호에게 희망을 가지라고 말하기는 한다. 그러나, 물론 희망은 없다.

"결정적으로 너넨, 우리집처럼, 땅이 별로 없어. 네 아버지 혼자 짓기에 충분한 땅쪼가리야."

"맞아."

"넌 서울에서 개겨야 돼. 그게 농촌 출신들의 숙명이야. 대학 나온 우리가 농촌에서 뭘 할 수가 있지? 어떻게서든 서울에서 살아남아야 돼. 우리가 개겨볼 데는 서울밖에 없어. 서울만이 우리에게 관대하지."

기수가 또 말했다.

"취직을 해야지?"

"안 되잖아."

광호는 딴은 노력했다고 큰소리를 쳐보았다. 그러나 기수는 직시하고 있었다.

"냉정하게 말해서, 넌 발로 뛰지 않았어. 네가 목숨을 걸고 직장을 구했냐? 갖은 핑계를 대고 소극적이었어. 구하는 자에게 구해지는 거야. 넌, 구하지 않았어. 늦지 않았어. 네가 아는 선배들한테 다 전화해. 제발 좀 취직시켜 달라고 사정해. 벼룩시장에 나와 있는 곳에 이력서를 내. 움직이란 말야."

광호 앞에 주어진 절벽은 견고하고 완강하다. 그에게 이 절벽의 뿌리는 파악되지 않고, 당연히 이 절벽을 돌파할 의지도 전제되어 있지 않다. 이 소설은 다만 여기에 머물렀다. 서울은 절망적이다. 왜 절망인가. 그건 모르지. 그냥 절망이라는 것만 알아 둬. 숱한 소설들이 그렇게 말하고 있었다. 그, 절망의 원인과 강경정도를 따지는 촌스런 짓 좀 그만할 수 없어? 말했잖아, 절망이라고. 그 정도라도 다행이다. 절망이 아니라고 하는 소설까지 있다.

3. 비현실

현실을 현실처럼 그리는 데서 소설이 출발했으며, 그걸 가장 잘 해낼 수 있는 장르가 소설이라는 말이 사실이라고 해도, 소설이 그런 의무감을 가질 필요는 없다. 소설은 상상력을 통해야만 현실적으로 존재하는 세계의 견고한 벽을 깰 수 있었던 것이다. 현실이라는 것은 단단하고 양보가 없는 것이어서, 그것은 가만 있기만 해도 어떤 부연이나 의문이 불가능하게 승리하는 것이다. 그런데 소설이 그 현실 속에만 존재하라는 것은 지나친 주문이다.

김상렬은 「살인자 - 의식의 흐름, 혹은 멈춤」(라쁠륨, 2000 겨울)에서 상상력의 힘으로 우리 속에 내재된 마음바탕을 보이고 있다. 이미 고전이 된 지 오랜 카프카의 작품을 연상시키는 이 단편은, 우리 사회 속에서 상상 이외의 방법으로는 뚫을 수 없는 벽을 겨냥하고 있다. 살의(殺意)란, 당연하지만, 상상 이외의 방법으로 언제 실현되어 본다는 말인가. 그렇다고 살의를 포기할 수는 없는 일 아닌가. 늘 우리 마음 속에 잠재해 있는, 소리안나는 권총에 대한 열렬한 사모, 꼭 그 권총을 쓰고싶을 때, 그러나 쓸 수는 없을 때는 상상으로 여러 사람을 죽여 보곤 했었다. 문제는 그 잠재된 것을 현실 속으로 끌어들이는 것이었다. 카프카는 존재의 의미를 묻기 위해 주인공을 괴상한 벌레로 만들었지만, 이 소설은 살의를 드러내기 위해 벙어리로 만들었다. 옛 소설들이 꿈을 이용하여 현실의 벽을 뚫었듯이 이 소설은 불가능한 사건을 통하여 현실을 깨고 있는 것이다.

반쯤 열린 방문 사이로 허겁지겁 아내를 불렀지만, 그러나 대답이 없다. 여느 때와 다름없이 아이들을 일찍 등교시킨 다음, 이제 남편을 즐겁게 출근시키기 위해 주방 쪽에서 열심히 아침식탁을 준비하는 그네 역시 그의 부름을 전혀 알아듣지 못하는 모양이었다. 그는 탕, 탕, 탕, 문을 두드렸고, 그제서야 영문모른 아내가 힐긋, 무심한 눈빛으로 뒤를 돌아본다. 안타깝게, 그가 말했다.

"나, 나 말야. 내가 맞아?"

"……?"

무슨 장난을 그리 이상스레 치냐는 듯, 그네는 여전히 별 대수롭잖은 표정으로 살짝 눈살을 찌푸리면서 무덤덤하게 넘겨버린다.

수많은 검사와 진료가 있었지만 그의 이 이상한 병은 원인도 찾지 못했다. 중학교 교사인 그는 선량했고 정직했다. 그의 성장 과정이 괴롭기는 했지만 어떤 악의도 없이 세상을 살아나온 그에게 이 돌연한 불행은 납득할 수 없는 것이었다. 그는 의문에 싸인다. 그리고 뜻하지 않은 감정에 휩싸인다.

왜 착하고 선량한 의인은 일찍 죽는가?

정직하게 법을 잘 지키고 거짓말 할 줄 모르는 사람은 왜 평생 힘들고 가난하게 살며, 그렇지 않은 교활하고 잔혹한 악인이 오히려 부당한 권력과 부귀를 맘껏 누리며 호의호식하고 오래 사는 이유는 무엇인가?

그러므로 사랑은 곧 증오의 다른 이름이었다. 증오가 곧 사랑이었다.

그는 순간 또 느닷없는 살의를 느꼈다. 실로 누구에겐지 모를 무서운 살의가 비수처럼 뇌수를 찌르고, 온몸의 피를 들끓게 충동질하였다.

그는 중학교에서 사임하면서 동료들과 제자들의 위선적인 위로와 함께, 한 문제학생인 제자의 진심어린 분노를 경험한다. 다른 학생들은 교사에게 격려를 보내기 위해 절제된 박수를 치고 있었지만,

창걸이라는 그 학생은 책상 위에 머리를 짓찧으면서 자기 담임선생이 이유없이 벙어리가 되었다는 사실 자체에 격분하고 있었다. 그 뒤 주인공은 소리가 닫힌 일상 속에 살아간다.

반전은 의외의 곳에서 왔다. 그는 갑자기 전화기 속에서는 소리를 들을 수 있게 되었다. 그리고 전화를 통해 학교에서 퇴학당한 창걸과 대화를 할 수 있었다. 창걸은 세상의 나쁜 사람을 다 쏘아죽일 수 있는 투명하고 소리없는 권총을 사겠다고 말한다. 그 다음에 느닷없이 죽는 사람이 많아졌다. 경찰관이 죽고, 체벌하던 교사, 국회의원 후보, 목사, 깡패 두목, 음대 교수, 예비역 장성 따위들이 소리도 없는 총에 맞아 죽어갔다. 그는 창걸에게 그 권총을 빌린다. 그리고 그가 죽일 사람의 이름을 생각한다. 동료교사, 교감, 군대 상관, 배신한 여자, 사촌형까지 죽일 사람의 이름과 죄상을 열거한다. 그가 다음날 그들을 찾아 나섰을 때, 그들은 모두 벙어리가 되어 있었다. 그는 자살했다.

꿈속에서 현실의 괴로움을 떨칠 수만 있다면, 꿈이야말로 얼마나 좋은 것이랴. 그러나 만약 꿈으로도 제압하지 못하는 근심이 있다면, 그 감당못할 절망은 도대체 무엇으로 만들어진 것일까. 김상렬의 소설은 절망과 분노를 뚫고싶은 강렬한 욕구를 드러냈지만, 동시에 그 소설은 그것이 견고하고 완강한 것이어서 상상력조차 무력한 것임을 보이고 말았다.

4. 기대

도대체 소설은 어디로 가려는 것인가. 처음으로 계간평을 쓰면서,

그래서 괴로우면서, 끝없이 물어야 하는 질문이었다. 신인작으로 추천된 작품은 그래서 관심을 끈다. 라쁠륨은 이호림의 「태양의 기억이 사라진다」를 추천했다. 두 개의 이야기가 겹쳐 짜인 작품인데, 부딪쳐야 하고 좌절되어야 할 세상의 크기를 상정하는 방법이 두 이야기에서 동일하다. 신화 속의 종족들이 다 형통한 것은 아니지만, 그래도 신화 속에서는 영웅과 승리의 이야기들이 살아 있었다. 그러나, 납득할 수 없는 패배의 기록들도 있었다. 그 중에 아메리카 원주민들의 이야기만큼 황당한 패배가 있었을까. 이 소설은 그런 패배의 성격을 찾아보려는 작가의 노력을 보여준다.

명백히 정의롭고 명백히 평화로운 아메리카 원주민들에게, 명백히 불의하고 명백히 사악한 백인들의 침노는, 당연히, 명백히 나쁜 짓이었다. 그런데 백인들이 승리했고 백인들의 나라는 번창하고 있다. 물론, 원주민들은 성병과 마약 틈새에서 밀살되는 중이고. 그러면 역사는 뭔가. 우리 삶은 명백히 나쁜 자들의 승리로 귀결되는 것인가. 만약 그게 백인들의 강력한 힘 때문이었고, 그러므로 그것을 강자승리의 원칙으로 보면 그런대로 이해할 수 있는 것이라고 강변한다면, 사라져간 저 많은 사랑과 추구는 어떤 이름으로 불려야 하는가.

빛의 창시자라는 위대한 인디언 아파치들이 멸망한 것은 그들을 침략한 서구 문명과의 전쟁에서 패했기 때문이라고 일반적으로 알려져 있지만, 일반에겐 알려져 있지 않은 보다 근본적인 원인이 있었는데, 오래전부터 아파치족 사이에서 전설처럼 전해 내려오던 예언이 실현된 탓이었다. 아파치족은 용감하고 위대한 종족이어서 그 예언이 실현되지만 않았다면 아파치족이 멸망하는 일은 결코 없었을 것이다. 아파치의 마지막 추장

'위대한 제레니모'는 불패의 운명을 지니고 태어난 인물이었음에도 잭슨이라는 영국 런던 출신의 부랑아에게 패하고 만 것은, 개인의 운명을 뛰어넘는 신탁의 힘이 '위대한 제레니모'의 운명을 옭아매었기 때문이었다.

신탁은 있었고, 당연히 신화의 후계자들은 신탁을 두려워하지 않았으며, 신은 그들에게 패배를 내렸다. 그러므로 그들은 결코 그들이 백인 침략자들보다 약하거나 어리석어서 패한 것이 아님을 보였다. 추장 제레니모는 그의 부하들과 더불어 용맹한 싸움을 벌여 어둠의 세력들을 패퇴시켰다. 대승이었다. 그러나 신은 그들을 패배시키기로 했으며, 이를 안 제레니모는 그의 부하들과 더불어 무모하고 전면적인 영토회복전쟁을 벌여 일거에 멸망하였다. 그들은 신의 의지에 의해 멸망했을 뿐만 아니라, 신의 의지에 의해 멸망하고싶어했다. 그것만이 그들의 패배를 스스로 납득할 수 있게 해 줄 수 있었다. 그들은 선량했고 용감했으며 평화를 사랑했다. 그들이 신의 의지 이외에 어떤 이유로 패배해야 하는가.

이 신화를 지켜보는 주인공은 소설을 쓰려는 실업자이다. 그는 아무 희망이 없음을 알고 있으며, 그가 스스로 욕실 천장 너머에 있다고 생각하는 신에게 죽음을 달라고 빌고 있는 사람이다. 당연히 생업이 없지만, 다행히 형과 누이가 죽은 어머니의 자서전을 출판하기로 하면서 그 돈 중에서 얼마를 빼돌려 목숨을 잇고 있다. 또 어떤 여자와 가끔 만나면서 용돈을 받기도 한다. 그는 자신이 유능하다고 생각하지는 않지만, 이처럼 사회에서 말살되어야 한다고는 생각하지 않고 있다. 그러나 그는 말살되어 가고 있다. 그는 격렬하게 저항하지 않는다. 그러나 어떤 존재에게든 자신의 말살을 이해할 권리는 있다. 아파치의 멸망은 그에게 보여진 모델이다. 이해할 수 없고 용서할 수도 없는 소외와 전락을 사실적인 구조에서는 설득해 낼 수 없었던 것이다.

이 소설은 그러므로 절망적이다. 신탁이라고 밖에는 설명할 수 없는 패배가 일어나는 우리의 삶을 드러내는 것이다. 그런 인식이 현실적 철저함이나 극복의 전망 따위를 담보하고 있는 것은 아니다. 또, 그럴 필요도 없다. 만약 현대인의 삶이 이처럼 철저하지도 극복적이지도 않다면, 이 소설은 사실적이다.

5. 이제 그립지도 않은 가난

한국문학은 참으로 오랜 기간 동안 가난을 문제로 싸워 왔다. 가난을 어떻게 표현할 것인가. 가난은 착취의 결과인가 개인의 불운인가. 혹시 가난이 사회구조의 결과물은 아닐까. 그렇다면 그것은 어떤 방법으로 해결될 수 있을까. 그 해결방법이 소설창작 방법론으로 정착될 수 있을까. 이렇게들 싸워 왔다. 그러다가 갑자기, 정말 갑자기, 눈앞에 가난이 안보이게 되었다. 가난이 없어지자, 싸움은 황당해졌다. 자본주의의 사각지대에서 태어나 자본주의의 모순을 극복하겠다는 것이 리얼리즘이었으며, 리얼리즘이라는 말 앞에는 '비판적' 또는 '사회주의'라는 말만 붙일 수 있다는데(伊東 勉), 그러면 이제 리얼리즘도 끝이 났는가.

문학 중에서도 현실적이어야 한다는 압박을 끝없이 받고 있는 소설 쪽이 다급해졌다. 가난 말고도 구조적인 따돌림이 더 있다는 것을 찾아내려는 노력이 시작되었다. 권력의 편중과 그 권력의 악행은 어떨까. 남성우월주의의 멍청함은 어떨까. 더 깔끔하게는, 이제 소설은 그런 거대담론을 벗어버리고 경쾌하고 일상적인 소재들 속으로 들어가는 것이 어떨까. 어디서든 소설의 설자리를 찾아야 한다는 다급한 몸짓은 보이고 있다. 무엇을 찾았던가.

소설이 자신의 생명줄인 서사의 끈을 놓치고 허둥대는 사이에, 80년대적 삶과 생각을 청산하겠다는 사조와 웬 미제 뒤죽박죽 모더니즘이 얼른 그 자리를 채워버렸다. 그러자 소설은 크고 진지한 삶에 대한 고민보다 작고 개별적인 삶의 뒤틀림에 더 관심을 가져버렸다. 지나고 보면 그건 다행한 일이었을 수 있다. 세계사적 개인들에 의해 진행되는 세계사적 고민들이 만들어낸 거대관심 소설들의 홍수 속에서, 자잘하고 사소한 사랑과 미움이 묻혀진 것이 얼마였던가. 그 동안에 소설은 기법적인 발달을 이룰 수도 있었고 감각적이고 파편적인 것에 대한 더 많은 축적을 이룰 수도 있었다. 그러고 나서 다시 소설의 진정한 고민거리가 찾아진다면, 그때 그 축적을 유용하게 쓸 수도 있는 것이었다.

그러나 소설은 가난이 빠진 자리를 너무 크게 의식하고 있었다. 가난이 가진 명료한 갈등의 경쾌한 이미지에 너무 오래 길들어 있었다. 착취와 피착취, 억압과 저항 등의 대립항들이 주도해 가는 소설은 쓰기에도 읽기에도 부담이 적었다. 그런 정면대립에 순응한 소설은 다른 비스듬한 대립들도 정면인 것처럼 착각하게 되었다. 자연과학적 발전과 생태의 문제도 그렇고, 도시적 삶의 양식과 전통적 가치관 구현의 문제도 그랬다. 소설은 남성과 여성의 문제도 거의 부르조아와 프롤레타리아의 관계로 구현하곤 했다. 그것은 소설의 잘못이 아닐 수도 있다. 그것은 그만큼 가난이 강한 영향력을 가졌기 때문이랄 수도 있다. 그렇지만 가난 이외에도 인간의 삶을 드러내고 그 의미를 제시하는 관심사는 있을 수 있다. 그것은 아주 치열하지 않을 수 있고, 복잡한 상상을 동원한 것일 수도 있다. 더욱이 그것은 정면대립을 전제하지 않았을 수도 있다.

소설을 잡고 있던 우상 중에는 과학주의적이고 모사적인 현실반영론이라는 것이 있다. 물론 모든 우상을 배격할 필요는 없지만, 그것은 소설에게 적지 않은 부담이 될 수 있었다. 이 현실반영론의 근간에는 어떤 형태로든 억압하는 자와 억압받는 자가 상정되어 있고, 가끔 그 대립이 없다고 항변하는 경우에는 감각도 없는 무골충으로 대접받기도 했다. 적어도 권력의 편중이나 재물의 편재라는 면에서 그것은 당연할 것이다. 권력이나 가난으로 말하자면, 그것은 억압이나 착취가 없이는 도무지 발생하지 않는 것이기 때문이다. 만약 권력이나 가난을 말하면서 그것을 대립적으로 파악하지 못한다면 그건 무골충이 틀림없을 것이다. 그러나 모든 현실적 상황이 이러한 이분법적 편재로 인한 것이지는 않았다. 돈과 권력 이외의 대부분의 현실적 편재는, 억압과 착취에 의한 것이기보다 선호와 기회에 의한 것이었기 때문이다.

이 글은 지금까지 쓴 글 중에서 가장 답답한 글이다. 알 수 없다. 무인도에 1남1녀가 표착했는데, 서로 마음에 들지 않는 상대일 때, 그들도 애를 낳을 것인지. 소설 읽기에 눈이 너무 고정되어 있었다. 가난에서 파생되는 대립과 그 대립의 추이를 지켜보는 데에 너무 오래 매달려 있었다. 거기서는 온갖 거대한 문제들이 파생되었고, 소설들의 표정은 비장하게 번들거렸다. 그러나 지금 소설들은 사소해졌다. 이름이 특이한 남녀가 만나서 사귀기로 했다는 내용만으로도 관심을 끌 수 있는 게 소설이다. 다는 아니지만, 그 오랜 우리

창고를 들여다보곤, 꼰데들, 입밖에까지 내는 소리가 들리곤 했다.

가난은 이제 그립지도 않다. 소설도 그렇게 말하고 있다. 언제까지나 가난에 매달리겠느냐고. 이제 다시 소설에게 물을 차례다. 그러면 소설은 무엇을 쓸 테냐.

가슴도 안아픈 사랑

1.

시간은 있는가. 시간은 무엇을 원하는가. 시간이 있지 않다면 우리가 이렇게 시간을 의식하고 살지 않을 것이다. 시간만큼 우리 마음을 강박하는 것도 흔치 않았기 때문이다. 아아, 지독한 감독관. 그래, 복잡한 얘기 할 것 없이, 시간이 있다 치자. 그러면 시간은 무엇을 원하는가. 시간은 사실이 견고해지기를 원하는가. 아니면 더 흐물흐물해져서 없어지기를 원하는가.

시간이 흐르면서 사실들은 시간의 뒤에 숨어 들어간다. 잘났든 못났든 사실들은 다 시간의 등뒤에 숨어 있고, 시간만 멀쩡한 얼굴을 하고 시치미를 뗀다. 사실들 중에 가끔 눈만 빼꼼 내놓은 것도 있지만 대개는 아주 머리카락까지 꼭꼭 숨어 버리기도 한다. 처음에는 그게 좀 어설퍼 보이고 숨어도 잘 보이지만, 시간이 차츰 색칠을 하면 그게 자꾸 흐릿해지면서 마침내는 흐리마리한 게 보일듯 말듯 하다가 안보이게 되는 것이다. 그러니까 시간은, 사실이 흐려지다가 없어지기를 바라는 것인가. 미래는 누구도 아직 완성된 것이라고 하지 않는다. 당연하다. 미래는 완성되지 않았으니까. 현재도 아직 완성된 것은 아니다. 역시 당연하다. 그러면 과거는 어떨까. 과거는 완성된 것이니까, 과거는 흐릿해지다가 없어져 주려나. 시간의 등뒤에 숨어서 새벽별처럼 스러져 줄까.

그런데, 우리 삶은 참으로 엉뚱하다. 시간의 의도와는 관계없이 지나간 일들이 생생해지기도 한다. 시간이 흐르면 흐려져야 할 기억이, 어떤 경우는 더 또렷해져서 가슴을 치는 것이다. 미래나 현재에 비하면, 과거는 견고하다. 이미 밟은 길은 이미 밟아 버렸고, 이미 아팠던 가슴은 이미 아팠으니까, 과거는 얼마나 단단하고 힘센지 의문의 여지가 없다.

시간은, 흘러간 시간은 자주 우리에게 이미 화석이 되어 변형불능으로 굳어 있는 사실들을 들추어 보여준다. 그러면서 끝없이 묻는다. 시간이 무엇을 원하는지 아느냐고. 우리는 시간이 흐르면 사실이 흐려지고 없어질 것이라 생각하지만, 아니 정직하게는, 기대하고 있지만, 시간이 흐를수록 사실은 어쩔 수 없는 단단함으로 나아간다. 시간은, 우리 어리석은 기억은, 거기다 색칠까지 한다. 그리고 시간이 더 흐르면 이제는 그 중에서 단단한 것들만 색깔있는 바위가 되어 가슴에 쌓인다. 가슴은 그래서 아프다.

소설은 시간이 훑고 지나간 사실들을 주워 모아 그것들 중에서 우리 가슴을 치는 조각들을 재구성한다. 그러니까 소설은 우리 삶보다 더 단단하고 더 아프고 더 가슴저리다. 소설이 사회의 구조적 모순을 그리면 그 모순이 환하게 드러나고, 소설이 강고한 의지의 대립을 그리면 그 대립은 확연해지곤 했다. 만약 소설이 가슴아픈 사랑을 그렸다면 우리는 그 사랑의 안타까움에 잠을 못이루기도 했을 것이다.

그런데 만약, 소설이, 사랑은 가슴아픈 것도 아니고 안타까운 것도 아니고 뭐 그냥 별거 아니야, 라고 한다면 우린 어떻게 해야 할까. 사랑이 그냥 덤덤하다는데.

2.

이문열이 아직도 문제다. 이문열은 아직이 아니라 두고두고 문제일 사람이다. 이번에는 강준만, 이명원 등의 대논객들이 "파시즘", "문화권력", "기만의 수사학" 등의 언어로 폭격을 가했다.(비평과 전망, 2001 상) 잘 했다. 이문열에 대한 대대적인 공격과 세밀하기 짝이 없는 분석은 한국문학을 위해 좋은 수술데이터를 축적해줄 것이다. 가끔 문학적으로든 생물적으로든 활동이 정지된 분들에 대한 치밀하고 전문적인 연구가 진행되는 것을 보면, 꼭 부검을 하는 것 같다는 생각이 들곤 했다. 죄송하지만, 부검이 어디 사자를 위한 것이었던가. 사자를 위해서야 그냥, 왜 죽었는지나 알면 그만이지만, 남아 있는 사람들에게 좋은 자료가 되기 위해 그 부검과정은 그렇게 정밀하고 가끔 시시하기까지 했던 것이다. 더욱이 이문열은 아직 왕성한 작가다. 그러면서 그 많은 논란과 수술의 대상이 된 작가다. 더 관심있는 것은, 자신에게 닥쳐오는 수술칼에 대해서조차, 품질 논쟁을 할 수 있는 작가가 이문열이라는 것이다. 이문열에 대한 논쟁은 더 계속되어야 한다.

이문열에 대한 논쟁은, 논쟁당사자들의 의도보다 더 많은 성과를 우리 문학에 선사할 것이다. 이문열은 자신에게 가해지는 논평에 직접 또는 간접으로 대응할 것이고, 어쨌든 탁월한 작가가 당대의 논평에 문학작품으로 대응하는 여러가지 풍부한 선례를 남기게 될 것이기 때문이다. 이문열은 대개 자신에 대한 평론에 민감하게 대응했다. 어떤 경우는 좀 지나친 감이 있기도 했다. 만약 그가 무명이었더라면, 일부러 이름을 알리려 한다는 혐의조차 있도록, 그는 일일이 대응했다. 더러는 자신의 명성뿐만 아니라 그 자신이 옹호하는 가치체계에까지 치명적인 모욕이 가해지는 것도 감수했다. 그 정도로 자신에 대해 몰이해한 사람들이라면 무시함직도 한데, 이문열은 여전히 왕성한 의욕으로 그들과 상대하고 있다.

이번 호에서 문제가 된 작품은 『선택』으로 인한 논쟁이 가라앉으면서 발표된 『아가』라는 장편이다. 그것은 특이한 장애를 가진 당편이라는 여성과 그를 따뜻하게 감싸고 있는 전통사회의 눈길에 대한 이문열 특유의 호의적 해석을 담은 작품이다. 이문열은 다른 작품에서도 항용 전통사회에 대해 그 아름다움을 설명하고 묘사해왔으며, 또 그러기에 희생이 필요하면 희생도 마다하지 않았었다. 이 작품에서도 그런 점은 마찬가지였다. 당편이를 거두어 길러준 녹동어른으로 대표되는 씨족마을은 여러가지 부정적인 성격을 스스로 드러내고 있지만, 작중에는 호의와 그리움만으로 되살아나고 있다.

당편이라는 개인의 삶은 아마 실제로 있었을 것이다. 혹시 이름과 형편이 다르다고 하여도, 이 작품에서와 같은 상황은 충분히 가능했을 것이다. 그리고, 그런 경우 그 장애인의 불편을 납득하고 그의 삶에 배려하는 공동체의 호의도 있었을 것이다. 그러나, 그 모든 배려와 호의가 이 작품의 경우만 했지는 않을 것이다. 아마 각자의 삶에, 먹을 밥이 부족했던 상황에서, 어디에서 이 정도의 배려가 가능했을까. 가끔 그런 생각이 든다. 이문열만큼 상상력이 빈곤한 작가도 없다. 이문열은 정말 겪은, 적어도 겪을 수 있었던 사건밖에 그려내지 못하는 작가다. 그의 상상력이란 게 도무지 일정한 가치관의 폭을 넘어서본 일이 없으니까. 이런 류의 소설에서, 이문열은 그가 겪었든 아니든 그가 긍정하는 상황만을 그리고 있다. 그 상황은 요즘과 모양이 다를 수도 있다. 왜냐하면 그는 요즘처럼 사람에 대한 인식이 개인화하고 서양화한 시대를 그리고 있지 않기 때문이다.

작중의 시기쯤 전통사회의 한 모퉁이에서 스산한 삶을 이어가던 장애인들은, 갑자기 달려오는 유능한 개인들의 발굽에서 나는 모래바람에 뒤덮였을 것이다. 그들은 온전히 호의에 의하지 않고는 살아갈 수 없는 삶이었기에 그들에게 닥친 새로운 가치관은 놀랍고도 힘겨웠을 것이다. 그런데도 그들을 거두어 보호하는 사람들이 있었다면 그 사람들은 어떤 마음이었을까. 그들은 그 장애인들을 무시하고 혹은 모욕하며, 여성이라면 성적으로 위해를 가하려는 태도였을까. 그건 혹시 요즘 형편을 보고 요즘 생각으로 당시를 짐작한 것은 아닐까.

당편이는 성희롱도 당했다. 가끔 약간의 악의적인 장난에도 여성으로서 모욕을 당했다. 당편이의 두번에 걸친 결혼생활을 서술하는 이문열의 어투에도 마땅한 존경의 표시가 없었다. 당편이는 요샛말로 하면 여성으로서의 존엄을 보장받지 못하였다. 그런데, 혹시 그것이 이문열류의 사랑이 아니었을까. 만약 이문열을 포함한 작중의 인물들이 당편이에 대해 가진 사랑이 그렇게 표현된 것이라면 어떨까. 물론, 요새처럼 세련된 것은 아니지만. 물론, 촌스럽고 물론, 많은 헛점이 있지만.

아직 병환이 깊지 않아 기동이 자유롭던 시절 녹동어른은 집안을 휘젓듯 철퍼덕거리며 돌아다니는 당편이를 걸음까지 멈추고 흐뭇이 바라보다가 누구에게랄 것도 없이 말하곤 했다.

"허엇 그거 참. 저년이 저래 지딱거리며(흥이 나서, 혹은 거들먹거리며) 댕기는 걸 보면 집안이 다 훗훗(훈훈)해진다 카이."

그러면 듣는 사람도 그 말뜻을 바로 알지는 못하지만 비슷한 느낌에

빠져들었다고 한다.(아가, 113)

이문열은 이번에 토론할 주제가 아니다. 그런데 강준만과 이명원이 깔끔한 글로 사람을 꾀어 이문열에게로 유도해버렸다. 이 글의 관심은 이것이다. 이문열의 소설에도 사랑이 있는가. 혹시 그거 가짜사랑 아닌가. 그건 이문열이 자기의 전통지향적 보수주의를 호도하기 위해 깔아놓은 것이며 간단하게 요약하면 기만의 수사학 아닌가. 이문열소설에 무슨 사랑이 있다는 말인가. 문화권력의 추악한 정략뿐인데.

그러면, 다른 소설에는 사랑이 있는가. 거기서는 여성성이 이문열보다 잘 보호되고 있는가. 혹시 거기서 여성성은 더 시궁창에서 짓밟히고 있지만 문화권력을 가지지 못했기 때문에 욕이라도 안먹고 있는 것은 아닌가.

3.

강준만이 이문열을 타작하고 있는『비평과 전망』2001년 상반기호에 장태일의 「틈」이 실렸다. 일단 줄거리를 요약하면 다음과 같다.

나는 스물세살의 여대생이다. 그해 아버지의 제삿날 나는 다음 학기의 등록도 못하고 대학 취업지도과의 주선으로 음반재고파악하는 곳에 아르바이트로 일하게 됐다. 거기서 만난 여직원과 한달동안 동성애 동거를 했다. 학교식당에 갔다가 취업지도과의 직원을 만났다. 그는 무단으로 아르바이트를 그만둔 것을 꾸짖었고, 그날 그와 여관에 갔다. 무기력하고 무성의한 그와의 관계가 3년 지속되었고, 그와 헤어졌다.

어떤 작품이든지 요약해놓고 보면 건조하고 무의미해 보이게 마련이지만, 이 작품은 본문을 읽어도 위의 요약문과 그리 다르지 않다. 작중의 주인공은 벌써 내부가 무너져 있었다. 그녀는 누가 무너뜨리기 전에 스스로 무너지기를 갈망하고 있었다.

차라리 그 남학생들이 무슨 말이라도 좋으니 말을 붙여주었으면 했어요. 시간을 좀 내달라면 얼마든지 내 줄 수 있을 것 같았어요. 술도 마시고 함께 춤도 출 수 있겠죠. 불안함을 떨칠 수만 있다면 뭐든 할 수 있을 거예요. 그러다 마침내 혼자 남겨지는 건 어쩔 수 없어요. 그건 누구에게나 결국 일어나는 일이니까. 하지만 그날 그 장소에서 우산을 펴들고 혼자 걸어나오긴 싫었어요. 그건 너무 무서운 일이었죠.

그녀가 이런 절망감에 싸인 이유는, 그때 비가 오는데 자기가 가진 우산이 슈퍼마켓 개업기념으로 받은 살 부러진 우산이라는 것 때문이었다. 언젠가 말한 적이 있지만, 가난이 그 구조적 생태를 잃어버리면 이렇게 사소해진다. 아마 이 소설도 가난으로 인한 자기모멸감을 다루고 있는 것 같은데, 작중에는 가난이 아주 피상적으로 인식되어 있다. 알다시피 가난은 거의 전부 사회적 문제이다. 이 작품의 경우에는 더욱 그런 성격이 짙다. 그런데도 주인공은 그런 데에 시선이 미치지 않으며, 작가도 관심을 가지고 있지 않다. 그렇다면 가난은 이 정도로 인식될 수 있다. 슈퍼 이름이 새겨진 우산을 쓰고 남학생들 앞에 나서는 것보다는 그 남학생들에게 무너지는 것이 낫다.

그러면 이 작품에서 여성은 충분히 한 인격체로 대접받고 있는가.

아니면 최소한 여성 자신이라도 그러기를 원하고 있기나 한가. 처음 창고회사 여직원과 동성애 동거를 하다가 헤어질 때도 그냥 간단히, "지겨워졌어. 갈 곳이 정말 없는 거야?"라는 한 마디로 끝났다. 그녀와의 레즈비언 동거에서도 무미건조한 꿈속에 들어와 있다는 느낌을 가지고 있었을 뿐이다. 대학 취업지도과 유부남과의 무의미한 관계가 끝나는 장면도 그보다 더 부드럽지 않다. 그러고 난 뒤 여성에게 분명한 자기인식이나 힘찬 재기의 의욕이 일어나지도 않았다. 여성성을 존중한다든가 존중할 수도 있다는 어떤 가능성도 찾을 수 없었다. 그저 한 가난한 여대생이 동성애자와 유부남 등과 불성실한 성적관계를 가졌고 그게 아마 허무한 것 같다는 정도의 이야기이다. 혹시 이 소설이 다른 심오한 주제를 감추고 있는데 그걸 못 읽고 한데서 헤매는 것은 아닐까. 면밀히 반성해 봤지만 다행히 그런 것 같지는 않다. 미안하다.

사랑이라는 것이 사소해지고 일상화되고 의미가 엷어지면서 성행위의 의미도 마찬가지로 가벼워졌다. 그러면서 여성이 성행위의 주체적 결정자로 떠올랐고 그 행위의 결과가 가진 심각함도 마찬가지로 여성에게 지워졌다. 박청호의 「조금 춥고 쓸쓸한」(세계의 문학, 2001 봄)에는 제목처럼 춥고 쓸쓸한 성행위가 그려져 있다.

현재 실업자이며 조금 전에는 자기사업을 했고 그 전에는 회사원이었던 유부남은, 전 직장의 처녀사원과 몇번의 잠자리를 거쳐 지금 안면도로 여행을 온 길이었다. 여성은 지금 임신중이었는데, 그들은 별 의미없이 여행을 다녀왔다. 그리고 그냥 전화통화를 했다.

아무래도 이 요약은 잘못된 것 같다. 어떻게 소설이 이렇게 사소할 수 있을까. 그런데 아무리 살펴봐도 이게 전부다. 여성은 유부남과 여행 중인데 임신은 했지만 그걸로 심각할 것도 아니다.

　　"하하하. 농담이에요. 그때 한참 세 남자를 동시에 만났잖아요. 옛날 만나던 남자, 기획실 미스정이 소개한 남자, 그리고 세무사. 근데 하필 거의 같은 시기에 셋 다하고 잔 거예요. 당신까지 포함하면 넷. 당신은 선수니까 아니고. 나머지는 사랑한다는 이유로 그냥 고go했으니까 셋 중 하나죠, 뭐. 근데 알 수가 없잖아요. 하루에 둘을 만난 적도 있고. 병원에서도 애를 낳아서 유전자검사를 해봐야 알 수 있대요. 그러니 그 세 남자한테 혹시 네가 애아빠일지도 모르니 기다려라, 애를 낳아 유전자감식을 해보면 다 알게 될거다, 이렇게 말할 순 없잖아요. 그저 서로 눈치만 보고 있죠, 뭐. 아마 다들 애아빠가 자기일 거라고 생각해요. 이젠 또 임신할 걱정 없으니 맘껏 할 수도 있고 좋지 뭐예요. 당신도 오늘 그렇지 않았어요?"

　그러면 여기서는 여성이 보호되고 있는가. 이제는 여성이 성적 자기결정의 주체인 것이 확연해졌다. 거기에는 문제가 없다. 그렇지만 이렇게 사소해지는 것이 사랑이고 그것이 진정한 것이라면 차라리 진정하지 않고 마는 것이 낫겠다. 비록 그로테스크한 비장함이 좀 우스꽝스럽긴 했으되 우리는 그래도 사회 정의를 외치는 쪽에 무게를 두고 싶다.
　가끔 이렇게도 묻고 싶다. 혹시 우리가 이러고 있기를 원하는 검은 세력이라도 있는 게 아닐까. 그렇지 않고서야 어떻게 문학이 이렇게 갑자기 무너져 내린단 말인가. 우리가 이렇게 넋놓고 있을 때, 지난날 그렇게 피흘려 쌓아온 인간다움의 성과를 또 도둑질당하는 것은 아닐까. 아닌가. 내가 너무 공작정치 구경을 많이 한 건가.

조경란의 「라메르 모델하우스」(작가세계, 2001 봄)에도 사소한 사랑은 등장한다. 일찍이 대연각호텔사건을 소재로 했던 김지하의 시를 연상시키는 화재사건 배경소설이다. 2000년 12월 31일 밤에서 2001년 1월 1일 새벽 사이에 압구정동 네거리의 화려한 건물에서 망년파티 중에 대형 화재가 났다고 하면서 이 소설은 시작된다. 다들 영문 이니셜로만 등장하는 인물들은 감독, 배우, 모델, 작가, 교수, 기획사 직원 등이고, 그들이 입은 옷은 크리스찬 디올, 목선이 패인 모피 드레스 등이다. 화려한 무대가 오래 이어지고 그들 사이의 이런저런 대화가 상세하게 묘사된다. 어떤 남자와 여자는 화장실에 가서 문을 잠그고 성급하게 정사를 나누고 사람들은 새해를 맞는 카운트다운을 센다. 사람들은 충동적으로 몸을 흔들어대고 모델들은 옷을 벗고 무대에서 춤을 추고 있다. 그 순간에 화재가 발생한다. 불은 걷잡을 수 없이 번지고 어떤 사람은 절망적인 사랑을 나눈다.

요새야 다르지만 그래도 화재는 김지하정도 돼야 문학의 소재로 삼을 만하다. 이게 뭔가. 그러니까 절망도 지겨워지면 화재정도는 돼야 절망 냄새가 난다는 것인가.

4.

이렇게 사랑이 사소해지고 있는 소설들 속에 이름만으로도 무게가 느껴지는 김원일은 다른 종류의 사랑을 보여주고 있다. 그의 중편 「나는 두려워요」(작가세계, 2001 봄)는 지금까지 읽은 김원일과 너무도 달라서 놀랍다. 그의 우울하고 회색나는 성장소설들만 기억하고 있는 얕은 독서량에, 이 소설은 특이하면서도 주목할만한 변화로 충격을 주고 있다.

선종을 앞둔 윤여은이라는 여성이 주인공이다. 그녀는 1920년생인데 어린 시절 가난한 언청이 소녀였다. 진주 부근에 살던 그녀는 언청이를 고쳐준다는 선교사의 말에 선교사 집에서 심부름을 하면서 자랐다. 언청이수술을 했고, 신식교육을 받았고, 교사가 되었다. 사범학교 사학년때 그녀를 짝사랑하던 남학생이 기차연결통로에서 그녀에게 사랑을 고백하다가 거절당하면서 실수로 떨어져 죽었다. 그녀는 평생 결혼하지 않았고, 하나님의 사랑에 온 생을 맡겼다. 많은 곡절을 겪었지만 더 많은 선행과 선교사업으로 그녀의 일생은 꽃처럼 어여뻤다. 임종의 순간 그녀는 자신의 삶에 대한 깊은 회개로 마지막 신음을 뱉는다. "저, 저는 주님을 만나기가, 두, 려, 워, 요……"

소설이 개별적인 삶을 하나하나 완전히 그려낸다는 것은 가능하지도 않고 필요하지도 않다. 그러므로 소설의 삶은 대표적이며 구조적인 것이다. 작중의 개인은 개인으로서 의미있지는 않다. 홍길동전은 박길동전이거나 조길동전이거나 문제가 아니다. 서자가 반발하고 새 나라를 건설한 것이 중요한 것이다. 그렇다면 이 소설은 무엇을 보여주고 있는 것인가. 주님의 은혜로, 한 보잘것없는 시골소녀가 평생을 모범되게 살다 갔으며, 많은 사람들이 그녀의 삶을 추모한다. 이것은 대표적인가, 구조적인가.

작중의 여성은 개인으로서의 삶을 포기했다. 보잘것없는 자신에게 부어진 주님의 사랑이 너무도 크고 감격스러워 개인적 행복은 추구할 수 없었던 것이다. 그녀가 선천적으로 가졌던 장애는 그것이 선천적인 것이므로 인간적인 방법으로는 해결될 수 없는 것이었다.

그것은 구조적으로 해명될 수도 없는 것이었고 현세적으로 원인을 찾을 수도 없는 것이었다. 참으로 진부한 것이지만, 어쩔 수 없이 초월적 질서에 의존하지 않고는 해결될 가능성이 없었다. 이 소설이 그래도 의존할 수 있는 서사적 설득력은 이것뿐이다. 그것마저도 실은 주님의 은혜로 언청이가 기적적으로 치료된 것이 아니라 서양 선교사의 호의로 수술한 것이라면, 이제 이 소설은 그냥 한 행운의 여인이 예수믿고 선행하다가 죽었다는 이야기로 끝날 수밖에 없다. 개인을 기념하려는 의도가 아니었다면, 소설적 상상력이나 서사적 긴장이 느슨해져서 한 모범된 여인의 참된 인간애를 드러낸 교훈적 소설이 되었다.

5.

소설은 어디서 그 본연의 긴장을 드러낼 수 있을까. 이미 가난이 그립지도 않게 된 지금, 시간은 우리에게 무엇을 정리해 주려고 하는가. 다음 시기는 우리 뒤를 따라올 것이고 그때 누군가는 우리 시대의 소설을 읽을 텐데, 그때 그들은 우리 소설을 뭐라고 부를 것인가. 시간은 제멋대로 우리 소설 중에서 어떤 것에 색칠을 해서 단단하게 들이밀 텐데. 그럼 요새 소설은 어디서 긴장을 찾으려는 것일까.

사랑은 워낙 흔해서 부담스러운 소재이다. 사실은 남녀의 육욕이 본질이며 그걸 세겹 네겹 포장한 것이 이른바 사랑이라는 것일 수도 있다. 그러나 그러고 말기에는 사랑에 너무 많은 의미가 부여되어 있다. 사랑은 때로 사회적 계층구조에 저항하기도 했고, 사랑은 집단간의 맹목적이고 바보같은 갈등을 뚫겠다고 대들기도 했고, 사랑은 이념투쟁의 삭막함을 완화하거나 호도하는 도구로 등장하기도 했고, 사랑은 강고한 투쟁의 대열을 긴장시키고 정비할 수도 있었다. 이럴 경우 사랑은 소설적 긴장을 유지하거나 강화하는 능력을 가지고 있기도 했다. 사랑문제를 통해 수많은 소설들이 인간의 본질적 문제를 제기했었다. 사랑을 배경으로 한 남성 또는 여성은 그 개인보다 더 광휘있는 존재로 대표되었으며, 그것은 곧 인간가치의 본질적 회복으로 이어질 수 있었다. 사랑은 남녀의 육욕을 포함하여 삶의 근원적 물음에 답하는 한 방식으로 사용되었다.

그러나, 사랑만이 소설의 주된 문제일 때 소설은 긴장을 잃기 쉬웠으며, 소설 속의 사랑이 사소한 것이기만 하면 소설조차 살아남기 어려운 경우도 있었다. 요새 소설은 수없이 주장하고 있다. 사랑이 왜 가슴아파야 하느냐고. 그거 뭐 간단한 건데 뭐할려고 그렇게 심각한 척 하고 있느냐고. 잠시 여관에 갔다 오는 건데. 만나는 것도 쉽고 안 만나는 건 그보다 더 쉬운 건데, 거기 무슨 인간성 회복이 있으며 거기 무슨 여성성에 대한 존경이 필요하냐고.

그런가. 나는 아직도 사랑이 담긴 편지를 읽으면 가슴이 아픈데.

아버지께나 일러야 하나

1.

소설은 괴롭다. 그리고 역시 불만스럽다. 당연히 불만스러울 수밖에 없다. 문학장르 중에 소설만큼 불만스러운 것이 있을까. 시나 희곡을 써서 약초를 말하고 싶으면 즙만 짜내도 약초로 알아준다. 소설이야 어디 그런가. 소설에서는 약초를 그림으로 보여주고 캐는 곳을 약도로 알려 주어도 진짜 약초가 만져지지 않는다고 딴소리를 한다. 그러니 소설이 괴롭다. 독자들이야 생생하고 탱글탱글하게 살아있는 일상의 날들을 살면서 소설을 읽으니까 불만스러울 수밖에. 일상의 삶은 뚜렷하고 직접적인 감각을 가지고 있는데, 불행히도 그런 삶을 그려야 하는 임무를 가진 소설은 부담이 클 수밖에 없다. 세상에 아무리 잘 쓴 소설이라 해도 안고 있는 아내만큼 실감 날까. 그러니 소설은 당연히 불만스럽다. 왜 하필 이런 임무를 맡았는지 원망스럽다.

그렇다고 소설이 두 손 묶고 기다릴 수는 없다. 소설은 삶을 그려 보여야 할 책임을 맡았다. 그렇지만 당연히 그건 불만스럽다. 그 임무를 포기하지 않는 이상 방법은 하나밖에 없다. 진짜보다 더 진짜같은 인생을 창조하는 것이다. 미인은 더 아름답게, 선인은 더 이상적으로, 갈등은 더 선명하게, 사랑은 더 가슴아프게. 소설 쓰는 데 소설작법이라는 교과서가 가능한 것은 그 때문일 것이다. 사는 모양을 그대로 그리는 데야 무슨 교과서가 필요할 것인가. 그러나 소설은 확실히 진짜보다 더 진짜같아야 한다는 부담을 가졌기 때문에 3요소도 있고 4주안점도 있고 5단계도 있게 된 것이다. 언제 우리 삶이 단계별로 일어났던가.

그런데, 너무 그러다 보니 소설이 삶을 앞서가 버렸다. 미인의 허리는 너무 가늘고, 장군은 한칼에 서른명씩을 베어버렸고, 가난한 사람들은 다 착해졌다. 이러려면 소설에서 다시 일상을 회복하는 게 낫게 생겼다. 정말 우리의 삶은 어떤 모양을 하고 있는가. 진짜 우리는 갈등과 대립의 한가운데 있는가. 이런 쓸데없는 물음을 가진 사람들이 소설을 쓰면서 소설은 드디어 사소해졌다.

가난이야말로 멋진 도구였는데, 그건 원하는 대립을 거의 완벽하게 재생해줄 수 있었는데, 돌아보니 요새 우리는 가난한 게 아니었다. 자세히 봤더라면 또 다른 생각을 할 수도 있었겠지만, 하여튼 요새 우리는 절대적으로 가난하지는 않은 모양이다. 가난은 구조적 존재로부터 우연한 불운 쪽으로 넘어가 버렸다. 그럼 사랑은 어떨까. 사랑은 고금의 공통된 과제이니 사랑이라면 좀 선명해지지 않을까. 그런데, 그게 또 어려워졌다. 사랑이라는 말은 원래 성교라는 말과 완전히 다른 말이었을 텐데, 그만 일이 꼬이느라고 그 두 말이 혼란되면서, 사랑의 독자적 의미영역이 흐물흐물해져 버렸다. 그래서 사랑도, 소설이 만상을 찡그리고 탐구할 주제에서 스스로 벗어나, 교외의 모텔로 가 버렸다.

그래서 우리 삶이 형통한가. 가난도 그만하면 됐고, 사랑도 손만 뻗으면 되니까, 우리 삶은 형통한가.

설사란 무엇인가. 반년쯤 설사를 하면서, 설사는 당연히 한 괴로움이기도 하지만, 또한 생각의 끈이 되기도 한다. 아닌게 아니라 절대적 격리상태에 남달리 자주 있게 되는 탓이기도 할 것이다.

섭취한 음식물을 제대로 여물게 하지 못하여 자신과 주위에 향기롭지 못한 영향을 미치는 질병. 뭐 그리 질병이랄 것까진 없다 하더라도 참으로 안팎으로 불편하기는 짝이 없다. 어찌어찌 간신히 모든 섭취와 숙성과정을 거친다 하여도, 마지막 단 한 단계를 소홀히 함으로써 이렇게 엉성한 성과물을 생산했다는 것이 어처구니없고 기가 막힌다. 삶이란 무엇인가.

존재의 근원에 섭취와 괄약의 기능이 약화된 자신을 돌아본다. 마구 스쳐가는 40대, 허둥대는 일상의 옆을 바람처럼 휩쓸고 가는 세월들. 불편한 자세를 한 채 앉았다가, 그 시간을 붙잡아 말을 걸고 있다. 혹시 이 불편은, 지나가는 시간의 속도에 초조하여 시작된 것은 아닐까. 섭취의 나이는 지나고 괄약의 나이에는 못미쳐, 이러고 있는 것인가. 어리석은 삶이다. 퍼석퍼석한 내부를 가지고도 된 똥 누기를 기대하는 인생.

두려워하는 자의 용감한 행동, 내부의 본질적 공포를 넘어서지 못한 용기를 본다. 도대체 무엇이 이처럼 엉성한 용기를 가지게 했던가. 수없이 회피해온 과제들과, 도도한 척 눈을 내리깔고 지나쳤던 그 많은 유혹들. 꿈자리에까지 찾아온 유혹의 내용들이 밤잠을 앗아갔다면, 밤잠을 설치게 한 것이 그뿐이었던가. 벗의 차지가 된 그 열매를 보아야 한다는 것은 얼마나 큰 고통이었던가. 두려움이란 무엇인가. 아직 도전과 유혹으로부터 자유롭지 못한 영혼을 보면서, 이런 부실한 내부를 가진 자가 말을 하고 글을 쓰다니.

이제는 가난하지 않다. 이제는 풍요하다고 감히 말할 수 있다. 이제 사랑 때문에 잠 못이루지 않는다. 그런데 또 무엇이 부족한가. 갑자기 뚜껑이 열려버린 섭취를, 진정한 용기로 괄약하지 못했더니 설사가 그치지 않는다.

우리 삶은 형통하지 않다. 도대체 무엇으로 이 꼬인 매듭을 푸나.

2.

김원일은 지난 호에도 그랬지만, 이번에도 특별한 의도가 엿보이는 소설을 썼다. 「나는 존재하지 않았다」(문학과 사회, 2001, 여름)라는 작품은 지난 번의 「나는 두려워요」(작가세계, 2001, 봄)와 거의 비슷한 문체와 서술방법을 사용하고 있다. 거기서도 한 모범된 여성의 모범된 인생을 서술하여 임종에 이르는 과정을 보여주더니, 이번에도 김중호라는 모범된 이의 선종을 묘사하였다.

김중호는 부산 구포의 제재소집 아들로 태어나 일제시대 와세다대학에서 철학을 공부했으며 전쟁 말기 일제의 강제징집을 피하기 위해 만주로 건너갔다. 부유한 본가의 송금으로 만주에서 만난 여자와 함께 상하이까지 건너갔으나 여자는 죽고, 다시 중경으로 임시정부를 찾아갔다. 임정의 필경사로 잠시 일했고, 정신병을 얻어 고생하다가 해방되고 귀국했다. 건강을 회복하고 서울대학교 도서관에 근무하다가 전쟁때 납북을 간신히 면했지만 그를 찾아간 가족은 북에 남게 되었다. 휴전 뒤 공립도서관에 일하다가 시립도서관 총무국장으로 정년퇴임하고, 부유하고 성실한 건설업자인 조카 형준이 설립한 실버타운 한맥기로원의 원장으로 늙어가고 있다. 최근 이산

가족 상봉에서 북한의 유복자를 만났고, 깨끗하게 운명한다.

우리 현대사를 살아온 사람들은 누구나 위의 줄거리를 약간씩 패러디한 자서전을 가지고 있을 것이다. 김중호의 개인적인 특이함은 별로 일상적 가능성의 범위를 넘지 않는다. 행운으로 부자집에서 태어났고, 행운으로 중국생활도 그리 모질진 않았으되, 빈부를 가리지 않는 민족사의 불행은 어쩔 수 없어, 가족이산을 겪는다. 좀 특수하긴 하지만 북한에 유복자가 있어서 가족상봉을 했고, 선한 의도와 청백한 삶을 장식하는 부유한 조카의 도움으로 진솔한 지식인의 삶을 살았다. 김원일이 왜 이런 교훈적인 사람들의 모범적인 임종이야기를 연속하여 써내고 있는지 아직 설명하기 어렵다. 짐작은 짐작일 뿐이다.

전락한다는 것만큼 두려운 것이 있을까. 최근 일부 신문과 권력의 다툼을 보면서, 어렵게 확보한 것을 내놓는다는 것이 얼마나 어려운지를 실물로 관찰할 수 있었다. 본디부터 풍요했던 이들은 가난해지기 전까지는 가난을 그리 두려워하지 않는다. 정말 가난을 두려워하는 이들은, 가난했다가 간신히 벗어난 자들이다. 그들은 가난이 가진 물질적 결핍 뿐만이 아니라, 가난이 수반하는 전 존재의 모멸감을 기억하고 몸서리치고 있는 것이다. 그러므로 그 나락에 다시 떨어지지 않으려는 몸짓은 치열하며 필사적이다. 소설에서 그러한 전락을 그려내는 일이 철저하고 정밀한 이유도 이런 성격과 연관있다. 일찍이 우리는 박경리의 「김약국의 딸들」에서 그런 전락의 무자비함과 불가항력성에 대해 몸서리치며 경험한 바 있다.

성석제의 「천애윤락(天涯淪落)」(창작과 비평, 2001, 여름)에 이런 철저한 전략의 과정이 설명되어 있다. 기옥과 동환, 문학이라는 세 친구가 살아가는 이야기를 그린 것인데, 감정은 기옥의 것이지만 인생은 동환의 것을 그리고 있다. 동환은 초등학교때 부잣집 아들이었다. 그의 어머니는 좋은 친구를 사귀라고 했고, 그는 기옥을 그 좋은 친구로 여기고 살고 있다. 기옥에게는 동환으로부터 끝없이 흠모하는 대접이 오지만, 기옥은 동환의 그런 존경이 싫은 상태이다. 그동안 동환은 술집을 경영했고, 다방에서 주방장을 했으며, 지금은 의부증이 매우 심한 다방출신의 여자와 살림을 하고 있다. 그는 기옥에게 그 여자와의 때늦은 결혼식에 와달라고 했고, 기옥은 그 무너져버린 결혼식에 참석했다.

글의 중간중간에 동환이 기옥에게 바치는 존경이 요새 영화 「친구」의 장면들처럼 비치고는 있지만, 전체적으로 동환의 전락을 끌고 가는 줄거리는 사실성을 잃지 않고 있다. 사회의 밝은 곳은 대학 나와서 넥타이 맨 자들이 차지해버리고, 그런 경력을 가지지 않은 동환류의 사람들은 천애의 윤락을 걸어가지 않을 수 없게 되어 있다. 아래로만 내려가는 그의 걸음은 자신의 선택과 무관하게 속도가 붙어 있어서, 거역할 수 없는 힘으로 그를 아래로 끌어내리고 있다. 이 소설에서 동환의 고통스러운 전락이 거의 운명적임을 보이고 있는 것은 동환의 아내되는 여자로 상징된다. 그 여자는 병적인 의부증으로 동환을 괴롭히고 물어뜯고 고소하고 감옥에 넣지만, 동환은 그 여자를 괴롭히지 못한다. 그것의 힘은 거의 천부적이다. 그러면서 이 소설은 주인공에게 결정적인 결함을 부여해 두었다. 그것은 그가 착하다는 것이다. 동환은 마지막에 기옥에게 말했다. 그의 불행과 전락을 가져온 모든 배려와 헌신과 인내의 이유가, "사람들을 자유롭게 해주고 싶었어."라는 것이다. 이것으로 작자는 외부로부터의 부당하고 거대한 억압이, 독립된 자아에 대하여 완전한 승리를 거둔 것은 아님을 드러내고 있는 것이다.

전경린이 쓴 「二月荒凉的脚步」(문학동네, 2001, 여름)는 또다른 형태의 전락을 보여준다. 이 소설 속의 그녀는 경제적 전락을 경험한다. 그들 부부는 전원주택을 꿈꾸며 폐업한 가든을 샀다. 그러나 비디오방을 하는 남편의 일은 자꾸 내리막길이고 새로 산 집의 수리비가 많이 들어 빚을 지게 되었다. 그들은 집을 팔려고 내놨지만 잘 팔리지 않았고 집은 농협으로 넘어가기로 되었다. 그녀는 남편에게 다른 일을 찾아보라고 했고 부부싸움을 했고 남편이 컵을 던져 발을 다쳤다. 남편은 의자를 들고 때리려고 했고 그녀는 가출하여 중국여행을 갔다. 표면은 중국여행견문기처럼 되어 있는데, 속에는 그녀의 여행이 가출임을 보이는 정도의 짜임새로 되어 있다. 경제적 전락이야 없지 않은 일일 테고, 그 전락의 뒷면에 남편의 부도덕이나 배신이라도 숨겨져 있는가 했는데, 그렇지 않았다. 남편은 집을 다시 일으켜보려고 노력했고, 증권에도 투자했지만 노력이 실패했을 뿐이다. 농협 직원이 낯선 여자를 데리고 집을 보러 오던 날 그녀는 남편에게 수치스럽다고 말한다. 그날이 그들 부부가 싸운 날이었다.

이들의 불행은 원인이 비교적 명확하다. 아내는 자신의 전원생활에 대해 이런 소망을 가지고 있다.

넝쿨식물이 타고 오르는 야외 테라스에서 먹는 점심식사와 살랑바람
이 부는 오후의 티타임, 긴 빨랫줄에 반듯반듯하게 펴서 널 아이들의

옷과 충실한 개 한 마리와 마당을 돌아다닐 토끼 두 마리, 그리고 방울을 단 고집쟁이 염소 한 마리. 벚나무 한 그루와 색색깔의 장미꽃나무와 국화와 수선화무리, 일요일날 세차를 할 수 있고, 마음껏 소리를 지르면서 배드민턴을 칠 수 있는 마당과 상추와 방울토마토와 당근과 감자를 심을 수 있는 채소밭...

이런 소망을 위해 비디오방을 하는 남편은 가든을 샀고 수리비를 갚기 위해 집을 담보로 대출을 받았고, 증권을 샀다가 실패했다. 그녀는 남편과 싸우면서 비디오방을 정리하자고 말했고, 남편이 다른 일을 구하기 전에 그만두기부터 하면 어쩌느냐고 말하자 남편에게 딴살림 차렸느냐고 대들었다. 물론 그런 일은 없었다. 그리고 정 할 일이 없으면 배를 타든지 거제도로 가라고 했다. 남편이 머그컵을 던졌고, 의자로 때리려 했고, 그녀는 가출을 해서 중국 여행을 갔다.

이 소설은 문면에서, 주인물들의 삶을 불행하게 하는 요소가 남편이라고 강변하고 있지만, 의도한 것인지 알 수 없거니와, 이 소설에서 그것은 아내이다. 작가의 세계관이 만약 남녀대결구도로 잡혀 있고, 그 대결이 남성우월로 잡혀 있어서 부당하다는 것을 드러내고자 했다면, 이 소설은 적절치 못했다. 혹시 작가가, 남성을 일방적으로 부리면서 자신의 허영심을 채우지 못하여 문제를 복잡하게 하고 있는 여성이 있어서, 그것이 문제의 본질임을 말하고자 했다면, 그건 또 다른 논의가 필요할 것이다. 소설이 다루어야 할 과제는 그리 간단한 것이 아니다. 실제의 삶보다 더 생동할 것이 요구되는 이상한 임무를 가지고 있으므로, 소설은 실제보다 더 사실적이고 설득력 있을 의무를 또한 가지고 있기 때문이다.

3.

가족이란 무엇인가. 다른 문화권의 사람이나 글들을 만나보면 우리 민족 문화의 중요한 특징이 가족관계임이 곧 드러난다. 흔적도 안남았을 조상의 무덤을 수백년째 찾아다니고 있는 민족, 천년전에 갈래가 져서 그간 각각의 가계로 나뉘어 내려온 남남끼리라도 단숨에 혈육으로 인식하는 민족이 우리인 것이다. 먼 친족간의 관계가 이 정도로 밀접하다면 직접 인식되는 가족관계는 말할 필요도 없을 것이다. 그러니 이 말할 필요도 없을 가족관계가 문학속에 들어오면 설명할 수 없는 힘을 발휘한다.

설명할 수 없다는 것은 무엇인가. 존재하지만 설명할 수 없다는 것은, 그것이 논리와 감정에 의한 설득력을 넘어선다는 것이다. 그러므로 그것은 가장 설득적 장르인 소설에서 가장 특이한 효과를 보여준다. 가족관계는 어떤 논리적 부당함도 넘어서는 힘이 있고, 어떤 합리적 분노도 무력화해버릴 수 있는 메이스 오브 플레임이다.

임영태는 「아버지」(사람의 문학, 2001, 여름)라고, 주제가 보이는 제목의 소설에서 예상한 대로의 이야기를 그러나 설득력있게 보여주었다. 무식하고 가난하고 폭력적인 아버지를 존경하지 않았던 아들이, 늙어가면서 초라해지고 비굴해지는 아버지에게 연민을 느끼며, 돌아가시고 난 뒤 그분의 사랑을 다시 씹으며 확인한다는 내용이다. 매우 일반적이다. 그러나, 이 소설은 작가의 수많은 배려 덕분에, 작가 말마따나 신파적이고 들큰한 분위기를 벗어날 수 있었다.

세계를 지배자와 피지배자로 재단하여 읽는 경우, 지배자가 완전한 권력은 가지고 있으면서 무능하고 폭력적이라면 그것은 당연히 소설적 증오와 소설적 타도의 대상이 된다. 그리고 이런 타도와 그 이후의 전망은 거의 단숨에 소설적 설득력을 획득한다. 그러나 단 한 경우, 그 지배자가 가족일 때는 전혀 그렇지 않다. 지배자의 무능과 폭행과 무식 등의 모든 단점은 완전히 용서되고 망각된다. 대신에 그가 잠시잠깐씩 비쳤던 인간적 면모, 그의 삶에 간신히 한번씩 반짝였던 선의의 눈물 등이 엄청나게 과장되고 증폭되어 소설 문면을 뒤덮는다. 그 이유가 무엇일까. 아버지 장례날 술 한 잔을 하며 아버지에 대한 추억을 나누던 형제는 그 대답을 들려 준다. 둘 다 아버지에 대한 그리움이 담긴 추억담을 내놓은 다음이다.

그 기분을 억누르며 나는 천천히 동생에게 말했다.
난 존경스런 아버지를 가져보고 싶었어. 그런데 우리 아버진, 돌아가신 분을 두고 이런 말을 하기는 뭐하다만, 그냥 평범한 아버지였어. 존경할 만한 분은 못되었어. 그렇지?
동생은 대답없이 엷은 미소만 흘렸다. 나는 공연히 초조해졌다. 참을 수 없을 만큼 이상하게 조바심이 끓어오르는 것이어서 나는 재우쳐 동생에게 물었다.
말해 봐. 너도 아버지 존경하지 않았지?
잠시 물끄러미 탁자를 내려다보다가, 이윽고 동생이 말했다.
......아버지잖아.

임영태의 「아버지」는 가족관계 특히 부자관계의 특수성을 드러내는 데 성공했다. 그것은 어떤 갈등도 부당함도 이겨내고 다시 그 모든 것들을 화해케 하는 힘이라는 것을 보여주었다. 정영희의 「해후」(사람의 문학, 2001, 여름)는 좀 더 범위를 넓혀 민족적 과제를 전제한 가족관계를 다루고 있다. 이 소설은 일상적인 가족관계의 갈등을 넘어 민족사적 불행과 가족관계의 갈등이 겹친 복합갈등을 보여주고 있다. 2인칭으로 불리는 주인물의 감정을 중심으로 하여, 시아버지의 죽음과 장례를 전후한 갈등과 화해를 관찰자답게 담담하게 전개하였다.

시아버지는 북한에 아내와 아들 윤철을 두고 월남했으며, 아들 길수를 가진 과부와 재혼했다. 그리고 함께 아들 윤국을 낳았다. 시아버지는 지식인이었고 시어머니는 무식하지만 생활력이 강한 여성이었다. 성장한 길수가 찾아왔다 가고 시아버지는 북에 두고 온 아들을 그리워하면서 남한의 아내와 윤국에게 무심해졌다. 북에 있던 윤철이 벌목공으로 귀순해서 찾아왔지만, 그것으로 시어머니와의 갈등은 더 심각해졌다. 결국 윤철은 남한사회에 적응하지 못하고 다시 월북하려다가 붙잡혀 감옥에 간다. 병석에서 그가 잡혀가는 뉴스를 텔레비젼으로 보던 시아버지는 시어머니에게 유언을 하고 운명했다. 장례날 시어머니는 길수를 보내 감옥에 있는 윤철을 잠시 데려오게 하고 지금까지 섭섭한 감정을 윤국과 함께 눈물로 표현한다. 그들 가족은 화해했다.

소설이 단편이고 요약하면 대충 이렇게 되는 것이라서 그렇지, 실제로 이 소설의 갈등상은 간단한 것이 아니다. 시아버지는 무식한 시어머니를 싫어하고, 시어머니는 고생만 시키는 시아버지를 싫어한다. 시아버지는 지금의 자식을 무시하고 북한에 있는 아들만 그리워한다. 남한의 아들은 아버지의 마음을 사로잡고 있으면서 탈출하고 재탈출하고 체포되는 이복형을 싫어한다.

-윤철이가 누군데?

-그 놈이야.

-그 놈이라니요? 어머님의 전남편 아들?

- 아니. 그 형님은 길수형님이고. 그 형님은 이제 마음잡고 인천에서 버스운전을 하며 살아. 윤철이는 아버지의 전부인 아들이지. 길수형님과 동갑이야. 길수형님이 청년이 되어 나타나자 아버지가 북의 아들이 생각 난거지. 난 그 때 비로소 모든 걸 알아버렸어. 왜 아버지가 내게 한번도 곰살맞게 굴지 않는지. 내가 중학생이 되어 교복을 입었을 때도, 아버지는 나를 바라보는 눈빛이 선명하지 않았어.

이 갈등들은 어디서 왔는가. 시어머니나 시아버지 또는 그들의 아들들이 가진 성격에서 왔는가. 그들의 오해에서 왔는가. 만약 그렇다면 그것은 그들 사이의 관계개선에 의해 풀릴 수 있는 과제가 될 것이다. 반성과 사과와 화해에 의해 각자의 맺힌 마음들이 누그러지면 다 될 일이었다. 당연히 그것은 가족관계를 전제할 필요도 없는 일이었다. 그런데 이 소설에서 가족관계 특히 가장 힘있는 부자관계를 동원해야 이 갈등이 풀리는 이유는 무엇인가. 그것은 바로 이 갈등의 원인이 그만큼 거대하다는 반증이다. 아무리 문제를 좁혀도 더 이상 좁아지지 않는 범위가 민족분단이다. 불가항력으로 버티고 있는 분단상황은 다른 어떤 논리나 감정으로도 풀리지 않게 되어버린 것이다.

한 작품이 감당할 수 있는 갈등의 크기는 그 작품의 내부에서 해소될 수 있는 경우가 가장 편리하다. 물론 다면적인 인생을 다룬다 해도, 작중의 중심갈등은 역시 작품이 자체적으로 관리할 수 있는 범위를 벗어나지 않는 것이 읽기 쉽다. 그러나 이 작품처럼 갈등의 범위가 너무 커서 도저히 한 작품이 해소해낼 수 없는 경우에는 어떻게 할 것인가. 가족관계가 초논리적이고 초경험적인 질서의 기능을 갖는 경우가 여기서 시작된다. 이 작품에서 윤국의 입장에서, 윤철의 존재는 부당한 세계의 강력한 억압이다. 윤철의 입장에서, 어머니와 자신을 두고 남으로 가서 재혼한 아버지는 부당한 억압이다. 남쪽 어머니의 입장에서, 갑자기 귀순해서 자신의 삶을 흔드는 북의 아들과 남편은 부당하다. 그러나 마지막에 아버지의 죽음 앞에서 윤국은 윤철에게 사과할 것을 강요받는다. 이것은 더욱 부당하다. 그러나 그는 사과하지 않을 수 없고, 사과함으로써 갈등은 해소된다.

4.

기독교인들과 논쟁을 해 봤는가. 혹시 자신이 기독교인이라면, 기독교인끼리 논쟁해 봤을 것이다. 다투다 다투다 끝이 안날 때, 기독교인들은 간단하게 그 논쟁을 마무리한다. 믿음의 눈으로 보세요. 믿음의 눈으로 보시면 모든 것이 받아들여집니다. 억장이 무너지고 입이 딱 벌어지는 말이다.

삶과 소설에 초논리와 초감정의 질서가 요청되고 있는 것은 두 가지 면에서 이해할 수 있다. 하나는 당연히, 그 문제에 대한 인식이 부족한 경우이다. 문제의 본질을 모르고 있는 사람은 아무리 노력해도 신뢰할만한 결론에 이를 수 없다. 갈등은 분명히 있는데, 도대체 그 원인을 알지 못하니 해결이 되지 않는다. 그 경우 초논리가 필요하다. 이 경우 속에는 더러, 알고도 모른 척 배내미는 경우까지 포함되어 있다. 우리가 오래 가위눌려 왔던 정보정치 공작정치의 음험한 속내에도, 말단에서는 모를 테지만 핵심에서는 문제의 본질을 알고 있었을 것이다. 그들 자신의 부정과 부패와 불의함과 속좁음과……

그러나 그들은 간단하게 그 논쟁을 마무리할 수 있었다. 너 빨갱이지.

다음으로 우리 소설에 초논리가 요청되는 것은, 인식된 문제가 너무 클 경우이다. 청일전쟁은 벌어졌고, 조선인은 수도 없이 죽어나가는데, 아버지 어머니는 잃어버렸고, 화약연기 자욱한 전쟁터에서, 부상입은 어린 소녀에게 도대체 무엇이 가능하다는 말인가. 기적 말고, 초월적 질서의 개입 말고, 어쩐란 말인가. 이런 때는 신이 필요하다. 천상의 개입자가 나타날 시기이다. 가끔 어떤 이들은 그 자리에 일본인을 세우기도 했지만, 어쨌든 그들은 무소불능한 힘이 있어야 했다. 더 옛날에, 간신이 득세하는 세상은 부당하다는 것이 인식되었다. 그들을 몰아낼 위대한 영웅이 출현해야 한다는 것도 합의되었다. 그러나 영웅이 어디 그리 흔하랴. 가끔 옥황상제와 천도선녀가 속세의 일에 개입하도록 요청되는 것이 바로 그런 경우였다.

그러나 이처럼 초월적 질서에 의해 해소된 갈등은 그 소지를 완전히 없애지 못한 채 흐지부지되곤 했었다. 옥련은 일본군 군의에 의해 구해졌지만, 옥련은 다음에 그런 일이 일어나도 역시 울고 서서 군의를 기다리는 수밖에 대책이 없다. 이번 간신은 천상에서 파견된 유충렬장군이 해치웠지만, 또다른 정한담은 어쩌나. 모르긴 해도 그 작자 역시 가슴아팠을 것이다.

지금 분단이 그와 같다. 한 개별 가족의 내부에서 갈등이 해소되는데도 부자관계라는 초월적 힘을 빌려야 한다는 것이 가슴아프다. 집집마다 사정이 다를텐데 어쩌나. 아직도 우리 삶은 형통하지 못하다. 그냥 가족의 사랑에나 호소해야 하나.

어릴 때 골목에서 싸우다가 마지막 쓰는 방법이 아버지께 이르는 것이었다. 동무와 다투고 있던 현실적 논점에서 누가 옳고 누가 그르다는 판단이 필요했던가. 아버지께 이르는 사람이, 아버지가 때맞추어 나타나는 사람이 승자였다. 그건 승리가 아니었는데, 어디 알았나. 지금 우리 소설들도 문제만 어려워지면 아버지를 불러대고 있는 것이다. 아직도 우린 괴로워요, 아버지.

항복해본 적이 있다

1.

항복해본 적이 있다. 어릴 때, 마당에서 골목에서 어린 동무들과 뛰놀 때, 항복받기놀이가 있었고, 그 놀이에서 항복해 본 적이 많았다. 나중에 커서도 이런 저런 힘들에게 굴복한 기억이 적지 않다. 어쩌면 이길 수 있었는데 지레 항복하는 바람에 이겨보지 못한 싸움도 있었다. 그러고는 이불 속에서 가슴을 친 기억도 또 숱하게 있다.

그런데, 모든 항복은, 어떤 논리로 포장된 항복이든 기분나쁜 것이었다. 그 항복이 오랜 저항 끝에 나온 것일수록 정말 기분나쁜 것이었다. 더욱이 항복하고 난 뒤에 웃음까지 지을 것을 강요당하는 항복의, 그 자기환멸과 치욕스러움, 정말이지 그건 구역질나는 것이었다. 항복의 성질 중에서도 가장 기분나쁜 것은, 항복하는 순간부터 곧 승리자의 편으로 이해된다는 것이었다. 지난 투쟁기간 그토록 반대하고 그토록 격렬하게 저항했던 모든 것이 그냥 일시에 없었던 것으로 돌아간다는 것은 너무도 눈물겨운 일이었다. 아직도 나는 적이었던 승자를 미워하는데, 아직도 나는 도저히 그 편에 선 나 자신을 받아들일 수 없는데, 기분나쁘게도 적들은 어깨동무를 하면서 친한 척을 하고, 남들조차 나를 그편으로 치곤 한다. 기분나쁜 항복. 그래서 우리는 항복하기 싫다. 항복 안하고 살고 싶다. 항복하더라도 뒤통수에 주먹질 정도는 하고 싶다.

그렇기 때문에 가끔, 항복한 자들이, 이건 항복이 아니라면서, 내가 판단을 바꾼 것이지 항복한 것은 아니라고 아니라고 강변하는 것은 훨씬 더 아니꼽다. 그들은 어제까지의 원수를 구세주로 치켜세운다. 그러면서 착한 옛 주인은 구렁텅이에 처박는다. 항복보다 더한 굴종의 아니꼬움이 명치를 밀고 올라온다.

도대체 문제가 무엇인가. 소설이 스스로 리얼리즘을 부인하는 것이 온당한가. 그래놓고는 거기다 무슨 해괴한 싸구려 화장품 냄새와 퀴퀴한 골방의 무기력한 젊음을 끌어다 놓은 것은 적당한가. 가끔 그 실업자들이, 그 퀴퀴한 젊음들이, 자신들의 지금 암담함의 원인을 찾는 사회구조적 노력이라도 해 봤던가 싶을 때도 있다. 그 젊은 이들이야 무슨 책임이 있으랴. 작가가 나오라니까 나오고 들어가라면 들어가는 수밖에. 그러나 가끔 소설이, 자신은 원래 그런 고민을 전제한 장르가 아니라고, 언제 그런 임무를 맡았느냐고 딴청을 피우는 걸 보면, 소설속 그 인물들 신세만큼 답답해진다.

소설이라는 장르는 주지하다시피 가장 우리 사는 모양에 가까운 내용을 담도록 되어 있다. 도대체 이 산문양식보다 더 우리의 시시콜콜한 일상을 잘 드러내는 방법이 어디 있었던가. 시는 시대로 건둥거리고 희곡은 겉멋부터 들어버렸는데, 최근에 우리가 발견한 이 양식은 착실히 우리 자신을 관찰하고 꼼꼼히 우리 삶의 문제들을 드러내고 있어서 그간 그런대로 만족해하며 즐겨왔던 양식이었지 않은가. 그때 소설은 우리 삶에 대한 생각까지 바꾸어 주기도 했었다. 우리 사는 일상이 사실들의 집합이 아니고, 이런저런 문제들의 연결임을 소설이 보여 주었고, 모르고 그냥 스치고 지나쳤던 구조적인 문제들을 잘 끄집어내서 우리에게 까발려 주기도 했었다. 그리고 그것은 소설이라는 양식이 결국 이런 역할을 생래적으로 등에 짊어지고 발생한 것임을 느끼게 해 주었다.

그 시기 소설의 역할은 눈부신 바 있었다. 좀 저급한 독자들의 흥미를 위해서는 몸을 던져 웃겨 주었고, 의견이 충돌할 일에는 금지와 투옥도 불사하는 용기를 보여 주었다. 많은 이들이 소설을 읽고 영향을 받았고, 소설이 제시하는 그림과 비전을 통해 현실을 보는 눈도 길렀다. 심지어 어떤 겁많은 독재자들은, 멍청한 독자들이 소설을 읽고 눈을 떠 버릴까 하여 소설을 못읽게 하고, 소설 쓰는 사람들을 감옥에 가두기도 했다. 소설의 힘을 보여주는 사례 중에 이만한 것이 있으랴.

그런데 소설이 왜 문제를 외면하는 것일까. 문제가 없다면, 정말 문제가 없다면 얼마나 다행이랴만, 절대로 그럴 리는 없다. 한 해 동안 계간지 소설들을 거의 다 읽으면서, 그래서 여전히 괴로워하면서, 결국 풀지 못한 의문이 이것이었다. 소설이 정말 리얼리즘의 굴레를 벗어버릴 수 있을까. 그렇다면 소설과 리얼리즘은 우연한 만남이었던가. 그런데 만약 소설이 리얼리즘과 결별하지 못한다면, 그래서 리얼리즘과 분리된 소설이 제 기능을 하지 못하고 휘청거린다면, 소설은 생래적으로 삶을 문제시하는 속성을 가진 것이 된다. 그렇다면 요즘 소설은 스스로 자신의 적이 되는 길에 서 있는 것이 될 수도 있는 것이다.

코언 교수의 농담따먹기에 관한 책을 샀더니 표지에 그림이 그려져 있었다. 어떤 사람의 입이 자기 머리부터 먹어 내려와 마침내 발까지 먹는 그림이었다. 소설된 입장에서 독자들의 외면을 받는다는 것은 참 괴로운 일일 것이다. 아무도 들어주지 않는 재담꾼. 그래서 그들은 좀 더 관심을 가져주는 곳으로 갔는가. 쓸데없이 심각한 체하는 것보다 경박하고 세밀한 것을 찾아갔는가. 많지는 않으나 박수도 받고, 역시 크지는 않지만 용돈도 던져주는 무대에 서다가, 자신의 소설됨을 잊어버린 것은 아닌가. 그리고 마침내는 원래 자신은 그런 존재가 아니었다고 주장하고 있는 것은 아닌가. 자기 입으로 자기 몸을 야금야금 먹어 들어가는 소설.

2.

만약 있다면 장송(葬送)류 소설이라는 부류를 만들어도 될 것 같다. 일찍이 「할머니의 죽음」 등으로부터 연원된, 죽음과 보냄이라는 소재는 참으로 오랫동안 우리 소설의 소재로 응용되어 왔다. 죽음이라는 짧은 사실만 다루는 것이 아니라, 죽음 이후의 여러 절차와 관계정리를 함께 다루는 이런 소설들은, 어쩌면 한국소설들의 고유한 소재일 수도 있을 것이다. 전통적으로 한국에서 죽음은 개인의 일생을 마감한다는 의미보다, 그와 관련된 많은 사람들의 내력과 관계가 반추되고 정리되고 더러는 폭발한다는 의미를 더 강하게 가지고 있었다. 그러므로 한국에서 한 사람의 죽음과 보냄은, 그동안 그가 살아있음으로 인해 표면화하지 못했던 수많은 관계와 문제들이, 그야말로 시신을 눕혀놓고 얼기설기 튀어나와 본 모습을 드러내는 한판 굿 또는 축제가 되곤 했었다.

그러므로 이러한 장송류 소설은 결국, 이승의 온갖 갈등들이 이 세상의 보통 관계에서는 정리될 수 없다는 절망을 보여주기도 했다. 살아서 다 해결하지 못한 갈등을 죽음 앞에서야, 억지로, 어쩔 수 없이, 체념하며, 풀어버리는 의식행위인 것이다. 어쩌면 그것은 한 판의 빚잔치이기도 할 것이다. 김유정 소설처럼, 모든 빚과 모든 재산을 다 내놓고, 자 내 가진 것은 이것 뿐이니 싸우지들 말고 공평하게 갈라가라, 하는 빚잔치. 다 받지 못해 억울이야 하겠지만 어쩌겠는가. 빚이 목구멍에 차서 어차피 다 갚지 못하는 빚인 것을 전제한 잔치. 갈등과 서운함을 해소하는 데 대해서라면, 미리 절망부터 해버린 소설이 이 소위 장송류 소설이라 할 것이다.

지난 호에서 읽은대로 임영태의 「아버지」, 정영희의 「해후」(사람의 문학, 2001, 여름)가 이런 장송류의 한 일반형을 보여 주었다. 만약 작중의 아버지가 살아 있었다면 아직 절대로 풀리지 않을 섭섭함과 불쾌함을, 다만 그가 막 죽었다는 이유만으로 깨끗하게 풀어버리고, 나아가 막바로 그리워하기까지 변화하는 감정의 흐름을 보여 주고 있었던 것이다.

한창훈의 「강」(실천문학, 2001, 가을)도 그런 의미에서 한 전형을 보이고 있다. 당연히 죽은 이는 남다른 성깔로 한 세상을 살았다. 성질 모진 턱으로는 딸 셋을 잘 길렀다. 그러나 아들들은 그렇지 않아서, 맏아들은 술고래요, 막내아들은 난봉이다. 막내는 친구들에게 아버지가 죽었다고 거짓말해서 부조 받아 써버리는 형편없는 아들이다. 아버지가 죽어도 바로 오지 않았다가 늦게야 온갖 흉이 잡힌 뒤에 나타나 형에게 매타작을 당한다. 그리고 적당히 슬퍼하고 많이 시원해하는 가운데 한 세대를 정리하는 보통 장송류의 길을 간다. 그런데, 작가는 결말에서 뜻밖의 일을 한다. 상주들이 발인제사를 지내고 마지막 절을 하는데 딸들 중에서 누군가가 방귀를 뀐다.

명애는 표시나게 두 손을 허공으로 들어올려 짝, 방바닥을 치며 악을 쓰듯 곡소리를 냈다.

"아이고 아부지, 이게 무슨 소리요. 아부지 가시는 길에 대체 이게 무슨 소리란 말이요."

글쎄 자신이 그 소리를 왜 내뱉었는지 그런 것은 알 수도 없고 알 이유도 없었다. 그냥 어떻게든 이 애매한 위기를 넘겨보려고, 생각도 없이(생각할 겨를도 없었다) 나온 말이었다. 그런데 일이 좀 이상하게 발전했다. 바로 뒤이어 명옥이가 언니보다 더 큼지막한 원을 그리며 방바닥으로 몸을 던지더니

"아이고 아부지, 아부지는 아실 것이요. 어디에서 난 소린지 아부지는 아실 것이요."

이청준은 이미 장송과정을 「축제」라고 불렀다. 천수를 누리고 세상을 떠난 이의 장송과정이야 그리 무거운 분위기일 필요는 없다. 결국 소설적 설득력으로 풀리지 않는 과제를 지은이는 마지막 문장으로 포기하는 것을 보여준다. 아버지 가는 길에 딸이 뀌는 방귀가 대수냐. 막내도 오고 날씨 화창하게 풀린 것만도 어딘데.

그러고 보면 송기원의 「사촌아부지」(문학동네, 2001, 가을)가 어쩌면 전형적인 한풀이 장송소설이라 할 수 있을 것이다. 이 소설은 어머니가 죽을 때 감옥에 있던 아들이 출옥하자 화장하여 그 유골을 의붓아버지와 살던 집터에 뿌린다는 내용이다. 성격이 서로 맞지 않았던 어머니와 의부는 자주 싸웠고, 의부는 어머니를 폭행하곤 했다. 어머니의 딸과 아들은 그런 장면을 수도 없이 보면서 증오와 당황을 길렀다. 딸은 의부를 미워하고 의부를 아버지라고 부르는 동생을 미워했다. 아들은 어쩔 수 없이 의부를 사촌아부지라고 불렀

다. 의부는 어머니에게 폭행을 가하면서도 아직 어린 아들을 두려워하였다. 어머니와 의부는 갈렸고, 어머니는 아들 집에서 아들도 못보고 죽었다. 그러나 아들은 그 어머니를 화장해서 의부와 살던 집터에 뿌렸다. 이 과정에서 그동안 어머니 또는 그 누이와 가지고 있던 미정리된 감정의 앙금을 털게 되었다. 작중 죽은이의 아들과 그의 생질이 나누는 대화이다.

"지난번 니 외할머니 기일 때, 기억하냐?"
"기억하지요. 불과 몇 달 전 일인데요, 뭐."
"그때 네가 물었지. 왜 젯밥을 세 그릇씩이나 놓았느냐고."
"그거야 외할머니 저승 동무들이 함께 드실 거라고 했잖아요."
정룡이의 말에 나는 고개를 절레절레 저었다.
"저승 동무들이 아니다."
"그러면……"
잠깐의 침묵 끝에 정룡이가 다시 말을 이었다.
"그중에 한 그릇은 바로 사촌아부지라는 사람 거란 말예요?"
"그래, 어머니, 생부, 그리고 사촌아부지."

결국 어떤 해결도 오지 않았다. 적어도 그들의 생애 내에서는 해소나 화해의 가능성이 보이지도 않았다. 그들은 화해하기에 너무 많은 갈등요소를 가지고 있었고, 그 특이한 성격과 행위와 형편으로 인해 현실적 화해는 불가능한 것이었다. 이런 갈등과 혼란은 우리 가족사에 특유한 것이기 때문에 이런 류의 장송소설도 한국소설 특유의 한 갈래로 이해될 수 있을 것이다. 도대체 죽어야 풀리는 문제를 가진 사회와 그것을 되읊고 있는 소설.

3.

초등학교쯤 다닐 때 친구들이 싸우는 장면을 많이 보았다. 힘센 아이가 약한 아이를 깔고 앉아 코피를 내는 동안, 우리는 약한 아이가 억울한 줄 뻔히 알면서도 힘센 아이 편을 들어 뒷탈없이 살아남는 법을 배우곤 했었다. 최근에 세계사의 움직임은 한 거대국가의 힘이 다수 군소국가의 그것과 충돌하는 장면을 보여주고 있다. 한 교만한 거대국가는 자신들이 편집한 사전에서 핍박받는 선인의 복장을 끌어내어 온몸에 뒤집어 입었다. 그들이 내부에 비축해둔 증오와 폭력을 두려워하는 많은 국가들은 눈치보는 찬성으로 둘러섰다. 그리고 일부 사고무친한 약자들이 악인의 배역을 맡아 중인환시리에 몰매를 맞고 있다. 당연히 이들 중에 절대적인 선인집단은 없다. 그들 모두가 각자 이기적이거나 최소한 각자 배타적이다. 그러나 항상 그렇듯이, 강자의 무기는 많지만 약자의 무기는 적다. 강자는 그들의 다친 손톱과 새발의 피같은 고통을 보여주며, 약자에게 깨물린 상처라고 응석을 부릴 수 있지만, 가슴 속 깊은 곳이 송두리째 둘러빠진 약자는 보여줄 방법도 없다.

정말로 미워하는 자와는 싸우면 안 된다. 싸움에도 정도가 있고 한계가 있는 법인데, 정말 미운 자에게는 이 선을 지킬 수 없기 때문이다. 말싸움으로는 성이 풀리지 않는다. 미운 자는 때려서는 안 된다. 때려도 때려도 성이 안차 죽여버리고 싶어지기 때문이다. 싸워서는 안된다. 때려서도 안된다. 그러나 미워서 견딜 수 없다. 「태평천하」를 읽으면 지은이의 안타까운 마음이 읽힌다. 이걸 뭐라고 욕해야 하나. 그냥 대놓고 육두문자로 상욕을 퍼부어버리고 싶은 마음이지만, 소설이므로 참아야 하는 그 주먹이 우는 점잔. 이럴 때 쓰는 방법이 풍자였다. 일찍이 채만식에게서 그 모범을 보았던 정색한 이중풍자는, 아무 외면적 하자 없이 악인을 그려내는 데 더 없이 좋은 방법이었다. 현실적으로, 눈앞에 피맺힌 손톱을 들이대는 데 외면하기는 어렵다. 약자에게 깨물렸다고 불쌍한 표정을 지으며 징징거리는 강자. 그러나 그 가증한 속내를 알고 있는 이가 있다. 그게 바로 소설가 아니랴. 소설가는 다 안다. 지가 간들 어디까지 가랴.

고종석의 「피터 버갓 씨의 한국일기」(문학동네, 2001, 가을)는 참으로 점잖은 외형을 잘 갖추고 있다. 피터 버갓이라는 기호언어학자는 세계적인 석학이다. 그는 미국의 저명한 엠아이티 대학의 교수이며 한국인 제자들을 다수 두고 있고, 세계적 지도지성인 중의 한 사람이다. 그는 "공동체주의를 지지하는 제3세계를 원호하는 진보적 세계시민"이다. 한국 사회언어학회에서 '피터 버갓과 언어학, 사회학 그리고 사회언어학'이라는 심포지엄을 하면서 그 창시자인 버갓교수를 초청하여 한국을 다녀간 일기 형식이다.

버갓은 이 일기에서 자신을 초청하는 측에서 자신에게 제공하는 예우와 비용에 대한 불만을 늘어놓고 있다. 자신은 이미 지난 70년대와 80년대에 한국의 언어학자들에게서 수차 초청을 받았지만, 김지하와 김대중의 구명운동에 나섰던 자신의 진보적 성향으로 보나 이름의 무게로 보아 한국을 방문하는 것은 격에 맞지 않아 거절하였다고 하였다. 그러나 지금은 김대중이 대통령이고 "이 궁핍한 세상에 내 구원의 목소리를 되도록 오래 전해주고 싶"어서 한국행을 결심한다. 그러나 그를 초청한 김민동교수는 오노라리움으로 오천불을 제시하였다. 당연히 그는 거절했다. 그는 자존심을 내세워 일만오천불을 요구했고 일만이천불을 받기로 하고 이 여행을 수락했다.

버갓은 게르만계이다. 그는 히틀러의 유대인 학살이 과장된 것이라고 믿고 있다. 그는 유대인이 너무 설치고 앞서가는 것에 불만을 가지고 있다.

그렇더라도 미국의 대통령 승계 순위 일인자 겸 상원의장에 유대인을 앉힐 수는 없지 않은가? 그러나 이런 생각을 내비쳐서는 절대 안 된다. 해도 될 말이 있고 해서는 안 될 말이 있다. 유대인들은 다 사악한 놈들이라는 것, 팔레스타인 놈들은 사악한데다가 멍청하기까지 한 놈들이라는 것은 내 머릿속에만 쟁여 놓아야 한다. 말 한 마디 잘못하면 인생이 순식간에 망가진다. 프랑스의 피에르 신부를 봐라. 몇 년 전에 로제 가로디라는 이상한 친구를 거들었다가 얼마나 망신을 당했나.

한국에 온 그는 한국 기자들이 영어에 서툰 데 놀라고, 한국의 교수들이 형편없는 질문을 한다고 생각한다. 그러나 심포지엄은 성황이었고, 알아듣는 것 같지는 않지만 청중은 앉을 자리가 없이 모였다. "피터 버갓은 정말 대단한 인물이었다. 피터 버갓은 피터 버갓이 자랑스럽다"는 정도에 이른다. 저녁에는 문화부 장관을 만났는데, 영어가 서툴러서 불편했다. 그러나 그는 평소에 영어사용권을 넓히는 언어제국주의를 비판해온 사람이다. 다음날 세션이 끝나자 교육부 장관이 주최하는 만찬이 있었고, 다음날은 신문과 방송 대담, 청와대 방문, 경주 방문 등이 있었다. 그는 그 과정에서 만난 사람에 대한 자신의 생각이 끊임없이 옳다는 것을 주장하고 있다. 그는 수없이 자신이 위대함을 말하고, 항상 약자의 편에 서 온 자신의 삶을 들려주고 있다. 당연히 그의 여정은 호화롭다.

버갓은 그의 여행일기를 다음과 같이 끝맺고 있다.

　　나는 정확히 일만 이천불을 현금으로 받았다. 한국 정부가 내게 세금을
부과하지 않았는지 아니면 주최측이 그 세금 액수를 보충했는지는 모르
겠다. 아무려면 어떠랴. 24시간 깨어 있는 서울의 역동성이 더러 그리울
지는 모르지만, 내가 다시 한국에 올 일은 없을 것 같다. 아무튼 나는
그 나라에 명예를 베풀었다. 그런 자잘한 배려는 나같이 위대한 정신에는
어울리지 않는 것이지만, 나는 태어나기를 이타적으로 태어난 것 같다.
그것이 내 운명이다.

　버갓은 미국인으로서 미국의 패권주의에 반대하고 제3세계의 인
권을 주장한 사람이다. 그래서 많은 존경을 받고 있다. 그러나 그것
은 그가 미국인이기 때문이다. 미국인이 아니었다면 그것은 편협한
민족주의 쯤으로 불렸을 것이다. 결국 미국인의 반패권주의는 위선
이다. 더 가증한 교만이다. 그들은 진심으로 미국을 사랑하기 때문
이다. 작중에서 버갓은 "내가 미국인으로 태어나지 않았다면, 나는
미국으로 귀화라도 했을 것이다."라는 말로 그 자신의 정치적 지식
인상을 요약해 주고 있다.
　이 작품은 강자의 거짓을, 그 선한 표정 뒤에 숨겨 둔 교만한 제국
주의자의 면모를 깨끗하게 보여주었다. 그것도 약자의 비꼬인 시선
이 아닌, 강자 자신의 일기 형식을 도입하여 풍자의 효과를 높일
수 있었다. 위선이라는 것은 행위와 심리의 상반됨을 보이는 것이어
야 하는데, 일기는 그 양면을 함께 보이는 것으로 적당한 방법이기
때문이다.

4.

한 시대의 지성인이, 사회의 문제를 인식하고 소외된 사람들의 고통을 공감하는 것이 필요한가. 우문이다. 지성인이라면 마땅히, 그와 같은 지성적 행위와 인식이 있어야 한다. 그런가. 그런데 이런 가. 그걸 알고도 지금 이러고들 있는가. 심지어 그걸 주장하면서 나와 당신은 이러고 있단 말인가.

소설이 리얼리즘의 길을 벗어나려 하는 데 대한 끝없는 시비는 이와 같은 것이다. 요즘 드러나는 것은, 그 길을 벗어난 다른 소설들 의 구차함과, 아직 그 길에 선 소설들의 아름다움이다.

송기숙의 「길 아래서」(창작과 비평, 2001, 가을)는 그런 점에서 주 의깊게 읽어본 작품이다. 이제는 지난날처럼 되어버린 이념과 지향 이, 결국 아무 아름다움도 남기지 못하고 말았는가 하는 것은 관심 있는 대목이기 때문이었다.

김주호씨는 사십년째 해마다 한번씩 해운사 절간의 변소치는 일 을 하고 있다. 그것은 보수도 없고 누가 시킨 일도 아니었다. 그는 오십여년 전 빨치산이 활동하던 때 이 지역에 주둔하던 군대의 운전 병이었다. 그날 출동명령이 내렸을 때 그의 부대가 상대해야 할 빨 치들은 그의 외삼촌과 형이 포함된 무리였다. 그는 군인을 태우고 출동하던 차를 언덕에 박아버리기로 했다. 차는 브레이크 고장으로 추락했고, 많은 사람들이 죽거나 다쳤다. 영창을 살고 나온 그는 그 죄책감으로 방황했고, 다시 현장 근처에 있는 해운사를 해마다 찾아가 변소를 치고 제사를 올리면서 평온을 되찾았다. 사십년이 넘은 그날도 그가 갔을 때, 간암에 걸려 이승의 마지막이 될 어떤 손님이, 열흘간의 속죄제를 지내고 떠나는 길이었다. 그 손님은 당시에 자신이 그 부대의 정비병이었다고 말하고 떠났다.

이 소설은 무엇을 억지로 주장하려는 태도를 가지고 있지 않다. 그것은 작가의 대가적 솜씨로부터 기인한 것이겠지만, 무엇보다 삶의 세밀함에 정직해야 한다는 창작방법의 구현이기도 하다.

> "너무도 처참했지요. 죽은 사람들은 기왕 죽은 사람들이었지만, 다친 사람들도 거의가 사람 구실 못하고 살았을 것입니다. 그 죄가 너무 크지요. 크다마다."
>
> 홍씨 말에는 애조가 넘쳐났고 푸석푸석한 얼굴은 한껏 처연해 보였다. 그는 김씨를 한참 보고 있다가 다시 허공에 눈길을 띄웠다. 내가 다 알고 있다. 그 나이에 숨길 게 뭐냐. 어서 털어놔라. 홍씨는 모든 걸 환히 알고 그렇게 숭을 쓰고 있는 것 같았다. 간암 이야기를 하기에 자신의 이야기를 하자는 줄 알았더니, 그렇게 에둘러 이쪽 입에서 말을 뽑아내자는 수작이 아닌가 싶었다. 구렁이가 달걀을 먹을 때는 그게 도망치지 못하는 먹이라 한참 동안 오달지게 천천히 삼킨 다음 기둥나무 같은 데다 몸뚱이를 감아 빠삭 으깬다던가.

그러면서 결국 이 소설은 인간에 대한 신뢰를 회복하는 방법을 사용하고 있다. 아무래도 지나친 우연의 혐의가 없지 않지만, 서울에서 사업에 성공하였으나 간암에 걸려 마지막으로 절에 들른 홍씨가 바로 그 정비병이었으며, 실은 그 사고가 김씨의 운전부주의가 아니라 당시에 "사상에 홀렸"던 홍씨의 고의였음을 드러내고 있는 것이다. 마지막 장면이다.

> "헌데 한 가지 물어봅시다. 영감님도 그때 그 사고 트럭에 타셨던가요?"
>
> 김씨는 털어놓을 작정을 하자 그때 홍씨가 부상을 당했으면 얼마나

당했는지 그것부터 알고 싶었다. (략)

"허허. 이거 이야기를 하다 말겠구려. 그때 나는 정비병이라 그 트럭에는 타지 않았었지요."

고백은 이처럼 힘있는 것이다. 고백은 드러나지 않은 사실을, 그러나 말하지 않으면 모르고 말 사실을, 스스로 드러내는 방법이기 때문이다. 그러나 고백의 내용은 사실이기 때문에 근본적으로 문학적이지 않을 수 있다. 그러므로 그것을 문학이 되게 하는 데서 작가의 힘을 보게 되는 것이다. 고백이 진실에 기초하고 있으므로 그것을 드러내는 소설은 그 삶과 의지의 아름다움을 진솔하게 보여줄 수 있었던 것이기도 했다. 그런 점에서 정자현의 소설을 기다려 왔다. 가끔 그의 소설을 못 본 것은 아니지만, 정직하게 말하자면 이번에 쓴 이 소설을 처음부터 기다려 왔다. 정자현의 「무녀리 전설」(사람의 문학, 2001, 가을)은 오랫동안 그가 안고 고민하던 자기정화의 물꼬를 트는 작품이다.

장종원은 고등학교 교사이다. 그러나 그는 이른바 "제도교육의 하수인"으로 살고 싶지는 않았다. 그는 "이 감동이 없는 시대에" "분노하는 법을 잊어버리고" 사는 것을 용납하지 않았다. 독재자 허접한 교장이 버티고 있는 산골 학교로 전입한 그는, 독특한 행동과 사고로 많은 일화를 남긴다. 그는 학생들에게 독재자였으며, 교사들의 잃어버린 순수성을 질타했다. 그러면서 그는 광주항쟁을 진압한 소식에, "이 개새끼들이 아주 사람잡는 백정이 되겠다는구나!" 라고 분노하는 청년교사로 살아간다. 그러나 그는 학교에 적응하지 못하고 떠났으며, 어느날 문득 옛 동료인 나에게 찾아왔다가 다른 옛 동료들과 어울렸다가 다음날 죽어서 발견된다.

이 작품이 주목되는 것은 이 작품 때문이 아니다. 이 작품은 장종원이 교직에서 떠나는 장면이나 마지막 회식이나 갑작스런 죽음까지가 일관된 갈등구조 위에 놓여 있지 않다. 그가 교사로서 보인 많은 일화들과, 그가 밤을 함께 했던 여교사 때문에 교직을 떠나는 진행과의 사이에 서사적 연계가 닿아 있지도 않다. 그런데도 이 소설을 읽고 반가워하는 것은 다음에 올 정자현의 소설 때문이다.

박경리가 「김약국의 딸들」과 같은 작품을 쓴 다음에 「토지」를 쓴 것을 기억하는 독자는, 자신에게 느닷없이 닥쳐오는 삶의 회오리를 털어놓는 소설적 굿판 또는 잔치판을 기대하는 것이다. 이해할 수 없고 납득할 수 없고, 심지어 용서할 수 없는 삶의 격동이, 스스로 제 길을 가고 있는 인생에 덮쳐오는 검은 구름. 그 구름을 정시하고 난 뒤에야 틈새를 볼 수 있었다. 고백과 정화가 있고 나서야 그 위에 건설되는 새로운 서사의 세계를 열어가게 되기 때문이다. 모든 소설이 그러해야 하는 것은 아닐 것이다. 그러나 정자현의 소설에서, 그 유려한 문체에 실려 있는 좌절과 분노를 읽노라면, 이제 그의 소설이 본령에 들어서는 것을 느낄 수 있다. 시대를 고민했던 청년의 의지와, 그가 부딪치고 좌절했던 삶의 궤적들은, 정화하고 확산되는 소설적 진행을 보일 것이 기대되기 때문이다.

5.

잠시 감기 걸려 앓는 아내를 보고 새장가 갈 기대에 부푼 자가 있다면, 그 아내가 벌떡 일어나 뺨이라도 쩌억 올려붙였으면 좋겠다. 어쩌면 지금 소설들이 사소해지고 가끔 엉뚱해지기도 하는 것은, 바로 지난 시기에 소설이 지나친 열정에 싸여 있었기 때문에 앓는 감기일 것이다.

잠시 전까지만 해도 소설은 넘치는 의식을 가지고 있었다. 과잉이라고도 할 그 현실의식들이 오직 한 곳, 경제적 평등을 지향하고 있었기 때문에, 지금 소설은 허둥대고 있는 것이다. 그때는 상대가 막강한 줄 알고 온몸을 던져 밥먹는 일에 매달려 싸웠다. 그러나 밥은 생각보다 쉽게 해결되어 버렸고, 손에는 쓸데없이 부르쥔 주먹만 남았다. 닥치는대로 이곳저곳 주먹을 휘둘러 보지만 어느 것도 시덥지 않은 허전함. 어디로 가야 하는가.

소설이 할 일은 끝났다고, 이제 문제의식을 가진 소설은 필요하지 않다고, 드디어 소설이 갈 길은 교외의 모텔에서 벌이는 한낮의 정사 뿐이라고, 그러지 말자. 아직 권력은 부패를 멈추지 않았고, 아직도 교만한 강자들은 골목을 휩쓸고 있으며, 골목시장의 악다구니는 오늘도 멈추지 않았다. 과녁을 잘못 찾은 청춘은 좌절하고 있으며, 분단은 여전히 아프다. 삶은 아직 해명되지 않았고, 자연과 우주는 여전히 광대하다. 우리 삶이, 단순히 우연한 사실의 열거가 아니라 구조적 문제와 그 문제들의 연장선에 있는 것은 아직도 분명한 진실이다. 그 문제들을 파내고 극복하고, 그 과정에서 서럽게 아름다운 사람의 얼굴을 그리는 일은 아직도 언제나 가능하다.

그래 좋다. 소설이 이런 일을 하지 않아도 좋다. 소설이 모텔의 몰래카메라가 되어도 좋다. 그러나 제발 원래 소설이 그런 거라고는 하지 말자. 항복도 견딜 수 없지만, 항복 이후의 비굴은 정말 참아줄 수 없다.

4부

길 위의 형제들

안 떠나지는 한국

—재미 한인소설이 가진 첫째 갈등

1. 떠나 있는 이들의 문학

요새의 한국문학은 뭐라고 부를까. 얼마 전에는 90년대 문학이었으니, 지금은 00년대 문학인가. 80년대 문학, 70년대 문학, 왜 한국문학은 10년 단위로 끊어 부를까. 문학의 모양은 10년마다 정말 달라지는 걸까.

문학작품을 이해하면서, 하도 작품이 많고 다양하니까, 그 방대한 작품들을 몇 부류로 구분하여 인식하는 것이 편리했다. 좀 덜 헛갈리기 위해서는 무슨 수로든지 편성이 필요했던 것이다. 그 방법 중에서 가장 자주 쓰인 것은, 작품들을 일단 대충 연대별로 집단화하는 것이었다. 그것은 참 편리하고 확실했다. 생년월일 순으로 작품을 줄세우는 일인데 어려울 것이 뭔가.

그런데 한국문학을 읽을 때는 이런 연대별 줄세우기가 좀 심하게 나타나는 것을 볼 수 있다. 그렇다면 한국문학에는 연대별 특징이 좀 두드러지게 있을 가능성이 있다는 얘기가 된다. 그러고 보면 그런 것도 같다. 왕조시기 이후, 충분한 대중적 인식변화시기를 거치지 않은 채 역사는 급격히 변화를 일으켰다. 아직 역사의 담당자들이 정신을 차리지 못하고 입만 벌리고 있는 상태에서, 그들 자신의 역사가 빠른 속도로 그들의 옆구리를 스치며 지나갔다. 조선 후기로부터 물살이 빨라지더니, 깡패들의 힘까지 보태지면서 식민지시기,

군정시기, 단독정부, 전쟁, 독재, 반독재 등을 시간을 단축하며 경과하였다. 사실 이런 역사적 상황은 좀 긴 시간과 생각변화를 전제해야 가능한 것인데, 우리는 그렇게 할 시간이 없었다.

그러다 보니 각 시기들은 완만한 인식전환을 보이지 않고, 각각의 특징을 예민하게 드러내는 급격한 경사를 보이며 교체되었다. 날카로운 경사각도로 세워진 역사에서는, 조금만 시기를 나누면 훨씬 달라진 모양을 보이게 되었다. 십년 전과 십년 뒤가 너무 많이 변해서 도저히 한 시기의 일부로 보이지를 않는 것이다. 이런 역사적 변화의 결과, 그 각 시기에 창작된 작품들은 당해 시기의 인식과 변화를 보이면서 다른 시기와 정확하게 구별되는 개별성을 보이기도 했다. 그러니까 한국문학에서 10년단위로 이름을 부르는 것도 좀 이해가 가는 면이 있는 것이다.

그런데 한국문학에서 문학작품을 창작한 장소에 따라 나눠보는 경우는 별로 없었다. 일단, 한국문학이 한반도에서 창작된 것뿐이던 시대에는, 한반도가 하도 작아서 별로 장소에 따라 나눌 필요가 없었다. 쓰는 말도 같고 글도 같고 생각도 비슷한데 무슨 구분이 있겠느냐는 생각이었다. 물론, 실제로는 지역문학의 성격이 따로 드러나는 부분이 있어서, 최근 그런 연구가 많아지고는 있지만, 어쨌든 지역문제는 한국문학에서 중요한 영역이 아니었다. 더욱이 교통과 통신 소통이 원활해진 현대에 와서 지역의 특징을 잘 드러낼 수 있는 작품은 창작되기도 더욱 어려워졌다.

한국문학에서 지역문학의 범위를 제대로 넓혀 준 것은, 한반도의 영역을 넘어 이주한 이민문학이었다. 이민은 워낙 확고한 사실이고,

이민한 지역은 한반도를 넘어서는 영역이었기 때문에, 이민문학은 한국문학에 중요한 새로운 활력소가 될 가능성이 높았다.

요사이 한반도 밖의 이주 한민족에 대한 관심이 증대되면서, 점차 이주민이 창작한 문학작품에 대한 주목이 더 많이 요청되었다. 처음에는 꽤 지난 시기에 창작된 재중국 조선인문학을 연구한 업적에 의해 한국문학의 공간적 범위를 넓혀야 한다는 인식이 확산되었다. 그 과정에서 중국만이 아니라 북한문학과 함께 다른 지역에 진출한 한민족문학에 대해서도 구체적이고 긍정적인 이해가 필요하다는 논의도 일어났다. 결국, 한국문학은 한반도문학이 아니라 한민족문학의 성격을 더 강하게 가진 것으로 이해되기 시작한 것이다.

그러면서 각 지역으로 흩어진 한인문학은 현지의 형편과 상황에 따라 각 지역의 특징을 잘 드러내고 있어서, 어떤 부분에서는 한국문학의 인식지평을 크게 확산하는 효과도 기대할 수 있게 되었다. 전 세계에 흩어진 한민족이 각지의 사정과 풍토에 따라 생산한 문학으로 한국문학의 창의성에 기여하는 것이 가능해진 것이다. 그러니까 한국문학의 미래는 국토 내부에서 창출되는 새로운 작품과 국토 외부에서 개척되는 이민문학의 총체로 존재하게 되어가는 것이다.

재외 한민족 사회 중에서 문학작품을 산출할 에너지를 가진 사회는 중국, 일본, 러시아, 미국 등에 만들어져 있다. 이 중에서 중국이민 사회는 역사도 길고 문화적 독립성도 높아서 많은 문학작품이 생산되고 있고, 이들 작품들이 국내로 전달되고 연구되는 성과도 단연 앞서 있다. 재중국 이민사회는 세대가 흘러도 언어적 변화가 완만하고 중국화과정이 급하지 않아서 앞으로도 많은 문학작품이 산출될 것으로 보인다. 재일본 한인들은 1세대가 비교적 생산직종에 많이 분포되고 2세대 이후는 일본사회의 특성상 급격히 일본화되고 있어서 향후 한국어 작품이 활발하게 창작될 전망이 불투명하다.

재미국 이민사회는 역사가 짧고 많은 세대가 지나지는 않았지만, 1세대가 문화적으로 높은 욕구를 가지고 있고, 계속해서 본국으로부터 고급 1세대를 공급받고 있기 때문에 문화적 활동은 활발하게 나타나고 있다. 지금 공식적으로 100여만, 비공식적으로 그 두세배의 이민을 가진 재미한인사회는 내부적 활기와 역량에 있어서 물리적 평균으로는 본국의 형편보다 낫다는 감이 있다.

실제로 재미한인사회는 활발한 문학활동을 하고 있다. 대규모 사회인 로스앤젤레스나 뉴욕, 샌프란시스코, 애틀랜타 등에는 예외없이 한인문학가협회가 있고, 정기적이거나 약간 부정기적으로 간행물도 발행하고 있다. 한인신분이나 회지류에도 종종 문학 창작물이 실리고, 본국에서 이주해오는 기성문인도 다수 있어서 활력을 더하기도 한다. 발행되는 문학지의 내용은 대개 시, 소설, 수필이며 드물게 희곡이 실린 경우도 있다. 가장 많은 부분은 수필이며, 수필의 내용은 이민경위와 이민후의 애환을 다룬 것이 주종이다. 소설은 비교적 전문적인 수련을 가진 이들이 창작하고 있으며, 다수의 작품을 높은 통찰력과 세계관 위에서 창작하는 주목할 만한 작가도 있다.

2. 추억에서 나오기

미국에 사는 한인들은 어떤 소설을 쓸까. 뉴욕과 샌프란시스코와 애틀랜타 등에서 구해 읽은 소설들은 매우 진지하고 치열한 고민에 빠져 있었다. 본국에서는 가난도 사랑도 시들해지는 상황에서 소설들이 문제를 찾아 방황하고 있었는데, 이민 소설들은 자기들대로 아주 생생하고 거대한 문제들에 직접 얼굴을 대하고 있었다.

당장 이민 교포들에게 닥친 문제는 미국인이 되는 것이었다. 미국인이 되기 위해 미국으로 왔지만, 미국인이 그렇게 쉽게 되는 것은 물론 아니다. 세대에 따라 미국인이 되는 것은 전혀 다른 어려움으로 다가오는 것인데, 1세대가 가장 고민하는 것은 일단, 자신을 한국에서 빼내는 문제였다.

이민을 떠나는 순간, 비행기를 타면서 외형적으로는 한국을 떠났지만, 어떤 이민 동포라도 정말 그 순간에 한국을 떠나게 된 사람은 없었다. 미국에 정착하면서 시시로 엄습해오는 향수는 말할 것도 없고, 오랜 시간이 지나도 음식이나 감정이나 사상까지도 아직 전혀 한국을 떠나지 않았음을 절감하곤 하는 것이었다. 그러나 이런 것들은 사실의 문제이고 인식이 쉬운 부면의 일이었다. 실제로 이민 동포들을 휘어잡고 놓지 않는 것은, 그들이 본국에서 가졌던 사회적 위치나 형통하던 시절의 기억이었다.

재외국민 중에서 재미한인은 본국생활을 기준으로 상위층 사람들이 많다. 어떤 이유로 이민을 했든지, 본국에서 보낸 세월보다 이민 생활이 현저히 좋아진 경우는 많지 않다. 특히 자신이 사회에서 차지하는 위치를 두고 본다면, 미국에서 본국시절만큼의 사회적 영향력과 존경을 유지하며 산다는 것은 불가능하다. 당연히, 이민하는 순간 이런 것들을 포기해야 하지만 당연히, 어렵다.

특별히 탁월한 전문적 능력을 가지고 있어서 그것을 미국에서도 존중받는 몇몇 예외를 제외하고는, 대부분의 초기 이민 동포들은 한국에서는 자기 일이라고 생각도 못했던 하급직종에 종사한다. 물론 미국에서는 직업의 귀천이 거의 없다고 하지만, 이민동포들은 아직 그런 의식에 도달하지 못했다. 몸은 귀천이 없는 사회에 살지만, 마음에는 직업의 귀천이 시퍼렇게 살아 스스로를 할퀴는 것이다.

대통령 수행기자단에 끼었던 보도국의 김기자를 만났다는 이야기를 듣고 나서였다. 어머, 이를 어째, 여보, 그거 보통 일이 아녜요. 서울바닥에 소문이 자자해지겠수. 돌아가서 얼마나 재미있게 얘기하겠어요. 거, 이선배 말야. 뉴욕에서 택시 몰더구만. 안됐어, 그럴 거 아녜요.(신상태, 무지개 도시, 뉴욕문학 3, 1993, 331쪽)

"한국 신문보면 우울하지 않게 됐어요? 옛날에 나랑 혼인말 있던 양선생 알죠? 그 사람이 총장이 되고 내가 딱지놨던 김모가 기관장이 되고, 세상에...... 내가 뭣같이 여기던 순먹자 남편이 내각에 오르는 문민시대의 신문보고 우울하지 않게 됐어요?"(임혜기, 문민시대, 뉴욕문학 3, 1993, 361쪽)

고국에서 공무원 한 자리 차고 앉아 방귀 깨나 뀌던 권선생은 정권 바뀌어 끄나풀이 끊기자 밀려나 빌빌거리던 차에, 일찍 유학 와서 박사까지 마치고 '우주항공국'에 근무하는 처남의 권유에 남은 재산 톡톡 털어 뒤늦게 이민길에 올라 '릭커 스토아' 하나 마련해 그럭저럭 십년을 비벼 왔다.(김진태, 사나이, 샌프란시스코문학 1, 1995, 85쪽)

시인 B선생이 야채상을 하고 있어요!
남쪽으로 창을 내겠다던 시인 말이어요. 전원풍경 속에 살면서 도시생활에 지친 친구들을 불러다가 진달래꽃으로 담근 약주를 별빛 가득한 정원에서 밤술을 마시겠다던 그분이 말이어요.
글쎄, K방송국의 S형이 구두수선을 하고 있어요!
그 새하얀 선비의 손가락 마디가 권투선수처럼 험악하게 부풀어 있더

군. 누가 교통사고로 참변을 당했다는 얘기를 하는 사람도 당신처럼 그렇게 비참한 표정일 수는 없었을 것입니다.(박유남, 새벽의 낙서, 뉴욕문학 9, 1999, 249쪽)

귀천과는 다른 감정이지만, 문득 본국에서의 삶이 되돌이켜질 때 억지로 그것을 정리하고 돌아서는 모습을 통해 그 정리가 어려웠음을 아프게 보여주기도 한다. 본국에서 무거운 이름으로 기억되던 소설가의 삶을 보여주는 작품이 있다.

> 이민 -이라기보다도 해방 이래 몇 번이나 앉은 자리를 떨려나듯, 그냥은 견딜 수 없는 피난이랄까 도피라 할까, 아니면 망명- 생활 15년을 지내고 어느덧 16년 머리에 접어든 오늘의 장장로는 이제 지난날의 10년씩을 갈라놓고 뒤척여온 일들을 불살라 버린 지도 오래요, 사실상 대부분이 망각의 혜택 속에 사라져주기도 했다.
> 그런만큼 수십년만에 만난 노마네가 첫마디 수인사에서 '장선생님'이라 했을 때 자신도 모르게 자신도 모르게 마음속 깊은 곳으로부터 '이게 웬 일인가'라는 고향(고향사람)을 만난 것같은 느낌에 흠칫 떨기까지 했었다.(최태웅, 노마네, 샌프란시스코문학 1, 1995, 21쪽)

한국에서 소설가이던 장동규가 미국에 이민와 늙어가는데, 옛 이웃을 만나 자신이 소설가이던 때를 갑자기 회상하고 곧 감정을 정리하는 소설이다. 그는 이민온 것을 다행하게 생각하고 있다. 한국에 그냥 있었으면 '병들어 죽었거나 말라 죽었거나 자살이라도 했을' 것이라고 했다. 그러나 시시로 그를 사로잡는 한국에서의 기억들이 그를 쓸쓸하게 한다.

이렇게 한국에서 자신이 놓여지지가 않기 때문에 이민 소설들은 본국소설에 비해 과거지향적인 성격을 가진 경우도 있다. 이민이라는 전향적인 행위의 당사자들치고는, 의외로 많은 작품이 과거의 추억이나 원한에 몸을 담고 있는 것이다. 보통 이민 한인에게 과거를 묻는 것은 금기라고 한다. 그러나 이민문학은 과거를 스스로 말하고 있다. 거의 모든 이민소재 작품들이 본국에서의 일을 전제로 제시하고 있고, 가끔은 현재의 삶이 그 본국갈등의 연장선에서 벗어나지 않은 것도 있다.

> "나 서울 가서 진희 만났다."(략)
> 동진과 진희 -동창들 사이에서 알만한 사람들은 다 아는 커플이다.(략)
> "다시는 헤어질 수 없어."(략)
> "와이프는 어떻게 할 거야?"
> "몰라."
> 무책임하긴.
> "이혼할 거야?"
> "이혼은 할 수 없을 것 같애."
> 이혼은 할 수 없다니. 10여년만에 다시 만난 예전 연인과도 헤어질 수 없고, 현재 있는 와이프와는 이혼할 수 없다니. 무슨 논리인가.
> "와이프한테 그렇게 잔인해질 수는 없어. 그 사람도 나쁜 여자는 아니야."(박진영, 카페 아프락사스, 뉴욕문학 9, 1999, 393-394쪽)

> "정희철씨를 처음 만났을 때도 추석이었지 않니? 우리가 달을 보고 맹세했을 때도, 다음해의 추석이었다. 영원히 변하지 말자고......."
> 친구의 목소리가 왜 이다지도 슬프게 전달될까. 나의 슬픔 때문일까. 그때의 추석달을 바라보며 나도 맹세했었다. 그러나 나는 아직도 해마다 펼쳐지는 꿈의 그림만 보고 있다.(신예선, 한가위 달, 샌프란시스코문학 1, 1995, 32쪽)

> '김인환은 나를 사랑했다.' '그 일당도 나를 사랑했다.' 나는 창 앞에

서서 부르짖었다. 사랑했기 때문에 지금까지 그를 잊을 수가 없는 거다. 그가 슬프도록 그리운 것은 우리가 진실로 사랑했기 때문이다. 그리고 국가의, 세계의 운명을 논했던 젊은 날의 그 일당들이 사랑이 아니었다면 추억하지도 않았을 것이다. 손교수가 퇴원하면 나는 인환을 만난다. 새도 이야기를 하는데, 우리가 그냥 끝낼 수는 없다.(신예선, 무반주 발라드, 태학사, 1999, 182-183쪽)

3. 섭섭한 가족

개인적으로 추억에서 빠져나오는 것도 참 어려운 일이었거니와, 한국적 감정과 사고에서 나오는 것은 더욱 어려운 일이었다. 아름다운 과거나 위대한 경력은 개인의 차원이어서 개인적 체험체계에서 소거가 가능하지만, 민족적 감정과 사고구조는 수천년 묵은 것이어서 개인의 입장에서는 선험적 성격까지 가지고 있기 때문이다.

처음에 미국 온 이민 세대의 초기작품이 거의 한국적 상황에서 벗어나지 못하는 것은 특별한 일이 아니다. 한국에서의 체험내용을 덜 담고 있는 작품, 그러니까 외형적으로 미국화가 더 진행된 것으로 보이는 작품이라고 해도, 세계관과 인식방법의 한국적 성격은 변함없이 나타난다. 그 중에서 가장 직접적이고 충격적인 것은 가족관계에 관한 것이다. 당연히, 가족은 인간관계에서 1차적인 것이고, 그러므로 가장 손쉽게 섭섭해질 수 있는 요소이다. 그래서 국내에서 많은 소설들이 가족관계의 무너짐을 두려워하면서 그려내고 있었는데, 이민 소설은 그 무너짐의 최전선에 서 있었다.

어제밤의 전투에도 전혀 소득이 없었다. 오히려 진지한 표정으로 아이들을 설득해서 전세를 역전시켜 보려 했던 것이 역효과를 자초한 결과가 되고 말았다. 상황이 불리한 걸 깨닫고 호소도 해 보고 한국의 경제발전을 역설했고 또 역이민을 가더라도 생활기반을 잡아줄 재력있는 큰아버지와 고모님의 이야기도 해 보았지만 아이들의 표정은 차갑기만 했다.

나는 나의 아이들이 자라는 동안 한국말을 잊지 않도록 감독을 한다면 끝까지 의식조차도 한국인으로 남아있게 될 것이라는 엉뚱한 착각 속에서 살아왔음을 새삼 깨닫게 되었다.(정규택, 뉴욕 할미꽃, 뉴욕문학 3, 1993, 378쪽)

"아버지는 옛날에 우리들에게 친구란 많을수록 좋으니 많이만 사귀라고 하셨잖아요? 그런데 그 말씀이 백인들만 사귀라는 말씀이였던가요?"

"야! 이놈의 자식, 너까지 이 애비한테 따지고 덤빌테냐? 계집애가 어디서 함부로 튀어나와? 튀어나오긴...... 건방지게스리...... 야! 그리고, 한국말로 해! 영어는 난 싫다."

"미국에서 살려면 영어를 잘 해야 한다면 우리더러 밖에서고 집에서고 영어로만 대화하잔 땐 언제였어요?"

"이년이! 그래도 말대꾸야?"(한준길, 쥐덫, 뉴욕문학 3, 1993, 418쪽)

"나 그거 싫어해."

다시금 진희 차례다.

"뭐를 넌 또 싫어하니?"

"아빠만 다 알아서 하는 거, 나 싫어해."

"싫어할 것두 많다. 난 좋기만 한데. 아빠가 다 아셔서 이거 해 그러시면 이거 하고, 저거 해 그러시면 저거 하고, 얼마나 좋니? 아빠는 옛날에 미국에 유학 오셔서 영어도 미국 사람같이 하시고 미국도 다 잘 아시니까...... 우리는 얼마나 편하고 얼마나 럭키하니......"

"나 그래도 싫어해......"(신해선, 어떤 소풍, 샌프란시스코문학 1, 1995, 49쪽)

이처럼 일단, 이민 1세대 가장들은 그들 내부에서 가장권이 무너지는 소리를 들었다. 약간의 저항이 있었지만, 사실 가장권이 무너지는 것은 시간차를 제외하면 모두에게 거의 공통된 운명으로 다가 왔다. 다른 시기의 작품들은 차차 가족구성원 상호 이해와 존중으로 좀 더 조화로운 가족관계를 추구하게 되지만, 이민 1세대에게는 아 직 가장권에 대한 도전 또는 무관심이 노여운 상태에 있다.

무너진 가장권은 바로 노후봉양 문제와 직결되었다. 이민 한인들 은 거의 전원이 자식을 위해 이민했다고 한다. 자식들의 나은 교육 과 더 나은 미래를 위해, 이 기회의 땅 미국에 이민했다는 것이다. 그러기 위해서 그들은 그들이 한국에서 가지고 있던 수많은 권리와 기득권을 포기했고, 미국에서 고통스러운 밑바닥 생활을 경험했다 는 것이다. 그러면서 그들은 기회 있을 때마다 그들의 자녀들에게 이런 사실을 주지시켰다. 그러므로 그들의 자녀들은, 교육지옥 한국 이 아닌 교육천국 미국에서, 오직 자신들을 위해 희생한 부모에게, 감격하고 보은하여야 할 것이다. 그러나 그렇지 않다. 많은 자녀들 은 부모가 원하던 대로 미국 아이가 되어 갔고, 미국 아이의 덕목에 부모봉양은 없었던 것이다. 그러므로 소설의 많은 갈등이 부모자식 간의 의견차에 집중되어 있고, 그 경우에 부모는 거의 일방적으로 패퇴하는 상황에 놓여 있다. 오늘날 이런 형편은 국내와 국외가 마 찬가지이지만, 남달리 희생했다는 인식이 강한 재미한인사회에서 이 문제는 더 심각하게 드러난다.

이민 1세대가 자신과 자녀세대의 문제로 괴로워하고 화를 내고 있다면, 이민 1세대보다 앞 세대, 억지로 부르자면 이민 0.5세대는 화도 못내고 눈치만 보고 있다. 그들 개인에게 그들 자신의 노후는 참으로 무거운 과제로 주어져 있다. 한국에서 개인의 노후가 가족보

험 상태에 있었다면, 미국에서는 사회보험 상태에 있다. 그러나, 사회가 노인들의 생존을 보장해 준다고 해도 그들의 외로움을 치유해 주지는 않는다. 한국에서 나고 자라고 성년시기를 다 보내고, 미국에 정착한 자식 따라 늙은 몸으로 이민온 노인세대에게는, 미국적 노인복지가 백주 대로상에서 가해오는 폭행과 다를 바 없다. 그들은 그들의 생기있는 모든 시기를 자녀들에게 바쳤고, 자녀들 중에서 가장 자랑스러운 자녀들이 미국으로 떠나갔다. 자식들의 필요에 의해서나 자신의 소망에 의해서나 노년에 미국으로 옮겨온 그들에게, 남은 날들은 그 길이 그대로 괴로움이다.

비오는 날 외에는 노인은 거의 아파트 앞 공터에 있었다. 그때마다 노인은 새들이나 강아지 또는 고양이를 안고 있었다.
"그 노인네가 그래도 소시 시절에는 만주 땅에서 독립운동을 했던 광복 투사랍니다. 미국에 오기 전까지만 해도 한국에서 실업고등학교를 세워서 교장까지 지냈다고들 합니다. 마나님은 일찍 죽었다는 말도 있고요. 남편이 차 사고로 죽어서 혼자 된 딸에게 지금은 얹혀 살지만 아뭏든 옛날에는 한가닥했던 영감님이랍니다."(략)
여자가 술에 취해 들어왔는데도, 딸이 검둥이 녀석에게 매를 맞고 왔는데도, 딸이 처량하게 울고 있는데도 영감은 노래만 부르고 있다.

한 줄기 해란강은 천 년 두고 흐른다.

그런데 그때 술취한 여자가 악을 쓰듯 고래고래 소리지르며 제 방에서 유행가를 부르기 시작했다.

울려고 내가 왔던가, 웃을려고 왔던가
비린내나는 부둣가에……

그들 부녀는 마치 경쟁이나 하듯, 콩쿨대회라도 출연한 듯이 각자의 노래를 불러대고 있었다.(박요한, 병사의 들판, 뉴욕문학 11, 2001, 302쪽)

"어머니! 이렇게 손을 드세요...! 아버지두...! 누가 묻거든 이렇게 오른 손을 들어야 합니다아...! 그러면 시민권을 준대요...... 만일 손을 들지 못하면 시민권을 받지 못하게 돼요. 그렇게 되면, 엄마와 아버지는 이 널싱홈에서 쫓겨나게 되욧.... 그리고 우리 식구들은 모두 집없는 천사가 되어 길가에 나앉게 돼욧.... 아시겠어요?"

하루에도 몇 차례씩 귀가 어두운 부모님들 귀에 입을 바싹 대고 고함과 악을 적당히 섞어가며 일러 드리고 또 손을 들게 했다. (략)

평생 착하기만 하던 아내가 생전 처음으로 보인 이 놀랄만한 태도에 남편 데이빗마저 너무나 기가 막힌 듯 "어! 어!" 하면서 뒷걸음질만 치고 있었다.

"이젠 당신의 부모님관 절대로 못살아욧! 그동안 내가 얼마나 죽을 똥을 싸며 고생했는지 알기나 하세요? 이제 내가 다시 당신의 부모들과 함께 살아야 된다면 난 차라리 이 집을 나가버릴 거예요. 당신은 그 늙은 이들의 아들이니깐 얼마든지 함께 사세요! 누가 말리지 않을 테니까요! 난, 절대로 못살아욧! 차라리 물에 빠져 죽는 게 더 낫지......"(한준길, 용서해 주세요, 뉴욕문학 11, 2001, 428-430쪽)

"(략) 아들놈은 고사하구 딸년들은 더 도둑년들이야. 내가 어떻게 키우구 어떻게 시집을 보냈는데 이제 와서 에미 대접을 이런 식으로 해? 할아버지 그 사람 밸두 없는 사람이지 그저 자구 깨면 한바퀴씩 애들 가게로 돌면서 구걸하는 거야. 술값 구걸. 지금은 몸이 더 쇠약해 가지구 노상 누워서 살다시피 하는데, 저러다가두 조금 살만 하면 또 기어 나간다구. 그러니 애새끼들이 사람취급 하겠느냐구? 이러다가 영감이 어느 날 고꾸라지면 그래두 시체 앞에서 우는 척들은 할 거야. 만일 내가 시체고 그때 잠간 일어날 수 있다면 그 우는 얼굴에다가 침을 타-악! 하고 배알을 텐데......"(정규택, 뉴욕 할미꽃, 뉴욕문학 3, 1993, 382쪽)

4. 그 다음 문제들

한국 소설은 어디로 가는가고 여러 사람이 물었다. 일본 제국주의자는 물러간 지 오래고, 미 제국주의자는 말하기 불편하고, 가난은 어쩐지 안 심각한 것 같고, 사랑도 별로 머리 아프지 않다. 이제 혹시 소설이 문제삼을 과제가 없는 것은 아닐까. 반드시 거대해야 하는 것은 아니지만, 소설이라면 뭐든지 좀 문제될만한 것을 말하고 있었으면 했다. 리얼리즘은 아직도 공식적으로 폐기되지 않은 소설의 과제이고, 우리 삶의 이면에는 아직도 해명해야 할 문제들이 산적해 있을 것 같았다. 그러나 한국 소설은 마음부터 편해졌다. 배가 약간 불러지자 가려운 것도 시린 것도 다 귀찮아졌다.

그런 점에서 재미 한인들의 소설은 눈을 부릅뜨고 살아있다. 안고 있는 문제는 심각하고, 고민하는 개인들은 치열하다. 재미 한인 소설은 한국소설의 범위를 늘려잡는 데 기여한다. 그것은 공간적으로 한국문학의 범위를 한반도 밖에까지 확산시킨다는 것만 아니라, 갈등의 절실함과 생동감을 충전시키고, 갈등의 내용에 새로운 항목을 추가한다는 점에서 더욱 가치있다.

재미 한인 소설이 가진 첫째 갈등은, 일단 한국에서 나오는 일이었다. 하도 오래 뿌리 내리고 살던 땅이어서, 제 뿌리를 제 손으로 뽑아들고 나오는 것이 아주 어려웠다. 몸은 간신히 나왔지만, 추억은 그냥 살아 있고, 생각과 섭섭함까지 한국적으로 유지되고 있다.

이민은 한국에서 나오는 것으로 완료되지 않는다. 새로운 땅에 정착해야 하고, 남은 삶을 거기서 보내야 하고, 마침내 거기서 생을 마치고 몸을 묻어야 하는 것이다. 거기에는 많은 갈등이 있을 것이고, 그것들은 소설로 모습을 드러낼 것이다. 그 과정에서 뜻했든 아니든 한국소설은 생동하는 갈등상이라는 수확을 거둘 것이다.

그러나 결국 재미 한인의 소설은 훨씬 미국화할 것으로 보인다. 그리하여 한국적 뿌리는 소화되어 흔적만 남은 채, 미국의 향기를 진하게 가진 새로운 소설의 열매를 맺을 것이다. 이미 그런 작품들은 나타나고 있거니와, 우리는 좀 냄새도 색다르고 혀도 좀 꼬부라진 그 소설들로 인해 혈통논쟁을 벌이게 될지도 모른다.

참 안되는 미국사람

— 재미 한인 소설의 정착 갈등

1. 원죄같은

소설에서는 원죄가 소재로 쓰이기 어렵다. 이를테면 인간은 원래 죄 가운데 났다는 말이나, 혹은 실제로 우리가 시시때때로 느끼는 이유없는 공포와 불안 등에 대해서 소설적으로 문제삼기가 매우 어렵다. 도대체 어떤 방법으로, 죽는 문제를 벗어나 본다는 것인가. 소설적 가능성 안에서, 이른바 서사적 설득력 안에서 그 벅찬 문제를 어떻게 감당할 수 있을까. 현실성 안에서는 불가능하다. 그러니 그런 문제는 종교가 맡아갔다. 가끔 비슷한 문제를 다루어본 소설들이 있었지만, 결국 문제에 직면하지는 못하고 부근을 빙빙 돌다가 인정삽화로 편한 길을 가곤 했다.

왜 원죄는 소설의 소재가 되지 못하는가. 당연히, 그것은 현실적으로 해결될 방법이 없기 때문이다. 성격나쁜 사람이나 오해나 악덕부자나 봉건남자나 부부싸움 등은 현실적으로 해결이 가능하다. 지지든지 볶든지 그건 우리 삶 가운데서 명멸한다. 그러나 원죄야 어디 그런가. 아무리 우리 서로 양보한다고 해도, 혹은 나쁜 사람을 타도한다고 해도, 심지어 오해까지 말끔히 풀린다고 해도, 역시 원죄는 해결되지 않는다.

소설에서 원죄적 지위를 누리는 것들은 어떤 것이 있을까. 지난 어둠의 시대에는 빨갱이라는 낙인이나 그 가족이라면 그 비슷한 대접을 받았을 수 있다. 그러나 역시 원죄보다는 약하다. 좀 뻘건 생각이라도 조금만 숨통을 터주면 바로 소설이 될 수 있었으니까. 신분시대를 다룬 소설에서, 주인공이 노예일 경우라면 거의 원죄적 상황이었다. 그러나 노예라도 더러 반란을 일으키거나 얼굴이 예쁘면 길이 아주 없는 것은 아니어서, 역시 원죄보다는 조금 가벼웠다.

남자거나 여자라는 사실은 거의 원죄 수준이다. 안타깝게도 한국에서는 여성일 경우가 훨씬 원죄적이다. 실로 만만치 않은 과제이며 앞이 보이지 않는 문제이다. 그렇기 때문에 소설에서 특히 한국소설에서 여성문제는 비본질적이다. 종종 여성문제라면서 들고 나오는 경우가 있지만, 그것은 대개 여성에게 대한 남성의 문제이다. 남성이 이렇고 남성이 저렇다는 것이지, 진정으로 여성문제인 경우는 흔치 않다. 여성이 가진 자기인식과 그 의미, 여성성의 전망과 한계 등에 대한 소설적 접근은 거의 없다. 그것은 소설에서 현실적으로 해결될 수 없고, 당연히 그러므로 소설적 결말도 아직 어둡다. 그러나, 더러 개인 중에는 성적 자기 결정성을 뛰어넘는 경우도 없지 않으므로, 그 역시 원죄보다는 아무래도 가볍다.

원죄는 무겁다. 원죄를 해결하는 소설적 방법은 없다. 그것은 인간 존재에 달라붙어 있는 한 가지의 속성이기 때문이다. 인간됨을 포기하면 되긴 하지만, 그러려면 소설조차 쓸 필요가 없어진다.

미국으로 이주한 한인들에 의해 소설이 창작되고 있다. 뉴욕과 샌프란시스코와 애틀랜타와 아마도 로스앤젤레스와 시카고 등에서 많은 소설이 쓰이고 있다. 본국 소설이 근래 갈등의 핵을 찾지 못해 치열함을 잃고 허우적대고 있는 동안, 재미 한인들의 소설은 벅차게 무거운 문제를 안고 씨름하고 있었다. 소설 속에서 미처 다 해소되지 않은 문제들이 소설적 상황 밖으로 비어져 나오는 옛 풍경이 재미 소설에는 아직 나타나고 있었다. 이들 소설이 가장 무거운 문제로 가지고 있는 것은 당연히, 이민이었다. 이민으로 인한 불편과 고통과 허전함과 보람, 여기서 수많은 갈등이 꼬리를 물고 일어났다. 그러니 이 갈등의 근본원인은 자명하다. 이민이다. 그러나 그 원인을 해소할 수 없다는 것이 이민소설의 특징이다. 이민은 와버렸는데, 어떻게 해소할 수 있는가. 이민을 포기하면 해결되지만, 그러면 당연히 그 소설은 이민소설이 아니다.

2. 말못하고 사는 것

이곳에 개똥 쌔우지 마세요
아이들 방이니
개똥 쌔우지 마세요
개을 키우려면 남에
피에는 주지 말아야지
이 양심업ㅂ은 인간들(디씨인사이드에서)

깔고 안진 나이록
방석 갓다 노라
안 갓다노면
방법 한다
방법 하면
손발리 오그라진다

갓다노면 안한다(디씨인사이드에서)

위의 두 글은 최근에 읽은 글 중에 가장 영향력 있는 글들이었다. 수많은 이들이 이 글을 읽었으며, 곳곳에 인용되었으며, 어쩌면 이 글에 대한 분석도 나올 법한 정도가 되었다. 앞에 것은, 아침 저녁으로 개를 몰고 와서 남의 방 앞에 똥을 싸게 하는 미운 사람들은, 작자가 생각해낸 최고의 욕설인 "양심업ㅂ은 인간"이라는 것을 공고한 글이다. 사랑하는 아이들 방앞에 냄새를 풍기며 싸놓은 개똥을 날마다 보아야 하는 지은이의 분노와 조금 쪼잔한 성품까지 거침없이 문면에 두드러져 있다.

뒤에 것은, 아마 할머니 경로당 쪽에서 늘 깔고 앉던 "나이롱 방석"을 잃어버렸을 할머니의 분실물 공고문이다. 애용하던 물건을 잃고 할머니는 열심히 찾았을 것이다. 아는 이들에게 다 물어 보았을 것이고, 자신이 다닌 곳을 다 되짚어 보았을 것이다. 그러고도 찾아지지 않는 방석을 생각하며, 절망적 분노를 이처럼 저주와 협박으로 표현했을 것이다. "손발리 오그라지"는 무서운 효력이 있는 주술적 "방법"을 경고하면서도, 지은이는 "갓다노면 안한다"고 주술에 대한 약간의 불신과 함께 보잘것 없는 물건에 대한 늙은이의 안타까운 소유욕을 드러낸다.

어느 문인이 이처럼 영향력있는 글을 썼던가. 도대체 이 글들이 왜 이렇게 영향력이 있을까. 일단은 이들 글이 맞춤법에 맞추지 못했으므로, 맞춤법을 잘 아는 똑똑해빠진 젊은이들에게 하나의 희화로 받아들여졌기 때문일 것이다. 사실은 그들 젊은이들이야말로 맞춤법을 수도 없이 틀리지만, 지들 딴에는 아마 이 글들이 아주 무식하게 생각되었을 것이다. 게다가 이 글들의 분노는 아주 세련되지 못했다. 그러니 젊은이들은 자신들보다 열등한 어른들을 비웃으면서, 이런 글 흉내낸 글들을 낄낄거리며 주고받는 중일 것이다. 그러나 이 글들이 사람들의 마음을 파고드는 힘은, 이 글들이 참말을 하고 있기 때문이다. 미움을 가식하지 않고, 분노를 포장하지 않고, 그냥 핏덩어리 그대로 드러내는 데에 이 글들의 힘이 있다. 우리도 가슴 속에 이런 무식한 분노와 벌거벗은 저주가 분명히 있는데도, 멀쩡한 표정으로 유유히 살아 왔다. 그러다가 어느날 문득 이 글에 마주서자, 거울을 보는 민망함이 가슴을 치는 것이다. 암만 보아도 내 마음을 써놓은 것 같은 글, 이 글이 바로 그런 글이다.

청소년시절에 괴로움을 푸는 방법에는 두 가지가 있었다. 친구에게 말하고 도움을 받는 것과, 친구에게 말 안하고 혼자 앓는 것이었다. 무게로 따지면, 친구에게 말할 수 있는 것은 가벼운 쪽이었다. 정말 괴롭고 제대로 비밀스러운 문제는 친구에게도 말할 수 없었다.
이민은 왜 하는가. 당연히 본국보다 나은 삶을 원해서 한다. 그러니까 이민한 뒤의 삶은 본국에 있던 때보다 더 자유롭고 더 윤택하고 편리하고 고상해야 하는 것이다. 어느 한 조건이라도 본국보다 못해서는 안되는 것이다. 거의 부모친척을 버리다시피 하고, 그 많은 사람들의 질투섞인 환송 속에 이민비행기를 타지 않았는가. 어떻게 본국보다 못한 삶을 상상이나 하겠는가.
그러나 세상 어디를 간들 모든 것이 다른 곳보다 나은 곳이 있을까. 열 가지가 나아도 몇 가지는 불편할 수 있고, 심지어는 도대체 나은 구석이 전혀 없을 수도 있는 것이다. 남의 땅에 사는 설움에 자존심은 구겨지고, 모욕감이 온몸을 스멀거릴 수도 있는 일이었다. 가능한 일이다. 그러나 어떻게 이민오기 전보다 못하다고 할 수 있는가. 이 말만은 하기 어려운 말이었다. 끝없이 자신을 조여오는 말이면서도, 결국 소리내어 말해보지 못한 말이 이것이었다. 참으로 진실을 말하는 것은 두려운 일이다. 그러나, 그러므로, 진실은 가장 힘있는 말이기도 한 것이었다. 글쎄, 거울을 보는 것같은 글은 없을까.

이민은 어렵다. 미국사람이 되는 것은 정말 어렵다. 이민소설의 첫째 갈등은 암만해도 떠나지지가 않는 한국이었다. 몸이 이역만리로 떠나가도 도저히 떠나지지 않는 한국, 지워지지 않는 낡은 사진이 첫째 갈등이었다. 지금은 세탁소를 하고 지금은 야채상을 하지만, 본국에서 가졌던 직업과 자존심은 아직도 이민자를 놓지 않는다. 그것이 매시간 마음을 긁어대다가 마침내 소설로 쓰여졌다.

그 다음에는 어떤 갈등이 기다리고 있는가.

3. 참 안되는 미국사람

거의 자기를 부인하는 어려움을 겪고 자신을 한국에서 빼내놓아도, 곧 새로이 자리잡아야 할 미국의 장벽이 가로막고 있다. 미국은 한국계 이민자들에게 있어서 거대한 절벽이다. 한인만이 아니라 누구에게든 남의 나라에 가 산다는 것이 쉽지는 않지만, 오래 정착해 살아 버릇한 한인들에게, 자신의 뿌리를 뽑아들고 남의 땅에 옮겨 앉는다는 것은 거의 새로 태어나는 고통이다.

당연히 영어가 앞을 가로막는다. 문법과 발음구조가 완전히 다른 한국어 사용자에게 있어서, 영어를 완전하게 이해한다는 것은 불가능한 일이다. 본국에서 그렇게 여러 해를 영어공부에 시달리고, 이민 온다고 특별히 영어공부를 또 얼마나 했는데, 미국에 도착하는 순간, 정확하게 장애인이 되는 상황에 놓인다. 최초습득언어가 영어가 아니면 아무리 미국에서 오래 살아도, 혀를 수술해도 또는 혀를 잡아뽑는다고 해도, 영어를 이들처럼 쓸 수는 없다. 당연히 불편을 감수하고 살아야 하는데, 그 불편이 워낙 커서 작중의 1세대 한인들은 영어에 대해 거의 공포감을 가지고 있다. 자존심을 완전히 버리고 영어에 몰두하지만, 영어는 절대로 마음을 열지 않는다. 하층민이 따로 있는가. 영어 하나 때문에 무식층, 저학력자의 삶이 기다리고 있다.

재미 한인 사회에서 영어에 약한 사람들은 워낙 많아서 거의 작품마다 기본 소재로 나타나지만, 흔한 소재이기 때문에 작품에 주된 갈등으로 등장하는 경우는 거의 없다. 다만, 인물형상화의 도구로 사용될 뿐이다.

> 내가 할 일을 지시하면 그녀는 팽팽한 얼굴에 당당한 미소까지 곁들이며 답한다.
> "Beg your pardon!"
> 못알아 듣겠구나! 다시 한 번 얘기해 줄래? 이번에도 안되겠어. 네 영어 발음 때문이야. 뭐라고? 칠호실에 브리딩(Bleeding: 출혈)이 멈추었으니 침대 시트를 갈아주라고? 농담마! 브리딩(Breathing: 호흡)이 멈추었으면 네가 응급조치를 취해 살려 내야지. 그건 내 일이 아니잖니!
> 그녀는 여유있게 돌아서 가 버리고 나는 이를 악물었다. 이기리라! 결코 울지 않으리라! 언젠가 네게 짓밟힌 내 목숨의 값을 온전히 되찾아 세우리라. 이 빚을 고스란히 네게 갚아 주리라!(한영국, 에블린, 뉴욕문학 4, 1994, 249쪽)

상희는 나의 이러한 처지를 안쓰럽게 생각했다. 내 자신이 생각해 봐도 이렇게 의기소침하게 된 것은 학위를 중도이폐한 이후부터였다. 나이도 나이려니와 언어가 한치도 나아가지 못하게 막아섰던 것이다. 그때에 스스로 인생 길을 잘못 선택했다고 뉘우쳤다.(략)

그래서 스스로 직장을 마련해야겠다고 생각한 나머지 장사를 시작했다. 어쩌면 외국이라는 것이 체면에서 자유스러워진 것이다. 대학교수였던 자가 주얼리 행상을 한다면 서울에서는 당장 기사꺼리가 될 것이다. 그러나 이곳 뉴욕에서는 내가 대학교수였다는 사실을 모를 뿐 아니라 안다고 해도 직업의 귀천을 두고 무엇이 다르냐 할 것이다.(변수섭, 보호자, 뉴욕문학 8. 1998, 350쪽)

그러나 어머니의 희망과는 달리 내 학교 생활은 순탄한 편이 아니었다.
당돌하고 암팡진 누이가 토론반에 들어서 경연대회까지 나가고 학생회활동도 활발하게 했던 데 비해 학교에서의 내 희망은 남의 눈에 띄지 않는 것이 전부였다. 선생이건 학생이건 누가 쳐다만 봐도 나는 가슴이 두근거렸다. 누가 나에게 말이라도 걸면 미리부터 혼겁을 하는 바람에 머리 속까지 어지러워졌다. 그들의 언어를 알아들을 수 없는 것도 문제였지만, 내 몸을 담고 있는 학교라는 시스템을 이해할 수 없기 때문에 더욱 두려웠다. 속이 들여다보이지 않는 시커먼 강에서 헤엄을 치고 있는 기분이었다. 강물 속에는 사람의 살을 뜯어먹는 식인 물고기들이 몰려다니고, 빽빽한 수초 사이에서 우글거리던 독사가 어느 순간 내 허리를 휘감을 것 같아서 몸뚱이가 스멀거리고 늘 허우적거리는 기분이었다.(최명은, 갈매기, 뉴욕문학 10, 2000, 626-627쪽)

미국의 법률은 이민자들에게 전혀 호의적이지 않다. 특히 이민자들의 신분을 결정하는 영주권 관련법은 매우 엄정하고 차가워서 한인들은 영주권 없이 체류하는 경우도 많다. 당연히 불법체류자는 사회에 적응하고 취업하는 기회가 제약되고, 권리를 누리지 못하는 경우가 많아진다. 불법체류자의 신분적 약점을 이용하여 중노동에 저임금이 주어지기도 하고 가끔은 한인들 상호간에 착취 피착취 관계가 만들어지기도 한다.

이런 형편이기 때문에 영주권을 얻는 것은 이민자들에게 매우 중요한 관심사이다. 그러나 미국의 법률은 엄격하고 이민을 원하는 사람은 많기 때문에, 다양한 불법행위도 나타나는 것으로 소설에 드러난다.

> 병태는 박이 불법체류자라는 사실도 알게 되었다. 그는 우산과 양산을 만드는 회사의 기술자로 월남에 가서 일하다가 월남의 패망 직전에 귀국행을 미국행으로 바꿔 홍콩에서 선원으로 채용이 되어 유람선의 선원으로 후로리다에 있다가 어느날 육지로 뛰어내려 버렸다는 것이다.
>
> 박의 이런 사실은 병태에게 더할 수 없는 호조건들이었다.
>
> 즉, 사업을 시작하면서 기술과 자본으로 어디까지나 동등한 조건으로 해야 했으나, 박이 불법체류자라는 이유를 들어 단지 그의 후견인으로서 일종의 고용주와 고용인의 관계로 계약을 맺고 사업을 시작했던 것이다. 박도 그 당시에는 누구든지 자기를 보호해 주고 후견만 해 준다면 심혈을 다하여 자기 기술을 발휘할 것이라고 생각할 때였다.(한준길, 쥐덫, 뉴욕문학 3, 1993, 422쪽)

> 영주권이 없는 창팔은 늘 현찰로 월급을 받곤 했는데, 물론 영주권이 있는 사람들과는 하늘과 땅만큼 차이가 나는 돈이었다. 그들보다는 턱없이 작게 받았던 것이다.
>
> 하지만 창팔로서는 회사측에 따질 수 없었다. 당연히 그것은 영주권이 없는 사람들에 대한 관행이라 생각했기 때문이다. 그리고 이 회사는 목사님이 소개해 준 회사였다. 벌써 이 회사에 3년째 근무하고 있는 창팔로서는, 소위 말하는 개목걸이(영주권)가 없는 자신을 이제껏 고용해 주었다는 사실만도 늘 고맙게 생각하고 있었다.(제임스 나, 신기루 속의 왕국, 한솔미디어, 1997, 23쪽)

미국은 스스로 다인종사회라는 것을 자랑하고 그것이 미국의 다양성과 생산성을 증대하는 특성이라고 선전하고 있다. 그러나 주지하다시피 미국은 인종차별이 심한 나라이다. 물론 이제 국가적으로나 제도적으로는 거의 차별이 철폐되었다지만, 아직 보이게든 아니든 미국은 인종차별이 심한 나라이다.

그렇다면 한인은 미국의 다인종 중에 어떤 인종일까. 미안하지만 흑에서 백까지 옆줄을 세워 놓으면 우리 자리는 어디쯤 될까. 많은 한인들은 자신의 자리가 거의 흰색 가까운 곳에 있느니라고 생각하고 있다. 그래서 미적미적 흰색 가까이 줄서려고 다가간다. 혹시 누가 너희는 검은 쪽에 가깝다고 말하면 곧 원수를 삼는다. 그래서, 허연 사람들에게 다가간 한인들은 어떤 대접을 받았을까.

"글쎄! 미국에 온 한국인이면 그래도 고학력자란 말이야! 요즘 온 1세대들이 일부가 그럴른지 모르지만, 1.5세대나 2세대들은 진학율이 높을 뿐 아니라, 너희 백인들보다 우수한 성적을 내고 있단 말이야! 그래서 동양 아이들로 인해서 백인이 우수하다는 것은 옛말로 뒤집히고 있다는 사실을 알아야 해!"

짐은 얼굴이 벌겋게 충혈되면서 분을 참지 못해 식식거리기조차 했다. 죠가 회심의 미소를 지으면서 빈정거렸다.

"킴! 너는 위대한 백인들에게 도전했어! 그래 네 말따나 머리가 좋으니 흑인들을 무시하지! 너희들이 그 좋은 머리로 흑인 동네에서 돈 벌어서 백인 동네 가서 산다는 자체가 교활하기 짝이 없는 짓거리야! 흑인 피 빨아서 백인 동네에서 행세하면서 선심쓰니 이거야말로 저주받을 악당이 아니고 뭐야!"(변수섭, 소돔과 코리아 타운, 뉴욕문학 3, 1993, 302쪽)

"이슬람이 되면 교도소 생활이라도 편해질 거 아녜요? 그 틈에 끼이면 간수들한테 똥같이 당하는 것도 피할 수 있고, 검둥이 새끼들로부터 위협도 받지 않을 테고, 아저씨가 하고싶은 공부도 할 수 있을 테고요."(략)

중학교도 졸업하지 못한 임씨가 검정고시반에 신청서를 낸 것은 2년도 더 전이라고 했다. 그러나 그의 이름은 대기자 명단 끄트머리에 아직 붙어 있는 채 움직일 줄을 모른다. 앞으로 10년이 지나도 마찬가지일 것이다. 그러나 와일이란 백인 녀석은 종신형을 받은 놈인데 감옥에서 대학을 다니고 있다. 고등학교 시절에 친구놈들하고 이상한 게임에 빠져서 제 부모와 형제들을 장총으로 쏴 죽였다고 했다. 정신감정이네 뭐네 하면서 한동안 병원을 들락거렸다더니 지금은 4년제 대학에서 공부를 한다. 출옥할 때쯤이면 석사나 박사가 되어 있을지도 모른다. (략) 이것이 미국 교도소 내의 질서다.(최명은, 갈매기, 635-636쪽)

"당신들을 위해 기도를 해 주고 싶소."
그는 바지에 손을 쓱쓱 문지르며 진지한 얼굴로 손을 내민다. "고마워요." 주안은 그의 손을 꼭 쥔다. 돌아서며 주안은 어째서 청소부는 모두 백인일까, 하는 시답잖은 의문을 품는다. 흑인 청소부를 본 적이 없다. 노임이 높기 때문이라는 얘기도 있지만, 어쨌든 국외자들이 알 수 없는 까닭이 있다는 것이다. 정말 '유색인종'은 수십년을 살아도 파악할 수 없는 또 한 겹의 사회가 존재하는 것이 미국이라는 나라인지.......(신상태, 살비에게, 뉴욕문학 11, 2001, 361쪽)

미국사회는 여러 겹의 벽을 가지고 있다. 더욱이 그것들은 가로세로 짜이기도 해서, 도저히 뚫고 들어갈 엄두가 나지 않는 경우도 있다. 그런 점에 대해서 한인소설들은 정직하게 반응하고 있다. 영어는 확실히 절벽이다. 미국의 법률장벽은 어떤 호소도 어떤 투쟁도 불가능하게 만든다. 더욱이 보이지도 않는 인종차별이야 대대로 지고갈 짐이다. 어쩌는 방법이 없다. 그러므로 소설은 서사적 설득력 안에서 이 문제들을 해소시키는 구조를 가지지 못하고 있다. 거의 모든 이민소설들이 절망적 결말이나 인정삽화에서 벗어나지 못하는 이유가 이 때문이다.

소설에 담은 문제들은 소설의 힘을 훨씬 넘어섰다. 그러니 소설들도 그냥 무거운 한숨만 내쉬고 있다. 워낙 무거운 탓이다.

4. 희망을 담아

오랫동안 돌아보지 않고 있던 창고를 들여다 본다. 한때는 손에 맞춤하게 길들었던 연장들, 손때가 벗겨져 꺼칠해진 손잡이를 쓸어 본다. 약간의 한숨과 함께 중얼거린다. 정말 이제 리얼리즘은 못쓰는 도구인가.

이민은 개인들에게 워낙 큰 사건이어서, 어느 누구도 이민을 객관적으로 바라보지 못하고 있다. 갑자기 옮겨진 풍토가 하도 낯설어서, 그 햇살과 바람에 적응하는 것만도 너무 벅차기 때문이다. 그러는 과정에서 이민이라는 사건은 모두 개인의 특별한 경력으로 매몰되었다. 과연 그런가. 과연 이민은 개인사적이기만 한가. 정말 개인적인 사정으로 이렇게 한민족이 남의 땅으로 몰려 나가고, 정말 개인적인 성향 때문에 아이들 혀를 자르는 수술예약이 이렇게 어려운가. 그게 개인들의 문제이기만 한가.

재미 한인들의 이민소설은, 이제 이민을 개인적 사건에서 사회적 현상으로 보게 되어야 한다. 물론, 자신이 겪은 일이므로 아무래도 객관화가 어렵겠지만, 그러나 체험자이기 때문에 어쨌든 소설화가 잘될 가능성은 높다. 분명히 우리 사회에는 멀쩡한 사람들을 이민보내는 압력이 존재하고 있다. 더욱이 스스로 보기에 잘난 사람들을 대규모로 이민열병에 감염시키는 힘이 있다. 아마 우리 나라에서 가장 중심이라고 자부하는 도시에서, 가장 세련되었다고 스스로 믿는 사람들 사이에, 가장 앞서있는 인생이 되는 길이라고 권장하는 방법이, 바로 이민이나 원정출산이라면, 그것은 개인사를 넘어서는 것이다. 사회의 한 조류이며 구조적 이해를 필요로 하는 현상이다.

재미 한인 소설은 이제 이런 문제를 드러내야 한다. 그들이 본국에서 받았던 이민압력과 그 결과 지금 이루어진 이민생활까지를, 훨씬 구조적이고 대표성있게 표현해야 한다. 개인의 특이한 경험이며, 애절한 그리움이며, 남다른 좌절이며 모두 문학의 좋은 소재이지만, 이제 이민문학은 향수문학을 넘어서야 한다.

이미 몇몇 소설은 그런 노력에 들어서고 있다. 그러는 과정일 테지만, 우선 미국사람이 되는 일은 어떤가에 대해 많이들 묻고 답했다. 일단 아직은, 미국사람이 되려고 해도 참 안된다는 데까지 왔다.

어느 초식동물들의 육식훈련
-미주 이민 100주년 기념 미주작가 소설집 『사막의
소리』의 경우

1. 소설

문학은 무엇을 하려는 것인가. 문학은 일단 현실세계의 장벽을 직시한다. 그러니까, 뚫어지게 들여다 본다. 그러다가 마침내는, 그 너머에 있는 진실을 보여주고 싶어한다. 그러려면 어떤 장르든지, 우선 현실의 장벽을 넘는 힘을 가지고 있어야 한다. 우리 삶의 깊은 의미와 진실은, 눈앞에 보이는 현실성의 견고함 뒤에 숨어 있다. 구체적이고 감각적인 존재의 모습을 넘어야 진면목이 보이는 것이다.

굶어 죽은 시체를 백날 들여다보아도 그가 얼마나 배고팠는지는 여전히 오리무중이다. 시체를 되살리는 상상력과, 시체가 누운 땅을 뚫고 들어가는 통찰력이 그래서 필요하고, 문학은 이런 일을 스스로 맡고 있다.

그런 점에서 소설은 매우 절망적이다. 소설은 현실적이어야 하기 때문이다. 현실세계를 넘는 것이 문학의 목표라면서, 현실세계를 넘지 말자는 약속을 전제로 한 바보같은 장르가 소설이다. 사실, 소설의 언어는 거의 지시적 언어이다. 말하자면 언어의 가장 낮은 단계를 사용하는 것이다. 사람만이 가졌다는 이 아까운 언어를, 겨우 그 중에서 일차적이고 기본적인 기능만 사용한다는 것은, 그만큼 소설이 불편한 장르임을 말하는 것이다. 그래서 가끔 어떤 이들은 소설이 아마 문학의 마지막 장르가 아닐까고 말하기도 한다.

서사적 설득력이라는 말은 소설에게 듣기 좋은 말이다. 그러나 그 말만큼 문학적 가능성을 잔인하게 밟아버리는 말도 없다. 소설이 스스로 만든 제약. 쉽지 않은 일이다.

그러므로 소설은 초식동물이다. 언어의 측면에서, 소설은 이미 만들어진 의미를 거의 그대로 사용한다. 도망가지 못하고 심어져 있는 언어들. 소처럼 또는 양처럼 그런 언어들을 뜯어먹는 것이 소설이다. 가끔 지표를 튀어오르는 생생한 언어를 사용하고 싶지만, 아무래도 소화할 자신이 없다.

그런 면에서 시는 얼마나 편리한지. 시에서는 거의 모든 언어를 불러다가 원하는 일을 시킬 수 있다. 시에 쓰이는 언어는 확실히 동물성이다. 그것은 생기 넘치는 왕성한 생명력이다. 시에서는 퍼덕이며 만들어내는 새로운 의미를 받아들일 수 있다. 그러므로 시는 발랄하게 튕겨지는 의미를 즐길 수 있다. 입속에서 파들거리는 언어들의 생동감. 아드득 깨물면 바르르 떠는 작은 살점들이 온몸에 전해질 것 같다. 얼마나 좋으랴.

그러나 소설에게 그것은 아득한 전설. 어느 때 그런 기쁨이 있었던지 아슴아슴하다. 소설은 생긴 이래로 늘 똑같은 질문에게 검증받아 왔다. 그것이 가능하냐. 그것이 현실적으로 그럴 수 있느냐. 현실적 가능성, 서사적 설득력에게 가위눌려 있는 동안 소설은 초식성으로 길들어 버렸다.

원래 소설에서 구체적인 묘사는 소설의 기쁨이었을 것이다. 소설은 스스로 현실성을 가지려고 노력했을 것이다. 마약은 사람에게 해롭다. 그러나 그게 쉽지 않다. 지금 마약의 기쁨에 빠져있는 사람에게라면, 마약의 해로움을 설명하는 것은 불가능하다. 소설은 그렇다. 판도라의 상자. 이미 열어버린 사실성의 매력. 구체적이고 현실적인 묘사가 주는 짜릿짜릿한 즐거움. 우아하게 휘돌아가는 희곡도 아니고, 글자 뒤에 카드를 감추고 있는 시도 아니다. 소설은 현실성 위에 현실적으로 서 있다. 소설은 어떻게 살아남아야 하나. 지금까지 소설은 살아남기 위해 더욱 자극적인 현실성을 가져야 했다. 아주 현실적인 현실성. 그보다 더 현실적인 현실성. 처음부터 옷을 안벗어야 했다. 이제는 벗을 것도 없는데 더 보여줄 것이 어디 있나.

그러나, 절망이다. 목은 아직도 마르다. 현실보다 더 현실적인 것이 어디 있는가. 현실은 다 묘사했다. 이제 현실적인 것은 신물이 난다. 더 현실적인 것은 없을까. 좀 더 현실적인 것을 내놔봐라. 답답하다. 어쩌면 이런 장르는 생기지 말 것을 그랬다. 우리 삶의 진실이 표면에 드러나지 않는 것을 진작 알았는데, 어쩌자고 이렇게 위험한 장르를 용인했는지. 우리가 사는 삶의 나날은 너무도 반들반들하다.

그러면, 우리 삶의 진실은 어디 있는가. 리얼리즘의 시대는 아직 계속되어야 한다. 소설이 그래도 문학이려면, 지표에 시드는 콩잎 아래에, 가뭄에 타들어가는 뿌리가 있는 것 정도는 보아야 한다.

그러기 위해 소설은 가끔 육식도 해야 하는 건가. 삶의 표면을 묘사하기만 해도 그 이면이 보이는 소설. 아무리 우리 삶이 파편처럼 터져 나가는 개별적 사건이라 해도, 그래도 우리 나날 속에 깊은 진실이 있었노라고 말하고 싶을 때면, 우리는 소설에게 요구하고 싶다, 가끔 고기도 먹는 게 어떨까.

소설이 언어의 표면을 사용하는 것은 사실이지만, 가끔 소설도 언어의 내면을 들여다보고 싶어한다. 소설은, 실제로 경험되는 것을 벗어나지 못하는 장르이지만, 그 만져지는 나날 속에 든 의미들을 말하고 싶어지는 것이다. 그래서 소설의 사건들이 대표적이다.

지난 시기 한참 동안에 우리 소설은 그러한 대표성을 찾는 데에 몰두해 왔다. 내가 지금 여기 이 소설에서 보여주는 가난이 결코 개별적인 사안이 아니며, 이 사회와 제도가 구조적으로 만들어낸 그림이며, 그 진행방향과 결말도 당연히 구조적인 것이라고 이해하였다. 그러기 위해 소설들은 좀 진지했고 인물들은 약간 큼직해져 캐리커쳐처럼 보였다.

그것은 소설이 자신에게 가해지는 끝없는 의문과 요구에 대답하는 방식이었다. 이미 현실 묘사의 길로 들어선 소설에게, 아직도 더욱 현실적일 것이 요구되고 있을 때, 소설이 답하는 길은 현실을 넘어서는 것이었다. 지금 눈앞에 세워둔 가난한 사람 위에, 그의 가난이 연유된 모든 상황을 무지개처럼 씌우는 것이었다. 그리고 그 상황을 정확하게 파악하고 가능하면 그 뒤에 일어날 일까지 예측하며, 때로는 그 예측의 방향이 일정한 성향을 가지게까지 할 수 있는 것이 소설이었다.

초식성 소설로서는 놀라운 체험이었다. 그것은 거의 육식의 기쁨에 가까운 것이었다. 사실을 재구성하되 사실의 사실됨을 넘어서는 의미를 구현하는 것.

2. 미국에서 쓰는 소설

미국에서도 한국어 소설은 창작되고 있다. 국내에서 이미, 한국문학이 단지 남한문학의 범위를 넘어 한민족문학으로 확산개념을 가져야 한다는 논의는 시작되었다. 아마 곧 한국문학은 범 한민족 총체문학으로 정리되기도 할 것이다. 이 경우 한국문학은, 한반도문학은 물론이거니와 중앙아시아와 일본, 중국, 미국, 유럽에 이르는 모든 한민족 이주집단의 문학까지 포괄하는 훨씬 넓은 문학사를 가지게 될 것이다.

그런 중에서도 미국에 이주한 한인들은 다른 어느 지역집단보다 한국어 문학활동이 활발한 형편에 있다. 무엇보다 아직 미국으로는 새로운 1세대가 끊임없이 공급되고 있으며, 그것도 비교적 고학력 집단이 이주를 계속하고 있기 때문이다. 그리하여 한인은, 미국쪽 공식통계로 100만 남짓, 한국쪽 출국통계로 200만 남짓, 교민사회의 비공식 소문으로는 300만 가까이가 미국에 살고 있다. 이들 중에는 본국에서 공식적으로 문학활동을 하던 이들도 많고, 애호를 가지고 문학적 수련을 쌓은 이들은 더욱 많아, 미국에서 한인이 좀 많은 지역에는 거의 다 한인문인협회를 가지고 있으며, 더러는 한 지역에 다수의 문인협회가 있기도 하다. 미주한국문인협회, 미주기독교문인협회, 나성문인협회, 미동부한국문인협회, 샌프란시스코한인문인협회, 워싱턴문인회, 한돌문학회 등이 그들의 이름이며, 그 밖에도 많은 동호인단체 및 문인협회가 있다. 대부분의 문인협회는 정기적으로 또는 부정기적으로 문학간행물을 출판하고 있으며, 개인창작집을 출판한 작가도 다수가 있다.

미국에서 씌어진 소설들은 그들대로 무거운 주제를 안고 씨름하고 있었다. 이것은 본국소설의 경우와 확실히 대비되는 특징이 된다.

한국소설은 오랫동안 가난과 독재에 마주서서 눈을 부릅뜨고 있었다. 사회에 던져진 돈이 움직이는 방향을 주시하는 소설의 눈빛은 약간 핏발이 선 채로 번쩍이고 있었다. 소설은 좀 비장하면서도 확실히 생생한 문제의식으로 사태를 지켜보고 있었고, 필요하면 돈의 흐름을 까발리기도 주저하지 않았다. 독재에 대해서도 소설의 시선은 예민했었다. 한 순간도 한 동작도 놓치지 않으려는 태도로 독재자와 그 주구들을 감시하는 소설의 자세는 잠시도 한눈팔 여가가 없었다.

그런데, 갑자기 우리가 안 가난해져 버렸다. 더욱이 갑자기 독재국가도 아닌 게 되어 버렸다. 모든 문제가 다 해결된 것은 아니지만, 적어도 전에 소설이 문제삼던 그 형편은 아니다. 그러면서 소설이 촛점을 잃고 허우적대기 시작했다. 갈등을 잃어버린 이상한 소설들이 이 황량한 모색기를 채우고 있는 것이다.

이러고 있는 동안, 재미소설은 전혀 다른 문제로 채워져 있다. 이들은 스스로 다 감당하지 못할 분량의 고민을 안고 있다. 수천년 정착을 몸에 익힌 민족이, 갑자기 뿌리를 뽑아들고 무리지어 방황하는 것은, 남보기에도 낯설고 스스로도 어설픈 풍경이었다. 그러면서 이민자들이 새로운 상황에 적응하여 살아남는 것은 거의 피맺힌 고통의 길이기도 했다. 그러니, 이 과정을 그린 소설들은 거대한 문제를 안고 있는 긴장감으로 늘 생동하고 있었다.

재미소설에 반영된 바에 의하면, 영어는 아무리 노력해도 절대로 자유로워지지 않는 언어이며, 미국법은 영주권과 시민권을 아주 까다롭게 내주고, 미국의 관습은 우리와 잘 맞지 않으며, 미국사회에서 더 높이 올라갈수록 인종차별은 교묘하고 거세어진다.

3. 육식 훈련의 나날

그러고 보면 한국인은 원래 초식동물이었다. 주어진 땅에서 주어진 형편대로 살다가 죽는 인생. 죽음을 각오하지 않으면 원래의 조건에서 벗어날 수 없었다. 얼굴 예쁜 기생들 몇과, 성질 급한 노예들 몇이 자신의 조건을 바꿨다는 소문을 들었을 뿐, 한국인에게 있어서 삶이란 주어진 운명에 만족하는 방법을 배우는 과정이었다. 만족하지 못하는 자들은 거의 단죄되었고, 더 빨리 체념하고 더 철저히 체념하는 것이 미덕으로 칭찬받는 인생이었다. 초식동물, 아니면 식물.

그러나 갑자기 상황이 바뀌었다. 움직이는 기쁨과 보람을 잡는 것이 갑자기 가능해졌다. 빠른 속도로 우리 옆을 튀기거나 스쳐 지나가는 행운을 잡아먹을 수 있게 되었다. 대부분의 한국인은 아직도 그런 변화가 어리둥절하지만, 우리 중에서도 좀 발빠른 사람들은 일찌감치 그 변화를 탔다. 남달리 빠르므로 남달리 위험했던 그 변화를 탄 사람들이 지금도 미국에서 스스로 문제를 안고 힘들어하고 있다.

그들 속에서 소설이 나왔다. 당연히 자신들이 안고 있는 문제를 좀은 과장하기도 하면서 샅샅이 드러내고 있다. 이들 소설은 이민이라는 개인사적 대사건이 무엇을 의미하는지 끊임없이 묻고 있다. 그러면서 그것이 의미를 드러내기 전에 일종의 고통임을 보여주기에도 급급하다. 또 나아가 이민의 괴로움이 하도 크기에, 이제는 안착하고 싶은 욕망을 서슴없이 드러내기도 한다. 안착할 곳은 아무래도 미국땅이어야 하겠지만, 그리고 미국에서 안착하겠노라고 말도 하지만, 마음과 말이 꼭 같은 것은 아니다.

한인의 미주이민 백주년을 기념하여 미주 한국문인협회에서 소설집을 내었다. 제목은 『사막의 소리』. 바로 쓸쓸한 바람이 분다. 18인의 소설가가 각자의 소설을 하나씩 실은 이 단편소설집은, 권두언에 밝힌대로 그들 자신의 삶에 바짝 다가가 있는 작품들이다. 전체적으로 이 단편집에서 느껴지는 것은, 한국인을 잘 묶어주던 가정이라는 성채도, 이제는 허술한 싸리울만도 못해졌구나 하는 것이었다. 18명의 소설 18편 중에서 혼외출생, 이중혼인, 배우자 부정, 혼혈출생 등을 다룬 것이 13편이다. 처음 보기에는 특별하게 보이는데, 사회의 풍조까지 본다면 아마 일반적인 현상을 다룬 것인 모양이다.
지금까지 발표된 재미 소설 중에서 가장 최근의 것들이기 때문인지(이 작품집은 2002년 7월에 발간되었다.), 작품들은 약간씩 자기검열을 뚫고 있다. 대표적인 것이 이민동기를 말하는 경우이다. 이민은 대부분 자녀교육을 위해, 더 나은 미래를 위해, 개인과 나라의 발전을 위해 하는 것이라고 말들하지만, 아닌 것은 스스로 잘 안다. 그럼 이민은 왜 하는 것일까. 소설은 어깨에서 힘을 빼는 과정을 이렇게 말한다.

16살 때부터 세연을 노린 건 두 오빠와 아버지 김원장이었다. 그때까지 명자라고 불리던 그녀는 김원장에게 유린되었고, 고2짜리 동생의 물불 가리지 않는 성욕의 제물이 되었다. 그녀의 첫사랑이었던 큰오빠는 대학생이 되어 떠났고, 그녀가 고등학교를 우등생으로 졸업하던 그해 여름방학에 그녀에게 수줍게 사랑을 고백했다. 그리고 그녀의 사랑을 얻었으나, 그녀에게서 유린된 흔적을 알아보았고, 자신의 아버지와 동생의 짓거리에 참혹해하다가 목을 매고 죽어버렸다. 그리고 그녀는 고아원을 나와 송탄에서 세레나가 되어 살았다.(최윤진, This way is This Way, 사막의 소리, 73쪽)

"나는 유신정부가 싫어서 70년대에 이곳에 왔지요.(략)"

정말요? 아무리 단순히 그 이유에서 동굴나라를 떠나셨을라구요? 또 다른 이유가 있겠지요. 나는 안답니다. 자기 개인의 이득과 무관하게 정치를 비판할 수 있는 사람이 그리 흔치 않다는 것을요.(박경숙, 동굴을 떠난 동굴나라 사람 하나, 사막의 소리, 146쪽)

"난 돈이 많거나 배웠거나 미국에 사는 남자한테 시집갈꺼. 이 촌구석을 떠날꺼. 그러니 떠날 때까지 제발 내게 일하라고 말하지 마. 내가 몇번 말해야 돼? 난 음봉이 싫다구. 내가 미국에 시집가면 혼수 하나도 안해가도 돼. 엄마 나 혼수 해 줄 돈 없지?"(박이원, 웨딩스케치, 사막의 소리, 158쪽)

"이 정도면 되지 않을까 싶어요. 조금 빠듯해 보이기는 하지만."

돈에 관한 한 자다가도 벌떡 일어나 셈을 하던 아내가 건네주는 유학비용이었다.(략)

며칠 전 아내는 편지 속에서 돈 걱정을 늘어놓았다. 아무리 돈을 맞추어 보아도 너무 힘들다는 것이 아내의 푸념이자 나를 향한 은근한 압력이었다. 변함없이 유학의 환상으로부터 깨어나지 못하는 아내는 그 날을 학수고대하며 기다리고 있는 것이다. 어쩌면 벌써부터 대학 주변을 얼쩡거리며 마땅한 자리가 있는지에 대해 고심을 하고 있을지도 모른다.(이옥란, 종이배, 사막의 소리, 232, 248쪽)

모든 것을 뒤로하고 떠난다는 홀가분함. 짜르르 전신에 전기가 들어오듯 퍼져가던 그 기분. 설마 당시로선 삼팔선 넘기보다 얻기 어렵던 비자를 제가 어디서 받아 쫓아올까. 나는 도망자의 아슬아슬한 안도감을 은밀히 맛보았던 것이었다.

　끝났다고 하면서도 왜 만나는 거야? 남편이 예정된 퇴근시각보다 30분
만 늦어도 의심으로 안절부절 못하던 생활은 차라리 지옥이었다.(김명선,
어떤 편지, 사막의 소리, 328쪽)

　누군들 정든 땅 조상대대의 문전옥답 버리고 이민하고 싶겠는가.
그렇지만 조국의 발전을 위해, 조국 민주화를 위해, 학문의 선진화
를 위해, 선진교육의 도입을 위해, 한 몸 희생하여 이민하는 것이다.
그런가. 당연히, 그렇기도 할 것이다. 그러나 미국에서 쓰인 소설들
의 말에 의하면, 그리고 다 알다시피, 모든 인간의 행위가 다 그리
큰 이념을 전제로 하는 것이 아니다. 이민가는 것이 좀 남다른 일이
기는 하지만, 그렇다고 무슨 큰 이념을 가진 일도 아니라는 것이다.
더욱이 그 내부를 들여다보면, 국내에서 다 썩이지 못한 속이 그
안에서 썩고 있기도 하다는 것이다. 이들이 털어놓은 이민동기를
보면 이제 이민에 붙어 있던 거룩한 후광은 거의 걷힌 모양이다.

　세상에, 이 땅 위에 무슨 천국이 있으랴만, 한국인들은 아직도 지
상천국을 꿈꾼다. 혀만 수술하면 천국에 이를 수 있을 것 같다. 아니
면, 그 된장냄새나는 한국어만 포기하든지. 그러나 이제 다 아시다
시피, 미국은 천국이 아니다. 미국 사람들은 다 알 것이고, 한국인
중에서는 재미교포가 제일 잘 알 것이다. 그들은 소설을 쓴다. 그
소설에서 미국을 지상의 한 나라로 내려놓고 그 속에서 문제를 발견
하고 싸우고 이기거나 지는 이야기를 털어놓는다.
　최근작 소설들이 점점 더 현실에 밀착하는 것은, 그들이 내놓는
미국생활이 전보다 훨씬 냉정하게 드러난다는 데서 알 수 있다. 이

제는 환상에서도 깨어났고 그러므로 비탄에서도 벗어나와, 참으로 그들이 겪고 느끼는 삶의 모습을 작품에 담으려고 하는 것이다. 환상에서 깨어나는 것은 그리 어려운 일이 아니었다. 그냥 눈만 뜨면 바로 현실이 눈앞에 닥쳐 있기 때문이었다. 당연히 맨 처음의 그것은 이방인 의식이다.

> '아아, 문제는 당신이 그 바바라와 싸운 후부터 당신의 대인관계가 원만치 못하다는 평이 있었지. 그 이후 우리 감독들은 당신의 회사 생활을 주시해 왔었어. 그러나 어제 회의에서는 당신 직속 감독을 비롯한 모두가 당신의 일상 태도가 과히 문제삼지 않아도 된다는 결론에 합의를 했단 말이야.'(략)
>
> 장씨는 비로소 감을 잡기에 이르렀다. 마이너리티 주제인 자신이 누구를 물어뜯으려고 했던 것인가. 다른 사람들이 혹시 바바라를 나쁘게 생각할 수는 있다. 그러나 소수계인 그에게는 미안하지만 그럴 권리가 없다. 이 사회에 늦게 발 들여놓은 손님 주제에 어떻게 주인을 얕보고 넘볼 수 있단 말인가.(이성열, 무임승차, 사막의 소리, 54-55쪽)

> 어쩌면 녀석은 동굴 나라에서 날아온 작달막한 체구에 노리끼리한 피부의 동양 여자인 나를 생김새부터 깔볼 수밖에 없었는지도 모른다. 녀석이 제 조상을 잘 만나 허여멀건 피부에 늘씬한 체구에다 푸른 눈을 빛내며 작은 키의 나를 내려다보고 얘기할 때면, 어느 땐 그 녀석이 주인이고, 내가 종업원인 것같은 착각에 빠지곤 했다. 거기에다 저희 나라 말이라 듣는 사람은 생각도 안한 채 마구 빠르게 지껄여댈 때면 일부러 나를 곤경에 빠뜨리려 하는 짓 같기도 했고, 띄엄띄엄 어눌한 나의 말을 팔짱을 낀 채 듣고 있는 녀석의 태도를 보면 나를 무시하는 것이 분명했다.(박경숙, 동굴을 떠난 동굴나라 사람 하나, 사막의 소리, 137쪽)

환상에서 깨어났을 때 가장 고통스러운 것은 무엇일까. 자기가 환상에 빠졌었다는 것을 깨닫는 것은 그리 어렵지 않을 수 있다. 그러나, 그러면, 그때 추구하던 것이 다 안된다는 말인가. 미국이 천국이 아닌 것은 참아줄 수 있다. 아니면 말지. 그렇지만, 그 미국박사 부인의 아름다운 꿈과 미국수재 어머니의 자랑스러운 초상화도 다 깨어질 수는 없다. 그래도 이것만은 내놓을 수 없다고 안타깝게 부여잡은 손마디가 작품에 비어져 나오기도 한다. 그러나 현실은 그리 따뜻하지 않았다.

일 년 만에 여덟 번째 직장을 때려치우고 나오며 남편은 공부를 더 해야겠다고 했다. 아 그 지긋지긋한 공부를…. 우숙이 도넛집에서 일식집에서 그리고 홀 세일 가게에서 손끝이 부서져라 일해서 먹고 사는 걸 뻔히 알면서도 남편은 공부를 더 하겠단다.
　박사보다 더 공부를 하면 뭐가 되는데?
　경영학 할 거야. 남의 회사에서 일 못해. 쌍것들. 짐승같은 년놈들이.(최윤진, This way is This Way, 사막의 소리, 77쪽)

"보석 공장은 아침 7시 반부터 오후 3시까지고, 4시부터 9시까진 한국 사람이 운영하는 리쿼마켓에서 파트타임으로 일하기로 약속돼 있어. 운전 라이센스를 딸 때까진 내가 데려다 줄게."
　나는 뭐라 할 말이 많이 생각나는 것 같은데, 아무 말도 나오지 않는다. 대학원을 나온 남자가 공장에 취직해서 다녀? 또 이건 뭐야? 파트타임, 리쿼마켓….(박이원, 웨딩 스케치, 사막의 소리, 163쪽)

"화장실도 가면 안 된다. 기름만 넣고 빨리 가라 그래, 그 목소리가. 기름만 한 번 넣었어. 이제 토니 찾았으니, 오후에 영국 갈 수 있도록 주선해 주세요. 그 목소리가 맞았어. 토니를 찾았잖아. 영국 가라는 거야."
　"영국엔 왜 가는데요?"
　"우리 토니가 그림을 잘 그려요.(략) 아시려나 모르겠네, 옥스퍼드 예술 대학이라고, 미국과는 비교가 안되게 좋은 사립학교지. 그곳에 가거든.

우리 토니가.(략)”

"엄마, 난 영국 안가. 이런다고 뭐 달라지는 것 있어. 미친 척까지 해야
겠어? 난 갈 수가 없다고."(전척지은, 쑤우니, 그 여자, 사막의 소리, 383쪽)

미국 사람도 그렇게 말하지만, 비교적 잘 정착한 한인들도 미국이
기회의 나라라는 데는 동의한다. 참 다양한 기회가 개인에게 주어지
고, 개인들은 그 기회를 포착하여 각자의 인생을 전개해 나가는 것
이다. 미국인에게라면 특별히 기회 자체를 봉쇄하는 경우는 없고,
적응이 잘 안된 사람은 대개 기회를 잘 잡지 못하는 사람들일 경우
가 많다고 한다. 한인들에게라고 기회가 제한되지는 않는다. 그러나
한인들은 이렇게 기회를 잡기 위해 눈을 부라리는 삶이 익숙지 않
다. 다만, 미국에서 좀 더 나은 삶을 꾸려가는 것은 한국에서보다
더 정직한 노동을 강도높게 하고있기 때문일 수도 있다. 개인으로서
는 불만스러울 수도 있지만, 그러나 미국은 노력에 대해서는 비교적
정직하게 보상을 하는 사회를 가지고 있다. 그러느라고 소설 속의
인물들은 온 몸을 던져 일하고 있다.

쓰레기통이 있었던 자리라 그런지 아침에 나와보면 전날 음식 찌꺼기
와 휴지 나부랑이, 담배꽁초, 빈 병, 빈 캔들이 산더미처럼 쌓여 내 자리가
어딘지도 찾아내기가 힘들었다. 그곳에서 나는 날마다 쓰레기를 치운
뒤 좌판을 펴 놓고, 한국 사람이 경영하는 가방 도매점에서 핸드백을
사다가 파는 것이다.(정해정, 메이플 애비뉴의 비둘기들, 사막의 소리,
394쪽)

구멍가게를 하려고 지구를 빙 돌아 여기까지 왔나? 캔디 하나를 더
팔아 매상이 좀 나으면 웃고, 떨어지면 눈 가에 주름이 하나 더 늘고,
이것이 그 푸른 물길을 만 리나 건너 온 목적이었나?(김명선, 어떤 편지,

사막의 소리, 325쪽)

　　교통사고가 났다. 출근길에 트럭이 내 올스모빌 옆을 박아버려 차 문이
다 찌그러졌다. 머리의 핏줄이 끊어지는 것 같은 통증이 지나가자, 나는
빽빽해진 차 문을 간신히 열고 공중전화 박스까지 걸어가서 공장 주인한
테 전화를 걸었다. 사고가 났다고 하자 주인은 "아니, 이 바쁜데 무슨
사고예요?"하고 짜증스럽게 말한다. 그리고 이어 "내일은 나올 수 있어
요?"하고 묻는다. 나는 수화기를 꽉 내리친다. 그래, 사막에 이민 와 사는
거 피차 바쁜 건 나도 안다. 그런데 바빠도 사고 나는 걸 어떡하냐?(박이
원, 웨딩 스케치, 사막의 소리, 177쪽)

　이민 온 사람으로서 오늘 당장 사는 것이 어렵지 않을 수는 없다.
그렇다면 내일은 어떨까. 내일은 육식의 기쁨이 보장되어야 할 것이
아닌가. 그러나 아직 소설에서 그런 모델은 없다. 그렇다면 소설에
서 보이고 있는 육식의 방향은 어느 쪽일까. 미국의 어떤 부분이
한국보다 살기 좋다는 것일까. 적어도 소설에서 미국이 한국보다
살기 좋지는 않다. 특히 한국인이 살기에는 당연히 불편하다. 미국
은 한국과 전혀 다른 사회를 가지고 있기 때문이다. 바로 이렇게
다르다는 점이 미국에 오는 한인들의 필요를 채워주는 것이라고
소설은 말한다. 한국에서 용인되지 않는 일, 한국에서 해소되지 않
는 갈등이 미국에서는 훨씬 쉽게 해결되거나 심지어는 전혀 문제가
안될 수도 있다.

　한국에서는 개인의 경력에 이혼이 걸림돌이 된다. 아무리 이혼이
많아졌다지만, 아직도 이혼이라면 부정의 냄새가 짙게 배어 있다.
그러나 미국에서는 전혀 문제가 되지 않는다. 대충 한 여성이 평균
2.8회의 결혼을 한다는데다, 혼외의 사랑은 거의 제한이 없다. 한국
서도 사정이 그리 다르지 않지만, 그것이 금지되고 단죄되는 상황에

있을 뿐이었는데, 미국서는 그것이 아무렇지도 않다. 그러니 소설 속에서 미혼모(별들의 인사), 스스로 양갈보였다고 하는 사람(This way is This Way), 첫사랑에 실패한 여성(안녕, 자마이카여), 아내를 두고 유학 와서 미국 여자와 동거하는 사람(종이배), 옛 사랑을 잃고 사는 독신녀(환상방황의 그늘), 유부남을 사랑하다 이별한 프로게이머(달과 여우), 펜트하우스 여성과 은밀하게 지내는 아파트 사장(로스 앤젤레스는 겨울), 옛 여자를 이별하고 이민온 남자(욕망의 유산) 등이 수없이 등장한다. 일단, 도덕적 비난을 배제하고 보면 이들은 자신들의 욕구와 애증에 정직한 사람들이다. 미국식 사고로 본다면, 사랑하는 사람이 따로 있는데 사랑하지 않는 사람과 계속해서 결혼 생활을 하는 것은 부정직한 일이다. 사랑하는 사람이 새로 생겼고 지금의 배우자를 더 이상 사랑하지 않으면, 당연히 이혼하고 새로 결혼하는 것이 옳다는 것이다. 그런 사회적 현상을 사회적 관념이 용인하고 있다. 육식의 세계이다. 당장 달아나는 짐승을 향해 창을 던져야 하는데, 어느 여가에 니 마누라 내 남편을 따지고 있겠는가. 한국에서도 그런 현상은 생기는데 관념이 아직 용인하지 못하고 있는 것이다. 그런 점에서 재미 소설은 국내소설보다 좀 용감한 경향이 있다. 국내보다 더 다양한 현상들이 소설로 하여금 한국적 사고에 대한 두려움을 좀 줄여준 것이다.

한인이 육식을 한다는 증거는 아직 확실치 않다. 다만, 이제는 정착 민족의 사고와 행동을 벗어나 더 활동적인 방향으로 바뀌지 않을까 하는 전망이 있을 뿐이다. 아직도 많은 재미 한인이 한인 밀집사회에서 살고 있고, 소설에 의하면, 아직도 한인과 갈등을 일으키는 사람은 대부분 가족 아니면 동료 한인이다. 적지 않게 훈련을 했지만 아직 이런 육식은 익숙지 않다.

4. 기대하는 것은

혀 자른다고 미국 사람이 되는 것은 아니다. 그럼 이혼 잘하면 미국 사람 되는가. 고기 몇 점 먹는다고 육식동물 되는 것도 아니다. 한 해 동안 재미 한인의 소설을 읽으면서도 결국 읽고싶었던 것은 읽지 못하였다. 한인이 미국사회에 적합하다는 증거. 그러므로 미국식 삶이 한국에서도 적용될 것이라는 전망. 그런 것들은 찾을 수 없었다. 소설들은 한인이 미국사회에 적합하지 않다고 수도 없이 이야기했다.

미국식 삶은 우리에게 적합지 않다. 이제는 소설이 그것에 정직할 차례다. 사랑하지 않는 사람과 함께 있는 것이 부정직하다고 말하는 정도의 정직성으로, 미국식 삶은 우리에게 맞지 않는다고 말해야 한다. 그 수많은 초식 한인들의 육식훈련 과정을 드러내고 그 괴로운 구역질을 묘사하는 일에 소설이 나설 것이 기대되는 것이다.

그런데도 왜 한인들은 이민을 하는 것일까. 그렇게 괴롭고 입맛에 안맞는데 왜 이 야단들일까 하는 것이다. 소설의 육식은 여기서부터이다. 이제 소설은 전 국민적인 절망을 다루어야 한다. 미국이 천국이 아니라는 데도 이렇게 가고싶어하는 이유를, 정확히는 한국을 벗어나고싶어하는 까닭을 찾아내야 한다. 그것이 억압이면 억압 때문이라고, 교만이면 교만 때문이라고, 오해면 오해 때문이라고 잘 정돈하여 그려내야 한다.

소설은 역사보다 훨씬 적은 정보만을 다룬다. 같은 사건에 대해, 역사는 도서관 천장에 닿는 자료를 가지고 있지만, 소설은 대학생의 뒷주머니에 들어갈 수도 있다. 그런데도 자주 역사보다 소설이 더 많은 이야기를 할 수 있다. 그것이 육식의 길이다. 종종 소설의 언어가 동물성일 때 이런 일이 일어나는 것이다. 소설의 이야기가 문면을 넘는 깊이를 가지고 우리의 삶을 꿰뚫고 있을 때, 우리는 소설이 참으로 삶에 성실한 것을 믿게 되는 것이다.

재미 한인 소설은 이제 새로운 시도에 들어서야 한다. 이민 온 자신들의 나날의 삶에서 나와, 자신들을 이런 삶으로 내몬 사회에 대해 붓을 들이대야 한다. 그리고 아직도 미국화가 살길이라고 거짓 말하는 자들에 대해, 그들이 그런 거짓으로 얻는 검은 이익을 밝혀 내고 그런 말 밑에서 신음하는 초식동물들의 괴로움도 보여줘야 한다. 이민 생활에 대한 정직한 묘사만으로도 미국 열병의 허구는 잘 드러날 수 있다. 그리고 조금만 나아가면 우리 마음 깊이 자리잡은 저 멍청해 빠진 열등감과 패배주의도 까발려낼 수 있을 것이다. 그것이 바로 소설이 할 수 있는 육식의 길이다.

새롭지도 않은 말

1. 태평을 송축하며

진덕여왕 4년(650) 여름 4월에 왕이 명을 내려 진골(眞骨)로서 관직에 있는 사람은 아홀(牙笏)을 갖게 하였다. 6월에 당나라에 사신을 보내 백제의 무리를 깨뜨린 사실을 알렸다. 왕이 비단을 짜서 오언 태평송(五言太平頌)을 지어, 춘추의 아들 법민(法敏)을 보내 당 황제에게 바쳤다. 그 글은 다음과 같다.

大唐開洪業 / 巍巍皇猷昌
止戈戎衣定 / 修文繼百王
統天崇雨施 / 理物體含章
深仁諧日月 / 撫運邁時康
幡旗何赫赫 / 鉦鼓何鍠鍠
外夷違命者 / 剪覆被天殃
淳風凝幽顯 / 遐邇競呈祥
四時和玉燭 / 七曜巡萬方
維嶽降宰輔 / 維帝任忠良
五三成一德 / 昭我唐家皇

대당(大唐) 위대한 왕업(王業)을 개창하시니
높디 높은 황제의 포부 빛나시도다.
전쟁을 끝내시니 천하가 안정되고
문치를 닦으심은 전 임금을 이었도다.

하늘 뜻 받으시니 우로가 순조롭고
만물을 다스리니 빛남이 나타나네.
지극한 어짊은 해 달과 짝하고
시운(時運)을 안고서 태평으로 나아가네.
깃발들은 어찌 저리 번쩍거리며
군악 소리 또 어찌 그리 우렁차기도 한지!
명을 어기는 저 외방(外方)의 오랑캐여
칼날에 엎어져 천벌을 받으리라.
순후한 풍속 곳곳에 어리었고
원근에서 다투어 상서(祥瑞)를 바치도다.
사철이 반짝이는 옥촉처럼 고르고
해와 달은 만방을 두루 도는데.
산악의 정기는 어진 재상 내리시고
황제는 충성된 신하를 등용하시도다.
삼황과 오제가 한 덕을 이루니
길이길이 빛나리라 우리 당나라. (『삼국사기』에서)

　역사란 무엇일까. 어느 정도면 한 시기가 지나가는 걸까. 이를테면, 동족이 상잔하는 역사는, 그 상잔이 있었던 시기로부터 반세기쯤 흐르고 나면 상처도 씻어지고, 서로 모두 용서되고 새로운 관계가 만들어진다는 식으로. 그러니까, 삶이 좀 팍팍해도 지난번 겪은 치욕이나 괴로움은 다시 안 온다고 믿어도 되는 기간은 얼마쯤일까. 이런 이야기를 하다가 보면, 같은 일은 반복되지 않는다고 믿고 있는 것 같은 느낌이 있다. 적어도 지난번에 겪은 일과 똑같은 일은 다시 겪지 않는다고 생각하는 것 같다. 그럴까.

　혹시 어쩌다가 비슷한 일을 겪게 된다고 해도, 결코 지난번과 같은 어리석은 짓은 안 할 것이라고 생각한다. 적어도 우리 자신이 그럴

리는 없다고 생각한다. 우리가 바본가. 어떻게 전번과 똑같은 바보짓을 할 수 있다는 말인가. 라고들 생각하며 산다.

태평송을 읽는다. 진덕여왕인들 그러고 싶어 그랬겠는가. 아무리 그래도 진심으로 그러고 싶기야 했을라고. 다, 형편이 그렇고 강약이 부동하니 그럴 수밖에 없었던 거겠지. 읽으면서 마음에 솟는 것은, 그러나, 분노다. 그리고 다시는 그런 일 없으려니 한다.

2. 문명의 길로

우리는 왜 지금이 유사이래 가장 그러한 때라고 생각하는 것일까. 이를테면 가장 불안한 때, 가장 예의없는 때, 가장 잘사는 때, 또는 가장 여자들이 바람 많이 난 때. 정말 전에는 이런 일이 없었다고 말할 자신이 있는가. 대강 오천년 역사라고들 하는데, 그 중에서 이번 백년이 가장 변화많은 시기라는 것은 확실한가. 역사와 사회가 이보다 더 뒤집어지는 시기가 정말 없었다는 말인가.

지금 우리에게 와 있는 사조가 우리 역사에서 마지막이라는 확신이 있는가. 신라때 불교도들은 자신들이 한 시기 역사를 담당하고 나면 퇴출될 거라고 생각했을까. 조선시대 성리학자들은 자신들이 곧 썩은 선비들로 몰릴 거라고 꿈이나 꾸었을까.

영어를 배우는 것은 참신한 발상인가. 영어가 국제화시대의 공용어이기 때문에 전 국민이 영어공부에 매달리는 것은 유사 이래 처음 있는 일인가. 그러므로 인생을 걸고 민족의 명운을 걸고 영어공부에 매진하는 것이 지혜로운 일인가. 참 용감한 사람들이다. 마침 국제화에 대해 깊은 통찰을 보이는 글이 있어서 읽고 싶어졌다.

세종 26년(1444년) 2월 20일(경자) 집현전 부제학 최만리 등이 상소하기를,

(략) 一, 我朝自祖宗以來 至誠事大 一遵華制 今當同文同軌之時 創作諺文 有駭觀聽 日 諺文皆本古字 非新字也 則字形雖倣古之篆文 用音合字 盡反於古 實無所據 若流中國 或有非議之者 豈不有愧於事大慕華

첫째, 우리나라는 조종조이래로 지성으로 사대(事大)하고, 한결같이 중화의 제도를 준수하여 지금 동문동궤(同文同軌)의 때를 당하옵는데, 언문을 창작하신 것을 듣고 봄에 이상한 바가 있습니다. 이럴 때 혹시 말하기를, 언문은 모두 옛글자를 근본으로 삼은 것으로 새로운 자가 아니라고 하신다지만, 곧 자형(字形)은 비록 옛날의 전문(篆文)을 모방하였더라도 용음(用音)과 합자(合字)가 옛것과 반대되는 일이며, 실로 근거할 바가 없는 바입니다. 만약 중국에 흘러가서 혹시 옳지 못함을 의논하는 사람이 있을 때는 어찌 사대모화(事大慕華)에 부끄럽지 않겠습니까.

一, 自古九州之內 風土雖異 未有因方言而別爲文字者. 惟蒙古 . 西夏 . 女眞 . 日本 . 西蕃之類 名有其字 是皆夷狄事耳 無足道者 傳曰 用夏變夷 未聞變於夷者也 歷代中國 皆以我國 有箕子遺風 文物禮樂 比擬中華 今別作諺文 捨中國而自 同於夷狄 是所謂棄蘇合之香 而取螗螂之丸也 豈非文明之大累哉

둘째, 예로부터 구주(九州)의 안에 풍토가 비록 다르나, 방언으로 말미암아 따로이 문자를 만든 일은 없었습니다. 다만 몽고, 서하, 여진, 일본, 서번의 무리들이 각각 문자를 가지고 있으나, 이는 모두 오랑캐의 일일뿐 족히 말할 것이 못되옵니다. 전(傳)에 이르기를 오랑캐를 중화(中華)로 변(變)케 한다고는 하였으되, 중화로 하여금 오랑캐로 변케 한다는 말은 듣지 못하였습니다. 역대(歷代)로 중국에서는 우리나라를 기자(箕子)의 유풍(遺風)이 있다고 하였고, 예악(禮樂)과 문물이 중화에 견줄만하다고 하였는데, 이제 따로이 언문을 지어 중국을 버리고 스스로 이적(夷狄)과 함께 하니, 이야말로 소합(蘇合)의 향(香)을 버리고 당랑(螗螂)의 환(丸)을 취하는 것이라, 어찌 문명의 큰 누(累)라고 하지 않겠습니까. (략) (『조선왕조실록』에서)

재미로 읽을 글은 아니지만, 재미없다고 할 수도 없다. 지금이야말로 국제화의 시대, 저 지극한 오랑캐를 빼면 온 세상이 한결같이 중화의 글과 말을 배우려는 이때, 언문을 만들다니, 이 무슨 국제화에 역행하는 임금이십니까. 국제화의 대의와 이익이 눈앞에 닥친 지금, 어찌 한 분 어리석은 임금 때문에 그 향기로운 중화문물에 폭신하게 동화될 기회를 잃을 수가 있다는 말씀이신가 말입니다.

영어를 더 잘하게 만들기 위해 사랑하는 아이의 혀밑을 자르는 것이 참으로 새로운 발상인가. 아직 태어나지도 않은 우리 아이가 미국 국적을 갖도록 하기 위해, 부른 배를 안고 비행기를 타는 것이, 진짜 참신한가.

3. 저급은 싫다고

이런 불행은 우리의 민족적 숙명일지 모른다. 마침 자리를 잡다보니 우리는 대륙 한 끝에 자리를 잡았고, 대륙에는 당연히 강력한 민족들이 눈을 부릅뜨고 있어서 부담스럽고, 바다쪽으로 눈을 돌려봐도, 그쪽이라도 확 열려 있는 게 아니라 길쭉한 열도가 하나 가로막고 있는데, 거기도 성질 모진 민족집단이 눈을 홉뜨고 있다.

어떤 시기에, 혹시 일본어를 공용어로 하자는 논의가 없었을까. 일본어가 세계적 세력을 가지고 있으니 일본어를 사용하여 조선인의 수준을 세계적으로 높이자는 주장은 안나왔을까. 일본어를 쓰면 진짜 일본인이 될 수 있다는 주장도 했을 것 같은데....

찾아보니 그런 논리를 가졌던 사람들이 많았다. 많고말고, 드글드글했다. 그 중에서 하필 불운하게 이 글에 인용되는 사람은 현영섭이라는 이이다.

　조선인은 일본을 떠나서는 하루도 생활할 수 없다. 일본에서 나서 일본
인으로서 죽을 뿐이다. 여러 가지 사회조직에 대해서 개선을 요구하고
싶은 마음을 갖더라도, 이것이 자기의 집이라는 마음에서 출발해야 하는
것이며, 대립적인 마음에서 행해져서는 안된다. 일체(一體)가 되어서 살
겠다고 맹서했다면 우선 국민 사상통일에서 - 근본적 사상을 통일해야
하는 것이며, 양복을 전부 일본옷으로 통일하는 식의 통일은 압제이다.
- 반드시 필요한 언어의 통일을 촉진해야만 하는 것이다. 가정에서 조선
어를 사용하는 한 조선인의 '고꾸고'는 '외국어'의 일종이 되고, 국민사상
은 외형적 장식으로 그칠 우려가 있다. 조선인이 진정 일본인이 되고자
생각한다면 우선 조선어를 망각해버리는 일이 필요하다. 이 필요를 국민
지도의 당사자들조차도 철저하게 인식하고 있지 않은 것은 안타까운 일
이다. 학교에서 조선어를 가르칠 필요는 조금도 없다. 조선인을 불행하게
하려거든 조선어를 오래도록 존재케 해서 조선적인 저급한 문화를 주고,
그 이상의 발달을 저지하는 것이다. 이것은 세계의 평화를 희망하는 일본
이 단연코 바라지 않는 일이다. 내선일체라는 것은 내선인 모두를 향상하
게 하는 도덕적 당위이다. (『신생 조선의 출발』에서)

　참 용감하다. "학교에서 조선어를 가르칠 필요는 조금도 없다. 조
선인을 불행하게 하려거든 조선어를 오래도록 존재케 해서 조선적
인 저급한 문화를 주고, 그 이상의 발달을 저지하는 것이다." 용감하
다는 감탄이외에 나올 것이 없다. 물론 이 생각은 문학에도 적용될
수 있었다. 주요한이라는 이는, 아마 문학을 고양시키는 방법이라고
생각한 것 같은데, 이렇게 구체적으로 설명해주고 있다.

　직재하고 평명(平明)하고, 그리고 무한한 깊이를 가지는 언어는 시인의
손에 의해서만 단련되어지는 것입니다.

강력한 문학, 늠연(凜然)한 문학, 가장 대중의 심금을 울릴 수 있는 문학은 시의 영역에 있어서 널리 구해지고 있습니다.

이 일견 좁은 선로야말로 결전문학이 나아가야 할 선로이며 또 국민문학 내지 동방 예술이 통과해야 할 재생의 용광로라고 생각합니다.

그리하여 조선에 있어서 결전문학이 국어문학에의 용감한 돌진이 아니어서는 안된다는 것은 말할 필요도 없습니다. 특히 시를 쓰는 자로서 국어를 요령있게 사용한다는 것이 매우 곤란하다는 점도 일단 시인해야 되겠지요. 그러나 금일에 있어야 할 시문학이 기술의 시가 아니고 혼의 시라야 한다는 것은 다행한 일입니다. 우선 그 혼에 살았다며는 주저하는 바 없이 국어에의 표현으로 돌진해야 할 것입니다.(「이기지 않으면 안된다」에서)

혹시 이들은 종말론자였던가. 이제 역사는 더 이상 진행되지 않을 것이고, 이번에 일어나는 일이 우리 역사에서 마지막이 될 것이라는 종말론. 앞으로 우리 역사에는 어떤 일도 변화도 없다. 이것이 모든 역사의 결론이고 종착지이다. 글쎄, 종교라면 몰라도 역사에 종말론이 있다는 말은 들은 적이 없다. 그런데도 이렇게 말할 수 있다는 것은 용감하다고 밖에 표현할 길이 없다.

4. 이상하게 낯이 익은

사실 한국어만이 배타적으로 사용되고 있는 지금의 한국사회에, 영어를 공용어로 도입하자는 주장이 아주 생뚱맞은 것은 아니다. 이미 영어는 한국어의 상당부분에 침투해 있고, 영어를 섞어 쓰는 것이 한국어의 표현기능을 좀 더 도와줄 것이라는 기대도 없지는 않다. 그러므로 그 문제를 가지고 너무 오래 일도양단식의 논쟁을 하고 있는 것은 잘 하는 일이 아니다. 보다시피 복거일 같은 이는 이제 좀 더 세련된 설득력을 가지고 위협을 가하고 있다.

> 개인적 차원에서의 손해가 모두 박(찬호)씨의 일화처럼 웃어넘기거나 "조금 손해보고 말지."라고 체념할 수준에 머무는 것은 아니다. 때로는 남의 말을 제대로 알아듣지 못해서 재앙을 만나는 경우도 있다. 대표적인 것은 항공기나 배를 부리는 사람들의 경우다. 그런 사람들 사이에서 불완전한 의사소통은 곧바로 엄청난 사고로 이어질 수 있다. 실제로 서투른 영어로 인한 항공 사고들은 끊임없이 나오고, 그런 사고들은 영어가 널리 쓰이지 않는 대륙들에서 훨씬 많다.

> 지금 우리 사회엔 중요한 정보들 가운데 많은 것들이 아예 들어오지 않고 있다. 물론 언어의 장벽이 가장 큰 원인이다. 그런 정보의 부재 때문에 우리가 모르고 보는 손해는 엄청날 것이다. (『영어를 공용어로 삼자』에서)

그에 의하면 우리가 영어권에서 입는 손해는 재앙이라고 할 만하다. 당연한 일이다. 영어권에서 영어를 못하면 재앙을 만나겠지. 어디선들 안그럴까. 그는 이 안타까운 민족을 위해 해법을 찾아 알려주고 있다. 물론 해법을 제시하는 과정에도 설득력을 위해 약간의 직접적인 표현도 동원될 수밖에 없다.

> ...... 우리가 고를 수 있는 단 하나의 대책은 우리의 모국어인 조선어를 버리고 영어를 우리말로 삼는 것이다. 다른 조치들은 아무리 그럴 듯해 보여도 충분한 대책이 될 수 없다.
> 이것은 선뜻 받아들이기 어려울 만큼 충격적인 결론이다. 아무리 영어가 중요하다고 하더라도, 모국어를 버리다니! 그러나 움직일 수 없는 사실들과 엄격한 논리는, 조선어를 쓰는 한, 우리는 국제어를 제대로 쓸

수 없고 그래서 큰 핸디캡을 안고 영어를 잘하는 사람들과 경쟁할 수밖에 없다는 사실을 말해준다. 그리고 그런 핸디캡은 이미 무척 크고 앞으로 점점 더 커질 것이다. '유학 가서 영어 하나만 배워 와도 성공한 것이다.' 라는 말이 틀리지 않은 얘기로 받아들여진다는 사실이나 국내 명문 대학에서 열심히 공부한 우등생보다 해외에 유학 갔다 학교도 제대로 마치지 못했지만 외국 사람들의 삶을 알게 되고 영어는 곧잘 하게 된 학생이 귀국해서 오히려 더 좋은 일자리를 얻었다는 식의 일화들이 심심찮게 들린다는 사실은 그런 결론을 투박하지만 싱싱하게 떠받친다.(『영어를 공용어로 삼자』에서)

그러고 보니 다들 그렇게 사는 모양이다. 유학 가서 학교도 제대로 마치지 못한 사람이 국내 명문 대학에서 공부 열심히 한 사람보다 잘되는 사회. 그게 우리 사회인 모양이다. 그런가, 참으로 그런가. 그렇다면 우리는 끗발도 없는 패를 잡고 땅문서까지 잡혀먹고 있는 중이었단 말인가. 참으로 그러면 이제 우리는 드디어 민족어 역사의 맨 끝에 선 것이다. 우리 모두 민족어를 버리는 데 앞장서야 한다.

그런데 왜 이 논리가 어디서 본 듯한 것일까. 일제 말기 선각자들의 일갈 같기도 하고, 조선시대 우국충정에 불타는 학자들의 상소문 같기도 한 이 논리는, 왜 이렇게 낯이 익을까.

5. 잃기 싫다

성석제라고, 아주 재미나는 소설을 쓰는 이가 있다. 한국소설이 사회변혁의 이념에 몰두하고 있을 때에도, 방향을 못잡고 허둥대고 있는 때에도, 여전히 그리운 것은 김유정만한 소설가였다. 우리 자신의 삶을 그처럼 세세히 사랑하고 간절히 기록했던 소설가가 또 있었던지. 김유정만을 위해서라도 한국어는 영구히 보전되어야 한다.

성석제를 읽으면 김유정의 눈길이 아직 면면히 살아 있는 것을 느끼게 되곤 한다. 우리 자신들을 특징만 잡아 그림으로 그리면 아마 멍청이들이 될 것이다. 우리 살아가는 모습을 스스로 세밀히 고백한다면 멍청하다는 것은 사실이고, 그러므로 뭐 그리 부끄러울 것도 없다. 그러나 우리가 멍청하고 그것이 부끄럽지 않다는 사실을 김유정만큼 따뜻하게 정리해내는 사람이 없었다. 성석제에게서 그것이 느껴진다는 것은 그러므로 행복한 일이다. 다만 김유정의 맑은 해학에 비해 성석제의 해학이 좀 비틀려 있다는 것은 다르다. 어쩌면 김유정에 비해 성석제가 살아야 하는 세상이 더 험해서 그렇게 되지 않았을까 싶은데, 그래서 그의 비틀린 해학을 읽는 마음은 좀 안타깝다.

신입 회원 여러분. 여러분은 진실이 거짓이 되고 거짓이 진실이 되는 그날을 위해 목숨을 다하여 한 방울의 피까지 바치겠다고, 위대한 거짓말의 제단에 엄숙히 맹세했다. 이제 본인은 전세계거짓말쟁이협회 2백억 회원과 5만의 원로원, 2만의 호민관, 10만 7천의 집정관, 19만 5천 4백의 재무관, 4만 3천의 감사관, 12만의 재판관, 그리고 5천의 총독을 대신하여 여러분의 입회를 진심으로 환영하며 몇 가지 당부를 하고자 한다.

역사적인 거짓말쟁이에는 대부분의 임금, 역사가, 법률가, 성직자, 과학자가 포함되어 있다. 믿지 못하겠다면 투키디데스, 헤로도투스, 타키투스, 마르코 폴로, 마키아벨리를 읽어 보거나 알렉산더, 징기스칸, 나폴레옹, 아틸라, 진시황 같은 정복왕들의 생애를 참고하라(나 같으면 그 많은 걸 읽고 참고하느니 그냥 믿겠다). 어떻게 민중을 속이는가, 어떻게 절묘하게 적을 속여 나에게 승리와 영광을 가져오는가 하는 것이 역사인 것이다.(략)

거짓말 만세. 전세계거짓말쟁이협회 만세. 거짓말이 지배하는 역사여, 영원하라.

거짓말 기원 이백만 육백칠십오년, 사벌 왕국의 마지막 왕자, 가난한 모든 이의 친구, 최고의 시인, 예언자, 마술사, 2002 바이칼호 대탐사단 단장, 중국 난뻬이차오(南北朝)시대 언어 연구가, 착한 아버지가 되려는 시민의 모임 96 지구(地區) 간사, 금정 컴퓨터크리닝 세탁소 주인(많은 이용 바란다), 전세계거짓말쟁이협회(WWLC) 서기장으로부터.(『재미나는 인생』에서)

　　김유정과 성석제는 공통된 것을 많이 가지고 있다. 사람에 대한 진지한 사랑 이외에도, 갑자기 지문에 끼어들어서 "장인님의 아랫배(가 너무 먹은 걸 모르고 냉병이라나, 그 배)를 불리기 위하여 심곤 조금도 싶지 않다."라는 것이나, "이런 쓸데없는 일은 소설 쓰는 성 아무개가 좋아해 마지않는 것으로서 소위 '문제를 위한 문제'의 범주에 해당되는 문제에 불과하다."라고 말하곤 하는 경우 등이 그 한 예이다. 둘 다 가지고 있으면서, 김유정보다 성석제가 더 가지고 있는 것은 아마 능청스러움일 것이다. 김유정은 아시다시피 연한 풀잎 같았다. 그래도 그 때는 시대가 좀 덜 험했다. 그래서 그런 김유정이지만 좀 살 수 있었다. 만약 성석제가 능청스럽지 못했더라면, 우리는 이 험한 세상에서 그의 소설이 살아갈 앞날 때문에 더욱 마음이 아팠을 것이다. 그러나 천행으로, 그는 상주 은척 사투리를 쓰는 사람치고는 유들유들한 맛이 있어서 우리 마음을 좀 놓게 한다. 이를테면 옥산파출소 차석님은 다음과 같이 우리를 안심시킨다.

　　아, 아, 다른 게 아니고 말입니다. 옥산면민 여러분. 제발 파출소로 쓸데없는 전화 좀 넣지 맙시다요. 솔직히 이 인간 김옥출이가 차석 모가지를 걸고 말하는 긴데 우리가 작년 한 해 동안에 음주운전 단속한 기 딱 두 건입니다이. 그란데도 약주만 자시면 어르신들이 파출소로 전화를 하시

가이고는 음주운전 단속 때문에 밤에 마실을 다닐 수가 없다아, 이래시는데 말이라요.(략)

요전 앞세 장석리에서 누구라고 말은 안하겠지만 우리가 다 아는 아주 머이가 신고를 했심다. 거 바깥어른이 평소에는 쥐약먹은 고양이 겉은데 술만 들어가마 핸들잡은 호랭이가 된다 카데요. 지발 죤 일 하니라고 정을 다시도록 면허를 뺏어 달라 캐서 우리 직원들이 출동을 해가지고 사고 안나도록 대문 앞에서 기다리다가 똑 적발해서 면허를 취소해드린 적이 있심다.(략)

신기리 분교에 새로 온 성이 왕이라는 선생이, 성만 말하고 이름은 말 안 합니다이. 나가 마흔셋인가 하는 선생이 있심다. 다섯 달 전에 왔나 어쨌나 하는데, 아, 여러 어르신들 아시지만 저도 신기리 출신이라요. 나보다 분밍코 맷살은 어린 사람이니까네 내가 좀 핀하게 말 좀 하겠심다. 이 친구가 술만 처먹으만 핸들을 잡고 동네 한 바퀴를 돌아야 소화가 되는 모양이라요. 내사 그 친구가 신성한 교직에 있고 한참 후배라서 많이 봐줄라 카지요. 그란데 그기 안돼. 하루 이틀도 아이고 일 주일에 엿새를 매일 술을 처먹고 동네를 돌민서 세아논 경운기, 트랙터, 담삐락, 지파까리를 틱틱 딜이받아대네. 양심이 있는 놈이만 남의 지피까리 하나라도 떨차봤으마 가서 미안하다, 잘못됐다 하겠구만 그것도 아이라. 지차가 뽀개지는 건 할 수 없지만, 내 한 번 보이 그 차는 뽀개질 데도 없더만. 그래다가 지가 가르치는 아나 아들이 키우는 얌새이라도 받으마 우쩰기라. 동네에서 신고가 한두 번 들어온 기 아이라 카이.(『번쩍하는 황홀한 순간』에서)

내 생각에 성석제는 한국소설에서 가장 재미있는 사람 중에 극히 작은 일부다. 한국소설이 인류문학사에 기여할 수 있는 몫에서 아주 조금 차지할 뿐이다. 그런데도 이렇게 재미있다. 아마 문학사에도 기여할 것이다. 성석제를 읽는 데 한국어가 가장 유용하다면, 그 이유만으로도 한국어는 당연히 보전되어야 한다. 한국소설이 많이 못마땅하지만, 그래도 이만한 즐거움이 또 어디 있다고, 이걸 훼손하고라도 이익을 취하려 한다면, 도대체 그 이익이라는 것이 얼마나 남산만한지 궁금하기 짝이 없다.

6. 속지도 않고

기독교인으로서 종말론자들을 보면 참 용감하다는 생각을 한다. 성경에 분명히, 종말의 시기는 누구도 알지 못한다고 씌어 있는데도, 자신들은 성경에서나 계시로 종말의 시기를 알아냈다고 한다. 그러니 성경의 다른 부분은 다 믿되 종말에 대해서는 자기들을 믿으라고 설득한다. 정말 용감하다.

종종 어떤 분들이, 단군이래 최초의, 사상 초유의, 인류역사상 미증유의 일이라고 흥분하시는 것을 보면 좀 걱정스럽다. 아무래도 너무 용감하신 것은 아닐까 싶어지는 것이다.

영어를 중심으로 한 세계화 열풍은 100년 전에도 있었다. 그때 이미 이른바 선각한 분들은 영어를 배우기 위해 미국인 선교사들의 집에 드나들었고, 성과가 있거나 없었다. 더욱이 이런 국제화 열풍 자체는 전혀 낯선 경험이 아니다. 이미 천여년 전부터 자주 겪은 일이며, 최근세까지도 전국적으로 전민족적으로 경험한 일이다. 너무 호들갑떨 일이 아니다.

한국문학은 지금 너무 예쁘다. 종종 허접한 글들이 끼어 있기는 하지만, 그야 사람이 하는 일이 마땅히 다 그런 거겠지. 그래도 한국소설에 동백 꽃잎같은 김유정 지나가고, 우리동네 아재같은 이문구 지나가도, 성석제가 또 따라 나오는 것이 더없이 즐겁다. 그러니 우리 소설은 앞으로 훨씬 더 재미있어질 것이다.

이를테면, 한국문학은 아마 앞으로 더 넓고 다양한 주제와 내용을 가지게 될 것이다. 국내적으로 무엇보다 당장 가까운 시기에 통일을 맞을 것인데, 전 세계 누구도 경험하지 못한 냉전 분단의 고통은 안으로 쌓여 차곡차곡 응어리져 있다. 형제가 갈라진 지 환갑을 맞은 한국문학은 남다른 상처의 아픔만으로도 세계문학사에 한 가지 기여를 할 것이다. 지난 시기에 민족사의 정의를 위해 몸 던졌던 한국소설은, 다시 통일된 민족의 아픔을 치유하는 데에 더 열정적인 기여를 하게 될 것이다.

외적으로도 전 세계에 흩어진 한인의 삶이 한국 소설에 들어오게 될 것이다. 어느 민족도 흉내내지 못할 한인 어머니들의 의대 법대에 대한 집요함은, 아마 한국소설만이 가지는 한 중요한 갈등축으로 연구될 수도 있을 것이다. 세계 어느 지역에 가든지, 어느 민족과 섞여 살든지, 곧 그곳을 입시지옥으로 바꾸어놓는 한인 어머니들의 신비한 능력은, 가족관계의 특이함 만큼이나 한국소설의 특징이 될 수도 있을 것이다.

하긴, 어쩌면 한국에서 불고 있는 이상한 영어열풍도(아마 곧 중국어열풍으로 바뀌겠지만) 한국소설만이 가진 특이한 소재로 기록될지도 모르는 일이다.

신라때도 그랬을 것이다. 성골도 진골도 아니고, 그렇다고 사회 기층민도 아니었던 6두품들. 약간의 풍요와 사회적 기득권을 과장 포장해야 할 필요가 있을 때, 그들은 주저없이 당나라로 갔을 것이다. 아마 짐작컨대 그 숫자는 우리가 역사책에서 배운 유명한 세 사람보다 백배는 많았을 것 같다. 결국 신라의 국운에 관한 중요한 대화는 중국어로 행해졌을 수도 있다. 그러자면 거기 기생하는 수많

은 다국적기업의 이윤추구자들, 신라적 병역의무를 면탈하고 싶어
하는 신과 장군의 아들들. 그들은 귀국하여 온 신라땅을 당나라말
열풍에 휩싸이게 했을 수도 있다.

신라때만 그랬을까. 고렷적 수많은 원나라 이중국적자들. 고려말
이 서투른 왕도 있었다니 귀족들은 고려말을 서투르게 하는 것이
한 풍조이기도 했을 것이다. 고려말을 하는데 자꾸 원나라 말이 튀
어나와서 약간 어색하고, 몽고말 발음보다 고려말 발음이 불안한
사람들이 고려의 나랏일을 움직이기도 했을 것이다. 이상하게 천년
전의 일인데도 지금 상상해도 별로 낯설지 않은 풍경이다.

이제 곧 어떤 분들이, 냉혹한 국제질서 속에서 동북아 국가로서의
생존 자체를 거론하면서 중국어 열풍을 일으키실 것이다. 어쩌면
그것이 일본어 열풍일 수도 있고, 일이 되노라면 아랍어나 스와할리
어 열풍일 수도 있을 것이다. 그분들의 말은 아마 우국충정에 가득
차 있을 것이다. 이러지 않으면 민족이 말살될 수도 있다는 비장한
걱정스러움에 때로는 눈물도 좀 비칠 것이다. 그리고 그분들은 결정
적으로, 이것은 미증유의 사태이며, 이보다 더한 국제화의 시대는
전혀 없었다고 주장하실 것이다. 아아, 그러나 우리는, 이미 그 말을
너무 자주 들어서, 아무도 감동 안하는 지경이 될 것이다. 그리고
그분들의 내면에서, 남먼저 익힌 외래문물에 대한 사대적이고 가소
로운 긍지와, 너무 일찍 포기했던 전래가치가 되살아날 것에 대한
두려움까지, 눈치채버릴 것이다.

글을 읽노라면, 내용과 어조가 아주 비슷한 말을 다른 시대의 다른
사람들이 하곤 한다. 쓸만한 말이면 자주 들어서 교훈이 되겠지만,
그렇지도 않은 말을 시도때도 없이 해댈 때는 딱하고 미안하다.

원 자료 색인

(이 책에서 실은 제목 : 원래의 제목 - 부제, 출처)

1부 역사를 상상하며

2부 소설가에 대한 짐작

김윤규 평론집

한국 소설의 풍경

인쇄일 초판 1쇄 2005년 08월 22일
       2쇄 2015년 06월 20일
발행일 초판 1쇄 2005년 08월 25일
       2쇄 2015년 06월 23일

지은이 김윤규
발행인 정진이
발행처 새미
등록일 1987.12.21, 제17-270호

서울시 강동구 성내동 447-11 현영빌딩 2층
Tel : 442-4623~4 Fax : 442-4625
www.kookhak.co.kr
E- mail : kookhak2001@hanmail.net

가 격 12,000원